JN094436

EXAMPRESS®

新出題基準
対応版

福祉
教科書

社会福祉士

完全合格

テキスト専門科目

社会福祉士試験
対策研究会 著

SE
SHOEISHA

本書内容に関するお問い合わせについて

このたびは翔泳社の書籍をお買い上げいただき、誠にありがとうございます。弊社では、読者の皆様からのお問い合わせに適切に対応させていただくため、以下のガイドラインへのご協力をお願い致しております。下記項目をお読みいただき、手順に従ってお問い合わせください。

●ご質問される前に

弊社Webサイトの「正誤表」をご参照ください。これまでに判明した正誤や追加情報を掲載しています。

正誤表　https://www.shoeisha.co.jp/book/errata/

●ご質問方法

弊社Webサイトの「書籍に関するお問い合わせ」をご利用ください。

書籍に関するお問い合わせ　https://www.shoeisha.co.jp/book/qa/

インターネットをご利用でない場合は、FAXまたは郵便にて、下記"翔泳社 愛読者サービスセンター"までお問い合わせください。
電話でのご質問は、お受けしておりません。

●回答について

回答は、ご質問いただいた手段によってご返事申し上げます。ご質問の内容によっては、回答に数日ないしはそれ以上の期間を要する場合があります。

●ご質問に際してのご注意

本書の対象を超えるもの、記述箇所を特定されないもの、また読者固有の環境に起因するご質問等にはお答えできませんので、予めご了承ください。

●郵便物送付先およびFAX番号

送付先住所　〒160-0006　東京都新宿区舟町5
FAX番号　　03-5362-3818
宛先　　　　（株）翔泳社 愛読者サービスセンター

●免責事項

※著者および出版社は、本書の使用による社会福祉士国家試験の合格を保証するものではありません。
※本書の記載内容は、2024年3月現在の法令等に基づいています。
※本書の出版にあたっては正確な記述に努めましたが、著者および出版社のいずれも、本書の内容に対してなんらかの保証をするものではありません。
※本書に記載されたURL等は予告なく変更される場合があります。
※本書に記載されている会社名、製品名はそれぞれ各社の商標および登録商標です。
※本書では™、®、©は割愛させていただいております。

目次

第 ⑬ 章 高齢者福祉   12

第 ⑭ 章 児童・家庭福祉   70

第 15 章　貧困に対する支援　134

第 16 章　保健医療と福祉　196

第 **17** 章　ソーシャルワークの基盤と専門職（専門）　252

第 **18** 章　ソーシャルワークの理論と方法（専門）　274

第 **19** 章　福祉サービスの組織と経営　292

本書の使い方

頻出度と出題ポイントを確認して、本文を学習します。最後に、章末の問題を解いて理解度をチェックしましょう。

● 紙面の構成

■ 本文

Ⓐ 頻出度
出題頻度の高い順に🐾🐾🐾、🐾🐾、🐾の3段階で示しています。学習開始時に大まかな重要度を把握しましょう。

Ⓑ 出題回
第31〜36回試験の出題実績をマークで表示。頻出項目を中心に学習したいときの目印になります。

Ⓒ 用語解説
本文中の用語の意味を解説します。

Ⓓ ここは覚える！
頻出＆重要な過去の出題ポイントをピックアップ。覚え方のコツなど得点力アップにつながる情報も。

Ⓔ ひとこと
テーマの理解につながる補足解説や合否を分けるポイントを紹介します。

Ⓕ 落とせない！重要問題
過去問の中から、出題頻度が高く正解しておきたい問題を解説付きで紹介します。

頻出度 | 🐾🐾🐾 Ⓐ Ⓑ

1 高齢者を取り巻く社会情勢と高齢者保健福祉制度の発展

1963年 老人福祉法	2008年 高齢者医療確保法
1982年 老人保健法	2011年 介護保険法改正
1995年 高齢社会対策基本法	2014年 医療・介護総合推進法
1997年 介護保険法	2015年 介護保険法改正
2005年 介護保険法改正	2017年 介護保険法改正

高齢者を取り巻く社会情勢　㉜㉝㉞㊱

▶ 高齢化の進展
　人口の高齢化率が7％以上の社会を「高齢化社会」、14％以上の社会を「高齢社会」と呼んでいます。我が国の高齢化率は1970（昭和45）年に7％を超え高齢化社会となり、1994（平成6）年には14％を超えて高齢社会に入りました。そして現在の高齢化率は28.9％（総務省統計局「人口推計」2021（令和3）年10月1日現在）です。我が国は、他国に比べても異例の速さで高齢化が進行しています。

📖 **高齢化率**：総人口のうち、65歳以上の人口がどれくらいいるかの割合を示したもので、老年人口比率ともいう。

 ここは覚える！

「令和5年版高齢社会白書」によると、令和24（2042）年以降は65歳以上人口が減少に転じても、総人口も減少することから高齢化率は上昇を続け、令和52（2070）年には38.7％に達して、国民の約2.6人に1人が65歳以上の者となる社会が到来すると推計されています。

14

Ⓒ　Ⓓ

6

■ 章末の理解度チェック

○×式の過去問題と予想問題で、学習した内容の理解度を確認しましょう。正解できたら□にチェック。なお、本文に説明のない内容に関する問題も、補足のため、一部掲載しています。また、過去問題の一部に変更を加えている場合があります。

総務省統計局「人口推計」（令和4年現在）によれば、高齢化率が最も高いのは秋田県の38.6%で、最も低いのは東京都の22.8%でした。

■ 高齢社会（7%）から高齢社会（14%）への到達年数

国	所要年数	7%を超えた年	14%を超えた年
日本	24年	1970年	1994年
ドイツ	40年	1932年	1972年
スウェーデン	85年	1887年	1972年
フランス	115年	1864年	1979年

▶ 平均寿命の伸長

我が国の平均寿命は、女性が87.45年、男性が81.41年になっており（厚生労働省「令和5年版高齢社会白書」）、世界トップレベルにあります。

また、健康上の問題で日常生活に制限のない期間（健康寿命）は、2019（令和元）年時点で男性が72.68年、女性が75.38年となっており、平均寿命と同様に伸長傾向にあります。

落とせない！重要問題

2019年（令和元年）時点での健康寿命は、2010年（平成22年）と比べて男女共に延びている。 第34回改

○：「令和5年版高齢社会白書」によると、2019（令和元）年時点で男性が72.68年、女性が75.38年となっており、それぞれ2010（平成22）年と比べて延びている（平成22年→令和元年：男性2.26年、女性1.76年）。

▶ 高齢者の世帯

65歳以上の高齢者のいる世帯は、約2,747.4万世帯で、総世帯数の50.6％に上っています（厚生労働省「2022年国民生活基礎調査」）。

Ｇ [出題回][予想問題]

過去問題の場合は出題回を掲載しています。

● 法令等の基準について

本書の記載内容は、2024（令和6）年3月現在の法令等に基づいています。変更される場合もありますので、厚生労働省、各都道府県・市町村の公表する情報をご確認ください。

社会福祉士の資格・試験について

社会福祉士は、「社会福祉士及び介護福祉士法」を根拠法とする国家資格であり、福祉分野における最上位の資格です。求められる知識は高度で幅広く、社会福祉士は専門職として水準の高さを示すことができます。

● 社会福祉士の職務内容

■ 社会福祉士とは

　社会福祉士は、高齢者や障害者、児童など社会的に弱い立場にある人がサポートを必要とするときに、まず相談に応じ、次に地域に働きかけ関係者と連携し、また社会資源を活用してニーズに合った援助を行うソーシャルワーカーです。

　根拠法の「社会福祉士及び介護福祉士法」によると、社会福祉士とは「専門的知識及び技術をもつて、身体上若しくは精神上の障害があること又は環境上の理由により日常生活を営むのに支障がある者の福祉に関する相談に応じ、助言、指導、福祉サービスを提供する者又は医師その他の保健医療サービスを提供する者その他の関係者との連絡及び調整その他の援助を行うことを業とする者」とされています。

■ 社会福祉士の職場

　社会福祉士のもつ専門的知識と技術は幅広く、活躍の場は多岐にわたり、行政機関（地方自治体や社会福祉協議会）や各種福祉関係施設、医療施設、民間企業など様々あります。また、地域包括支援センターへの配置が義務づけられたり、受刑者の高齢化が問題となっている刑務所への配置が決まったりなど、社会福祉士の活躍の場は着実に広がっています。

　さらに今後高齢化が進む日本では、独居老人が増加し、成年後見人の需要が高まることが予想されています。このため独立して個人事務所を構える人も増えると考えられます。

● 社会福祉士になるには

　厚生労働大臣によって毎年1回行われる社会福祉士試験に合格する必要があります。

■ 受験資格

　受験資格は、福祉系大学・短大で「指定科目」を履修したかなど、細かく12のルートに分かれています。福祉系大学で「指定科目」を修めていない場合は、相談援助の実務経験や、養成施設での研修の修了が求められます。この実務経験の施設や職種、また養成施設については、公益財団法人社会福祉振興・試験センター（以下、試験センター）のホームページに一覧表があります。

■ 社会福祉士資格取得ルート

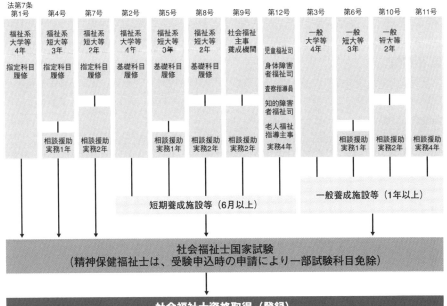

■ 社会福祉士の登録について

　社会福祉士試験に合格したら、厚生労働省の社会福祉士登録簿への登録を受けなければなりません。ここに登録すると、社会福祉士登録証が交付され、社会福祉士を名乗ることができるようになります。

● 試験の実施方法

　受験手続の詳細は受験要綱で確認してください。受験要綱は、試験センターのホームページ（http://www.sssc.or.jp）などで確認することができます。

■ 試験の場所

　試験は、年に一度、次の24の都道府県で行われます。

　北海道、青森県、岩手県、宮城県、埼玉県、千葉県、東京都、神奈川県、新潟県、石川県、岐阜県、愛知県、京都府、大阪府、兵庫県、島根県、岡山県、広島県、香川県、愛媛県、福岡県、熊本県、鹿児島県、沖縄県

■ 出題方式

　出題は1択又は2択（5つの選択肢から1つ又は2つを選択する）方式で、解答はマークシート方式で行われます。

■ 出題数

　科目ごとの出題数は表の通りで、配点は1問1点です。「共通科目」は、精神保健福祉士試験と同じであり、この精神保健福祉士の資格を持っている人が社会福祉士試験を受験する場合、申請によって共通科目が免除されます。

　なお、第37回試験（2025（令和7）年2月実施）より出題基準が変わり、問題数は129問となる予定です。

	科目	問題数	計
共通	医学概論	6	84問
	心理学と心理的支援	6	
	社会学と社会システム	6	
	社会福祉の原理と政策	9	
	社会保障	9	
	権利擁護を支える法制度	6	
	地域福祉と包括的支援体制	9	
	障害者福祉	6	
	刑事司法と福祉	6	
	ソーシャルワークの基盤と専門職	6	
	ソーシャルワークの理論と方法	9	
	社会福祉調査の基礎	6	
専門	高齢者福祉	6	45問
	児童・家庭福祉	6	
	貧困に対する支援	6	
	保健医療と福祉	6	
	ソーシャルワークの基盤と専門職（専門）	6	
	ソーシャルワークの理論と方法（専門）	9	
	福祉サービスの組織と経営	6	
	合計	129問	

　「共通科目」は、精神保健福祉士試験と同じであり、この精神保健福祉士の資格を持っている人が社会福祉士試験を受験する場合、申請によって共通科目が免除されます。

■ 試験時間

　第37回試験以降の試験時間は刊行時点では公開されていません。なお、試験時間を含む試験内容の詳細については、例年8月上旬頃に公表が予定されている試験センターの「受

験の手引」を必ず確認してください。

● 試験日・受験者数

■ 試験日
毎年、2月上旬に予定されています。

■ 受験申込書類の提出期間
毎年9月上旬〜10月上旬となっています。試験センターから受験申込書類「受験の手引」を取り寄せたら、書類をそろえて期間内に提出します。

■ 受験手数料
社会福祉士（共通科目＋専門科目）を受験：　　19,370円
社会福祉士（専門科目のみ）を受験：　　　　　16,230円
社会福祉士と精神保健福祉士を同時に受験：　36,360円（社会16,840円＋精神19,520円）

■ 合格発表
毎年、3月中旬に試験センターに掲示され、合格者には合格証書が、不合格者にはその旨の通知が郵送されます。また、試験センターのホームページに期間限定で、合格者の受験番号と合格基準点、正答が公開されます。

〈受験資格が「見込み」の場合〉
大学等の卒業見込みまたは実務経験を満たす見込みで受験した場合は、後日、受験資格となる証明書を提出する必要があります。合格証書はこの証明書が確認された日以降に郵送されます。また、証明書を提出しなかった場合は今回の試験は無効となります。

■ 受験者数・合格率
第30〜36回の受験者数、合格者数、合格率を示します。

回（年）	受験者数（人）	合格者数（人）	合格率数
第30回（平成30年実施）	43,937	13,288	30.2%
第31回（平成31年実施）	41,639	12,456	29.9%
第32回（令和2年実施）	39,629	11,612	29.3%
第33回（令和3年実施）	35,287	10,333	29.3%
第34回（令和4年実施）	34,563	10,742	31.1%
第35回（令和5年実施）	36,974	16,338	44.2%
第36回（令和6年実施）	34,539	20,050	58.2%

第 **13** 章

高齢者福祉

❶ 高齢者の生活実態とこれをとりまく社会情勢

　高齢者の生活状況に関する多岐にわたるテーマで、高齢社会白書や国民生活基礎調査等の統計データに関する設問が出題されています。

❷ 介護保険法の概要

　介護保険に関することは毎年必ず出題されています。要介護認定、介護予防・日常生活支援総合事業や包括的支援事業に関することなど、介護保険の概要のみならず、都道府県や市町村の役割や、各サービスの内容、介護支援専門員等の専門職の役割に関することなどが頻出しています。

❸ 地域包括支援センターの役割と実際

　地域包括支援センターの役割や機能に関する基本的な知識に加え、地域包括支援センターにおける社会福祉士の役割や、高齢者虐待の対応等の実践的な知識を問う事例問題等が出題されています。

❹ 高齢者福祉制度の発展過程

　老人福祉法、「高齢者保健福祉推進十か年戦略」（ゴールドプラン）等の高齢者福祉制度に加え、老人保健法など老人医療費の歴史的変遷や、その内容に関連する問題が出題されています。

❺ 介護過程

　近年は、移動、入浴、食事等の基本的な生活動作の介護方法について、障害や疾患の特徴に応じた知識を問う問題が出題されています。

攻略のポイント

科目の全体的な傾向としては、介護保険制度とそれに関連する知識を問う出題が中心です。特に、介護保険制度は近年、地域包括ケアシステムの構築、地域共生社会の実現といった流れの中で改正が行われており、介護予防・日常生活支援総合事業や、共生型サービスの創設など、そのポイントにそって知識を整理しておく必要があります。上記以外には、認知症施策推進大綱の動向や、高齢者の居住の安定確保に関する法律の内容についても併せて整理をしておきましょう。

1 高齢者を取り巻く社会情勢と高齢者保健福祉制度の発展

1963年 老人福祉法	2008年 高齢者医療確保法
1982年 老人保健法	2011年 介護保険法改正
1995年 高齢者社会対策基本法	2014年 医療・介護総合推進法
1997年 介護保険法	2015年 介護保険法改正
2005年 介護保険法改正	2017年 介護保険法改正

高齢者を取り巻く社会情勢　32 33 34 36

▶ 高齢化の進展

　人口の高齢化率が7％以上の社会を「高齢化社会」、14％以上の社会を「高齢社会」と呼んでいます。我が国の高齢化率は1970（昭和45）年に7％を超え高齢化社会となり、1994（平成6）年には14％を超えて高齢社会に入りました。そして現在の高齢化率は**28.9**％（総務省統計局「人口推計」2021（令和3）年10月1日現在）です。我が国は、他国に比べても異例の速さで高齢化が進行しています。

📖 **高齢化率**：総人口のうち、65歳以上の人口がどれくらいいるかの割合を示したもので、老年人口比率ともいう。

 ここは覚える！

「令和5年版高齢社会白書」によると、令和24（2042）年以降は65歳以上人口が減少に転じても、総人口も減少することから高齢化率は上昇を続け、2070年には38.7％に達して、国民の約2.6人に1人が65歳以上の者となる社会が到来すると推計されています。

総務省統計局「人口推計」（令和4年現在）によれば、高齢化率が最も高いのは秋田県の38.6%で、最も低いのは東京都の22.8%でした。

■ 高齢化社会（7%）から高齢社会（14%）への到達年数

国	所要年数	7%を超えた年	14%を超えた年
日本	24年	1970年	1994年
ドイツ	40年	1932年	1972年
スウェーデン	85年	1887年	1972年
フランス	115年	1864年	1979年

▶ 平均寿命の伸長

　我が国の平均寿命は、女性が87.45年、男性が81.41年になっており（厚生労働省「令和5年版高齢社会白書」）、世界トップレベルにあります。

　また、健康上の問題で日常生活に制限のない期間（健康寿命）は、2019（令和元）年時点で男性が72.68年、女性が75.38年となっており、平均寿命と同様に伸長傾向にあります。

落とせない！重要問題

2019年（令和元年）時点での健康寿命は、2010年（平成22年）と比べて男女共に延びている。 第34回改

○：「令和5年版高齢社会白書」によると、2019（令和元）年時点で男性が72.68年、女性が75.38年となっており、それぞれ2010（平成22）年と比べて延びている（平成22年→令和元年：男性2.26年、女性1.76年）。

▶ 高齢者の世帯

　65歳以上の高齢者のいる世帯は、約2,747.4万世帯で、総世帯数の50.6%に上っています（厚生労働省「2022年国民生活基礎調査」）。

ここは覚える！

「令和5年版高齢社会白書」によると、65歳以上の一人暮らしの者の増加は顕著ですが、2040年の予測は、男性約356万人、女性約540万人、65歳以上人口に占める割合は男性20.8％、女性24.5％となっています。

▶ 高齢者の所得

高齢者世帯の平均所得は318.3万円と、全世帯平均の545.7万円のおよそ6割です（厚生労働省「2022年国民生活基礎調査」）。高齢者世帯の所得のうち、年金や恩給が62.8％を占め、稼働所得（何らかの就労・仕事をして得た収入）は25.2％となっています。

■ 高齢者世帯の所得内訳

区分	平均額	割合
公的年金・恩給	199.9万円	62.8％
稼働所得	80.3万円	25.2％
財産所得	17.2万円	5.4％
仕送り・その他の所得	19.0万円	6.0％
年金以外の社会保障給付金	1.8万円	0.6％

● 高齢者の貯蓄額

また、高齢者世帯の平均貯蓄は1,603.9万円と、全世帯平均の1,368.3万円を上回っていますが、一方で前年と比べ貯蓄額が減ったと答えている65歳以上の高齢者が40.1％もいるなど格差も大きくなっています（厚生労働省「2022年国民生活基礎調査」）。

高齢者の福祉・介護需要 ㉝

▶ 要介護者等のいる世帯

要介護者等のいる世帯は、核家族世帯が42.1％、単独世帯が30.7％、三世代世帯が10.9％、その他の世帯が16.4％となっています（厚生労働省「2022年国民生活基礎調査」）。

▶ 介護者

　要介護者の介護者は、「配偶者」が約22.9％、「子」が16.2％、「子の配偶者」が5.4％、「事業者」が15.7％、別居の家族等が11.8％などとなっています。同居の主な介護者を性別にみると「男性」が31.1％、「女性」が68.9％と女性の割合が高くなっています。また年齢階級別にみると、男性では「60〜69歳」が26.9％と最も多く、女性でも「60〜69歳」が30.1％と多くなっています（厚生労働省「2022年国民生活基礎調査」）。

高齢者保健福祉制度の発展　㉛ ㉜ ㉝ ㉞ ㉟ ㊱

　我が国では、高齢化をはじめとした様々な社会の変化やニーズの多様化などに対応し、多くの高齢者保健福祉施策や制度が策定され、取り組みが強化されてきました。ここでは、その中でも代表的な施策や制度について、その背景や概要を見ていきたいと思います。

▶ 国民皆保険・皆年金体制の確立

　まず、高齢期に多くの人が直面する医療面の不安に応えるように、1958（昭和33）年に国民健康保険法が制定され、1961（昭和36）年には全国の市町村で国民健康保険事業が開始されました。次に、今度は経済面での課題に応えるように、1959（昭和34）年に国民年金法が制定されます（1961（昭和36）年から全面施行）。これら2つの法律によって我が国では国民皆保険・皆年金体制が確立しました。

▶ 老人福祉法の制定

　当時の高度経済成長の後押しもあり、続けて1963（昭和38）年には老人福祉法が制定されます。この法においては、老人福祉施設として、養護老人ホーム、特別養護老人ホーム、軽費老人ホームが規定されました。また、在宅福祉としては、養護委託、老人家庭奉仕員派遣制度、老人クラブへの助成なども規定されました。

　この法はその後、数度の改正を経て現在に至っています。

▶ 老人保健法の制定

　1973（昭和48）年には、老人福祉法において、老人医療費支給制度により、

老人医療費の無料化が行われました。しかし、社会的入院が増加し、高齢化のスピードも予想以上に速く、財政的に維持が困難になります。そこで、1982（昭和57）年に老人保健法が制定されました。原則として70歳以上の医療については老人保健制度によって運営されることとなり、高齢者の自己負担も導入されました。また40歳以上を対象とした健康診査、健康指導、機能訓練など疾病の予防策も実施されました。1986（昭和61）年の改正では、**老人保健施設**が創設され、1988（昭和63）年から本格的に実施されました。

高齢化率が7％を超えるのは、老人福祉法と老人保健法の間の1970（昭和45）年のことです。

落とせない！重要問題

1982（昭和57）年の老人保健法では、70歳以上の高齢者にかかる医療費のうち、その自己負担分を無料化する老人医療費支給制度が規定された。 第36回

×：1973（昭和48）年に70歳以上の医療費（老人医療費）を無料化したが、高齢者の多い国民健康保険の財政が窮迫し、1983（昭和58）年に高齢者の一部自己負担を定めた老人保健制度が成立した。

▶ 「高齢者保健福祉推進十か年戦略」（ゴールドプラン）の策定

　平成に入ると、高齢者に対する具体的なサービスの整備が行われるようになります。特に介護基盤の量的整備は大きな課題となってきたため、1989（平成元）年に「高齢者保健福祉推進十か年戦略」（ゴールドプラン）が発表されます。このプランでは、全国的な規模で介護基盤の整備を進める国の方針が数値的に明確にされ、主な施策の10年間の整備目標が示されました。

高齢者保健福祉推進十か年戦略の推進を円滑にするために、1990（平成2）年に老人福祉計画の法制化を含む老人福祉法の改正が行われました。

▶ 「高齢者保健福祉推進十か年戦略の見直しについて」（新ゴールドプラン）の策定

高齢化はさらに進み、ゴールドプランの目標値を上回る整備が必要となったため、1994（平成6）年に，ゴールドプランを全面的に改定した「高齢者保健福祉推進十か年戦略の見直しについて」（新ゴールドプラン）が策定されました。

> この年に、高齢化率が14%を超えました。

基本理念として、①利用者本位・自立支援、②普遍主義、③総合的なサービスの提供、④地域主義などを掲げ、1999（平成11）年度末までに新規施策も含めた具体的施策の実施を図ることとしました。

▶ 高齢社会対策基本法の制定

新ゴールドプラン策定の翌年、1995（平成7）年には、高齢社会対策基本法が施行され、高齢化をめぐる様々な問題に総合的に対応していくことを目的として、今後の高齢者対策における「基本理念」（「国民が構成員として生涯にわたって尊重される社会」や「自立と連帯の精神に立脚した地域社会」の構築など）が示されました。

▶ 介護保険法の制定

1997（平成9）年に介護保険法が成立し、2000（平成12）年より施行されました。この制度は、介護に関する既存の制度を再編成して制度の矛盾を解決する新たな高齢者介護制度として導入されました。高齢者自身がサービスを選択することを基本として、社会保険の仕組みが用いられることとなりました。

▶ 「今後5か年間の高齢者保健福祉施策の方向」（ゴールドプラン21）の策定

1999（平成11）年度の新ゴールドプランの終了に伴い、ゴールドプラン21が策定され、2000（平成12）年度から2004（平成16）年度までの計画として実施されました。

このプランでは、地域における高齢者に対する保健福祉施策を実施する上で

必要な基本的目標を掲げるとともに、介護予防や地域生活支援といった理念や方向性が重視されました。

▶ 「高齢者の医療の確保に関する法律」（高齢者医療確保法）の制定

2008（平成20）年4月に、老人保健法が全面的に改正され、「高齢者医療確保法」が施行されました。75歳以上の高齢者については、後期高齢者医療制度で対応することとなり、65～74歳の高齢者は従来からの各医療保険の加入を継続したまま、その費用負担を保険者間で調整することとなりました。

▶ 「介護サービスの基盤強化のための介護保険法等の一部を改正する法律」の制定

2011（平成23）年6月に、高齢者が地域で自立した生活を営めるよう医療、介護、予防、住まい、生活支援サービスが切れ目なく提供される地域包括ケアシステムの実現に向けて、介護保険法とともに老人福祉法、社会福祉士及び介護福祉士法等の改正法が成立しました（2012年4月1日施行。一部は公布日）。これにより定期巡回・随時対応型訪問介護看護等の創設や介護福祉士等による喀痰吸引等の措置が講じられることとなりました。

▶ 認知症施策推進5か年計画（オレンジプラン）の策定

2012（平成24）年6月に、認知症患者が地域で必要な医療や介護を受けられるよう環境を整えることを目的として、2013（平成25）～ 2017（平成29）年度までの計画が策定され、主に次の点について強化が図られることになりました。

- 認知症ケアパス「認知症カフェ」等の普及
- 早期診断のための認知症疾患医療センターの整備
- 家族支援（認知症地域支援推進員や認知症サポーターの増員など）や若年性認知症対策（ハンドブックの作成や意見交換会の開催）の強化
- 人材育成（認知症介護実践リーダー研修者数の増員など）などの強化

認知症ケアパス：認知症の進行状況に合わせて提供される医療や介護サービスの標準的な流れ等を示したもの。
認知症カフェ：認知症の人や家族、支援者などが参加して話し合い、情報交換等を行う。

▶ 認知症施策推進総合戦略（新オレンジプラン）の策定

2015（平成27）年1月に、認知症の人のさらなる増加が予測されることを踏まえ（2025年には約700万人）、若年性認知症施策の強化など7つの柱からなる新しいプランが策定されました。2017（平成29）年度末を目標として数値が設定され、認知症初期集中支援チームや認知症地域支援推進員の2018（平成30）年までの全市町村配置などの点が強化されました。その後、2017（平成29）年7月に、新たに2020年度末を目標年度として数値目標の変更が行われ、認知症サポーターの人数（累計）を1,200万人に引き上げる等の見直しが行われました。

▶ 認知症施策推進大綱の策定

2019（令和元）年6月に、新オレンジプランの後継として策定されました。認知症の発症を遅らせ、認知症になっても希望を持って日常生活を過ごせる社会を目指し、認知症の人や家族の視点を重視しながら「共生」と「予防」を車の両輪として施策を推進します。期間を2025（令和7）年までとし、認知症バリアフリーの推進など5つの柱が定められています。

▶ 高齢社会対策大綱の見直し

2018（平成30）年2月、4度目となる見直しが行われました。年齢による画一化を見直し、全ての世代の人々が希望に応じて意欲・能力をいかして活躍できるエイジレス社会を目指すなどの考え方に基づき、高齢社会対策を推進することとしています。

▶ 医療・介護総合推進法の制定

2014（平成26）年6月に、医療や介護の提供体制や税制の仕組みの変更等を行い、地域における医療と介護を総合的に確保していくことを目的とした医療・介護総合推進法が成立しました

高齢化の進展による利用者増の中で制度を維持していけるよう、地域支援事業の充実や介護サービス利用料の自己負担割合の引き上げなど、様々な施策が図られることとなりました。

2 高齢者保健福祉制度の概要

頻出度 🐾🐾 🐾

高齢社会対策基本法の概要　㉜㉟

　我が国では、高齢化の速度に比べて国民の意識や社会のシステムの対応が遅れています。そこで、雇用、年金、医療、福祉といった社会システムを積極的に見直し適切なものにするよう、1995（平成7）年、高齢社会対策基本法が制定されました。この法律では、国や地方公共団体の責務（3、4条）や国民の努力（5条）が規定されています。

> **目的（1条）**
> この法律は、我が国における急速な高齢化の進展が経済社会の変化と相まって、国民生活に広範な影響を及ぼしている状況にかんがみ、高齢化の進展に適切に対処するための施策に関し、基本理念を定め、並びに国及び地方公共団体の責務等を明らかにするとともに、高齢社会対策の基本となる事項を定めること等により、高齢社会対策を総合的に推進し、もって経済社会の健全な発展及び国民生活の安定向上を図ることを目的とする。

　同法2条では、基本理念として、国民が生涯にわたって「就業その他の多様な社会的活動に参加する機会が確保される公正で活力ある社会」や「社会を構

成する重要な一員として尊重され、地域社会が自立と連帯の精神に立脚して形成される社会」「健やかで充実した生活を営むことができる豊かな社会」の構築を目指しています。この理念に沿って同年高齢社会対策大綱が策定されました。この大綱は5年ごとに見直され、2018（平成30）年の見直しでは、すべての年代の人々が希望に応じて意欲・能力をいかして活躍できるエイジレス社会を目指すとされました。

老人福祉法の概要　㉛ ㉝ ㉞ ㉟

老人福祉法は、1963（昭和38）年に制定されました。

次の目的や基本的理念とともに、事業やサービス、老人福祉施設、市町村の業務、都道府県の業務、老人福祉指導主事の役割、老人福祉計画などについて規定しています。

また、老人の日（9月15日）や老人週間（9月15日から21日）なども規定されています。

目的（1条）
この法律は、老人の福祉に関する原理を明らかにするとともに、老人に対し、その心身の健康の保持及び生活の安定のために必要な措置を講じ、もって老人の福祉を図ることを目的とする。

基本的理念
- 老人は、多年にわたり社会の進展に寄与してきた者として、かつ、豊富な知識と経験を有する者として敬愛されるとともに、生きがいを持てる健全で安らかな生活を保障されるものとする（2条）
- 老人は、老齢に伴って生ずる心身の変化を自覚して、常に心身の健康を保持し、又は、その知識と経験を活用して、社会的活動に参加するように努めるものとする（3条1項）
- 老人は、その希望と能力とに応じ、適当な仕事に従事する機会その他社会的活動に参加する機会を与えられるものとする（3条2項）

「老人は、多年にわたり社会の進展に寄与してきたものとして〜敬愛される」という文言は、老人福祉法の基本理念として重要なものですので、覚えておきましょう。

▶ 規定されている事業

同法で規定されている事業には、老人居宅介護等事業、老人デイサービス事業、老人短期入所事業、小規模多機能型居宅介護事業、認知症対応型老人共同生活援助事業、老人福祉施設などがあります。

介護保険法の施行に伴って、これらのサービスの多くは介護保険のサービスとして契約により提供されるようになっています。ただし、やむを得ない事由により利用が困難と認められる場合には、市町村が行う老人福祉法上の措置として提供されます。

落とせない！重要問題

老人福祉法の規定によれば、特別養護老人ホームについて、高齢者がやむを得ない事由により自ら申請できない場合に限って、市町村の意見を聴いた上で都道府県が入所措置を行うことができる。 第33回

×：高齢者がやむを得ない事由により自ら申請できない場合に限って、特別養護老人ホームへの入所措置を行うのは市町村である。

■ 老人福祉施設の概要

種別	概要
老人デイサービスセンター	日常生活を営むのに困難がある高齢者に対して、入浴や排泄、食事等の介護の提供、機能訓練、介護方法の指導その他の便宜を提供する
老人短期入所施設	養護者の疾病その他の理由により、居宅において介護を受けることが一時的に困難となった高齢者に対して、短期間入所させ、養護する
養護老人ホーム	身体上、精神上又は環境上の理由及び経済的な理由で居宅において養護を受けることが困難な高齢者を入所させ、養護するとともに、その者が自立した生活を営み、社会的活動に参加するために必要な指導及び訓練その他の援助を行う
特別養護老人ホーム（介護老人福祉施設）	常時の介護を必要としかつ居宅においてこれを受けることが困難な高齢者を入所させ、養護する

軽費老人ホーム	無料又は低額な料金で、老人を入所させ、食事の提供その他日常生活上必要な便宜を供与する
老人福祉センター	無料又は低額な料金で、老人に関する各種の相談に応ずるとともに、老人に対して、健康の増進、教養の向上及びレクリエーションのための便宜を総合的に供与する
老人介護支援センター	老人や養護者、地域住民等からの相談に応じ必要な助言を行うとともに、主として居宅において介護を受ける老人や養護者、各事業者等との連絡調整を含め、援助を総合的に行う

ここは覚える！

養護老人ホームは、市町村による措置施設であり、設置は原則、国及び地方公共団体、社会福祉法人となっています。入所者居室1室当たりの定員は一人と規定されています。

▶ 老人福祉計画

　地方公共団体は、市町村老人福祉計画、都道府県老人福祉計画の作成が義務づけられています。これらの計画は、介護保険法による市町村介護保険事業計画、都道府県介護保険事業支援計画と一体のものとして作成されることとなっています。

　また、市町村老人福祉計画では、供給体制の確保として、確保すべき老人福祉事業の量の目標や確保のための方策、確保に関して必要な事項などを定めることになっています。さらに、市町村地域福祉計画とは、調和が保たれたものでなければならないとされています。

▶ 有料老人ホーム

　老人を入居させ、介護等（入浴や排泄、食事等の介護や日常生活上必要な便宜を提供する）の供与をする事業を行う施設で、老人福祉施設や認知症対応型老人共同生活援助事業を行う住居等の施設でないものと規定されています。

　また、この施設を設置しようとする者は、あらかじめその地の都道府県知事への届け出が必要となっています。

高齢者の医療の確保に関する法律の概要

　従来の老人保健法では、老人の医療に関する事業（医療など）と40歳以上の生活習慣病予防といった健康づくり事業（医療等以外の保健事業）などによって実施されてきましたが、高齢化の進展に伴う医療費の増大などの問題に対して、より適切に対応していくため、2008（平成20）年4月1日から高齢者の医療の確保に関する法律（高齢者医療確保法）に改正（改称）されました。

> **目的（1条）**
> この法律は、国民の高齢期における適切な医療の確保を図るため、医療費の適正化を推進するための計画の作成及び保険者による健康診査等の実施に関する措置を講ずるとともに、高齢者の医療について、国民の共同連帯の理念等に基づき、前期高齢者に係る保険者間の費用負担の調整、後期高齢者に対する適切な医療の給付等を行うために必要な制度を設け、もって国民保健の向上及び高齢者の福祉の増進を図ることを目的とする。

　この制度では、医療費適正化の推進を図るため、厚生労働大臣は医療費適正化基本方針を定めることとされ、国及び都道府県は、その方針に基づいた目標や取り組みなどを内容とする医療費適正化計画を6年ごとに（6年を1期）策定することとなりました。

　高齢者世代と現役世代の医療費負担の公平化や透明化を目的として、この法律により、75歳以上の後期高齢者の独立した医療制度として後期高齢者医療制度が創設されました。この制度での運営主体は、後期高齢者医療広域連合（全市町村が加入している都道府県単位の広域連合）となり、被保険者はその区域内に住所がある75歳以上の者と、政令で定めた障害の状態にある65歳以上75歳未満の者です。費用の自己負担については1割となりますが、現役並みの所得のある者は3割となっています。また、65〜74歳の前期高齢者については、医療費負担の不均衡を是正するために財政調整制度が創設されています。

　その他、従来の老人保健法で実施されていた「保健事業」は、「特定健康診査・特定保健指導」や健康増進法に基づく各市町村の健康増進事業、生活習慣相談などにより実施されます。

2022（令和4）年10月から、後期高齢者医療制度の費用について1割負担の者のうち、一定所得以上の者は2割負担となります。

高齢者虐待防止法の概要　㉛ ㉜

　近年、家庭や介護施設での高齢者への身体的・心理的虐待や介護の放棄などが問題となっています。このため、2005（平成17）年、**高齢者虐待防止法**が成立し、2006（平成18）年から施行されています。

正式には、「高齢者虐待の防止、高齢者の養護者に対する支援等に関する法律」といいます。

> **目的（1条）**
> この法律は、（中略）高齢者虐待の防止等に関する国等の責務、高齢者虐待を受けた高齢者に対する保護のための措置、養護者の負担の軽減を図ること等の養護者に対する養護者による高齢者虐待の防止に資する支援のための措置等を定めることにより、高齢者虐待の防止、養護者に対する支援等に関する施策を促進し、もって高齢者の権利利益の擁護に資することを目的とする。

　この法律では、表にあるような各種定義や、国等の責務、虐待を受けた高齢者に対する保護、養護者の負担の軽減を図るといった養護者に対する支援の措置などを定めています。

■ **高齢者虐待防止法の主な規定**

11条	市町村長は、養護者による高齢者虐待が要因となり高齢者の生命又は身体に重大な危険が生じているおそれがあると認めるときは地域包括支援センターの職員その他の高齢者の福祉に関する事務に従事する職員に対して、当該高齢者の住所又は居所に立ち入り、必要な調査又は質問をさせることができる
13条	虐待を受けた高齢者に養介護施設への入所措置が採られた場合、市町村長又は当該措置に係る養介護施設の長は、虐待を行った養護者と高齢者との面会を制限することができる

15条	市町村は、高齢者虐待の防止や保護等の適切な実施、専門的に従事する職員の確保などに努めなければならない
17条	市町村は、虐待防止のために市町村が行う高齢者や養護者に対する相談、助言、指導について、当該市町村と連携協力する高齢者虐待対応協力者のうち適当と認められる者に委託することができる
21条	養介護施設従事者等は、高齢者虐待を受けたと思われる高齢者を発見した場合は、速やかにこれを市町村に通報しなければならない
25条	都道府県知事は、毎年度養介護施設従事者等による高齢者虐待の状況や養介護施設従事者等による高齢者虐待があった場合に採った措置などについて公表しなければならない

■ 高齢者虐待防止法における主な定義

制度上の用語に関する主な定義	
高齢者	65歳以上の者
養護者	高齢者を現に養護する者であって、養介護施設従事者等以外の者
養介護施設従事者等	老人福祉法や介護保険法等に規定する施設等の業務に従事する者
高齢者虐待	養護者による高齢者虐待及び養介護施設従事者等による高齢者虐待をいう
虐待に該当する行為に関する主な定義	
身体的虐待	高齢者の身体に外傷が生じ、又は生じるおそれのある暴行を加えること
介護の怠慢・放棄	高齢者を衰弱させるような著しい減食又は長時間の放置等、養護を著しく怠ること
心理的虐待	高齢者に対する激しい暴言又は著しく拒絶的な対応その他の高齢者に著しい心理的な外傷を与える言動を行うこと
性的虐待	高齢者にわいせつな行為をすること又は高齢者をしてわいせつな行為をさせること
経済的虐待	高齢者の財産を不当に処分することその他当該高齢者から不当に財産上の利益を得ること

▶ 高齢者虐待の具体的な実態について

　厚生労働省による「令和4年度『高齢者虐待の防止、高齢者の養護者に対する支援等に関する法律』に基づく対応状況等に関する調査」では、主に次のような結果が出ています。

■ 養介護施設従事者などによる虐待

施設・事務所の種別	特別養護老人ホーム（介護老人福祉施設）	32.0%
	有料老人ホーム	25.8%
	認知症対応型共同生活介護（グループホーム）	11.9%
	介護老人保健施設	10.5%
虐待種別	身体的虐待	57.6%
	心理的虐待	33.0%
	介護等放棄	23.2%
	経済的虐待	3.9%
	性的虐待	3.5%

■ 養護者による虐待

虐待種別	身体的虐待（65.3%）、心理的虐待（39.0%）、介護等放棄（19.7%）、経済的虐待（14.9%）、性的虐待（0.4%）
被虐待高齢者からみた虐待者の続柄	息子（39.0%）、夫（22.7%）、娘（19.3%）、妻（6.6%）、孫（2.8%）、息子の配偶者（2.6%）

　また、養護者による虐待の被虐待高齢者の状況を見ると、要介護認定の状況は「要介護3以上」が4,521人（38.2%）、要介護認定者における認知症高齢者の日常生活自立度Ⅱ以上は8,696人（73.5%）、要介護認定者のうち障害高齢者の日常生活自立度（寝たきり度）A以上は8,208人（69.4%）でした。

ここは覚える！

養介護施設従事者等による虐待の相談・通報件数は2006（平成18）年の273件から2022（令和4）年は3,166件、虐待判断ケースも54から856件となっており、それぞれ増加している。

その他の高齢者福祉関連制度　㉜ ㉝ ㉞ ㉟

▶ 高齢者の居住の安定確保に関する法律（高齢者住まい法）

　この法は、高齢者の円滑な入居を促進するための賃貸住宅の登録制度や高齢者が安定的に居住することができる賃貸住宅についての終身建物賃貸借制度などを設け、高齢者の居住の安定を図り、その福祉の増進を図ることなどを目的とし、2001（平成13）年に制定されました。都道府県は、高齢者居住安定確保計画において、区域内における供給や整備の目標、達成や必要な事項などを

定めることになっています。

　そして2011（平成23）年には改正法が制定され、賃貸住宅の登録制度等はサービス付き高齢者向け住宅に一本化され、都道府県知事の登録制度として創設されました。

■　**終身建物賃貸借制度**：都道府県知事の認可を受けて、公正証書による書面等によって契約するときに限り、借地借家法第30条の規程にかかわらず、高齢者の貸借人が死亡したときに賃貸借を終了する旨を定めることができる制度である。

■ **高齢者の居住の安定確保に関する法律の一部改正のポイント**

---

① **「サービス付き高齢者向け住宅」の登録制度の創設**
- 高齢者向けの賃貸住宅又は有料老人ホームに高齢者を入居させ、状況把握サービス、生活相談サービス、その他の高齢者が日常生活を営むため必要な福祉サービスを提供する事業を行う者は、都道府県知事の登録を受けることができることとする
- 都道府県知事は、登録の申請が、規模・構造・設備、サービス、契約内容等に関する一定の基準に適合していると認めるときは、その登録をしなければならないこととする
- 登録を受けた事業者に対し、誇大広告の禁止、登録事項の公示、契約締結前の書面の交付及び説明等を義務づけることとする
- 登録を受けた場合には、老人福祉法に規定する有料老人ホームに係る届出義務を適用除外することとする

② **高齢者円滑入居賃貸住宅の登録制度、高齢者向け優良賃貸住宅の供給計画の認定制度及び高齢者居住支援センターの指定制度を廃止することとする。**

③ **地域における多様な需要に応じた公的賃貸住宅等の整備等に関する特別措置法の一部改正**
- 登録を受けたサービス付き高齢者向け住宅の整備に関する事業の実施に要する経費に充てるため、国は、地方公共団体に対し、交付金を交付できることとする

④ **独立行政法人住宅金融支援機構法の一部改正**
- 独立行政法人住宅金融支援機構は、登録される賃貸住宅にするための既存住宅の購入に必要な資金の貸付けができることとする

▶ 高齢者、障害者等の移動等の円滑化の促進に関する法律（バリアフリー新法）

　2006（平成18）年には、高齢者や障害者が円滑に移動でき、また施設を円滑に利用できるよう**バリアフリー新法**が制定されました。目的は、駅や車両などの公共交通機関、道路や通路といった歩行空間、住宅や公共建築物などのバリアフリー化を図り、高齢者や障害者などの日常生活や社会生活の利便性や安全性の向上を図るというものです。

　この法律では、国としての基本方針、旅客施設・建築物などの構造、設備の基準の策定、バリアフリー化の目標値が示され、また市町村などに対しては**移動等円滑化基本構想**（一定の地区を重点整備地区として指定し、地区内の施設や経路の移動等の計画を策定）の策定や事業計画の作成・実施、重点整備地区の指定、円滑化計画の策定などが示されています。これらの実施過程においては、高齢者や障害者を含めた住民などが計画段階から参加をしていくこととなっています。

　また、「ユニバーサル社会実現法」の公布施行（2018（平成30）年）や、2020年オリンピック・パラリンピック東京大会等を契機とした共生社会実現に向けた機運醸成等を受け、「心のバリアフリー」に係る施策などソフト対策の強化の必要性が高まってきました。そうした背景から、この法律も2018（平成30）年に改正が行われました。

■ バリアフリー新法における各機関等の責務に関する主な規定

国の責務

4条　国は、高齢者、障害者等、地方公共団体、施設設置管理者その他の関係者と協力して、基本方針及びこれに基づく施設設置管理者の講ずべき措置の内容その他の移動等円滑化の促進のための施策の内容について、移動等円滑化の進展の状況等を勘案しつつ、これらの者の意見を反映させるために必要な措置を講じた上で、適時に、かつ、適切な方法により検討を加え、その結果に基づいて必要な措置を講ずるよう努めなければならない。
2　国は、教育活動、広報活動等を通じて、移動等円滑化の促進に関する国民の理解を深めるとともに、高齢者、障害者等が公共交通機関を利用して移動するために必要となる支援、これらの者の高齢者障害者等用施設等の円滑な利用を確保する上で必要となる適正な配慮その他の移動等円滑化の実施に関する国民の協力を求めるよう努めなければならない。

地方公共団体の責務

5条 地方公共団体は、国の施策に準じて、移動等円滑化を促進するために必要な措置を講ずるよう努めなければならない。

国民の責務

7条 国民は、高齢者、障害者等の自立した日常生活及び社会生活を確保することの重要性について理解を深めるとともに、これらの者が公共交通機関を利用して移動するために必要となる支援、これらの者の高齢者障害者等用施設等の円滑な利用を確保する上で必要となる適正な配慮その他のこれらの者の円滑な移動及び施設の利用を確保するために必要な協力をするよう努めなければならない。

■ バリアフリー新法の主なポイント

① 国や都道府県、市町村、国民などのそれぞれの果たす役割、責務が明記された

② 対象が、身体障害者だけでなく、知的障害者や精神障害者も含めて、日常生活に制限を受ける人々に拡大された

③ 対象となる施設に、一定の道路、公園施設、路外駐車場、福祉タクシーも加えられた

④ 住民参加を促進するため、市町村の基本構想策定時に参加することのできる「協議会」が設置された

▶ 高年齢者等の雇用の安定等に関する法律

もともとは1971（昭和46）年に制定された法律ですが、2004（平成16）年に改正されています。この改正では、高年齢者の安定した雇用を確保するため、再就職の促進、就業の機会の確保などの措置を総合的に行い、高年齢者の職業の安定や福祉の増進を図ることなどを目的としています。

2012（平成24）年の改正では、継続雇用制度の対象者を労使協定で限定できる仕組みの廃止などについて、2013（平成25）年4月より施行されました。

さらに2020（令和2）年には、「70歳までの就労機会確保を企業の努力義務とする」改正が行われ、翌年より施行されています。

企業に対して、定年の引き上げ（65歳以上）や継続雇用制度の導入などが図られてきています。また、都道府県にはシルバー人材センターが設置され、官公庁や企業等から補助的・臨時的な仕事を引き受けて定年退職後の高齢者や短期就労を希望する高齢者などに就労機会の提供を行っています。

労働者の定年を定める場合は、原則として60歳を下回ることができないこととなっています（8条）。

頻出度 | 🐾🐾🐾

3 介護保険制度の概要

介護保険制度の仕組み

介護保険加入者　市町村及び特別区
納付
通知
サービス業者
提供　利用者負担　支払い　請求

介護保険制度の目的と理念 ㉟

　介護保険制度とは、1997（平成9）年の介護保険法の成立によって設けられ、2000（平成12）年に施行された制度です。

> **目的（1条）**
> この法律は、加齢に伴って生ずる心身の変化に起因する疾病等により要介護状態となり、入浴、排せつ、食事等の介護、機能訓練並びに看護及び療養上の管理その他の医療を要する者等について、これらの者が尊厳を保持し、その有する能力に応じ自立した日常生活を営むことができるよう、必要な保健医療サービス及び福祉サービスに係る給付を行うため、国民の共同連帯の理念に基づき介護保険制度を設け、その行う保険給付等に関して必要な事項を定め、もって国民の保健医療の向上及び福祉の増進を図ることを目的とする。

　この介護保険制度は、「被保険者の要介護状態又は要支援状態に関し、必要な保険給付を行うものとする（2条1項）」とされ、その保険給付については、次のように規定されています。

理念

- 要介護状態又は要支援状態の軽減又は悪化の防止に資するよう行われるとともに、医療との連携に十分配慮して行われなければならない（2条2項）
- 被保険者の心身の状況、その置かれている環境等に応じて、被保険者の選択に基づき、適切な保健医療サービス及び福祉サービスが、多様な事業者又は施設から、総合的かつ効率的に提供されるよう配慮して行わなければならない（同条3項）
- 被保険者が要介護状態となった場合においても、可能な限り、その居宅において、その有する能力に応じ自立した日常生活を営むことができるように配慮されなければならない（同条4項）

介護保険制度の体系・仕組み　㉛ ㉜ ㉝ ㉞ ㉟

▶ 制度の概要

　介護保険制度は、それまで個別に提供されていた介護を社会全体で担い、かつ利用者の選択に基づいてサービスを提供することなどを目指して始まりました。このため、**社会保険方式**や**契約制度**などが導入されました。

　サービスを提供する主体を保険者、提供を受ける側を被保険者といいます。保険者は、市町村による要介護認定によって認定された要介護者に対して、多様な供給主体からサービスとしての保険給付を行うことになります。被保険者は定められた基準に従い、保険料や利用者負担を拠出することになります。

　またこの制度では、サービスを必要とする人の状態に合わせた体系的な介護を行うために、**ケアマネジメント**の考え方やシステムが導入されました。介護支援サービスとして、介護支援専門員（ケアマネジャー）による介護サービス計画（ケアプラン）の作成や継続的な支援が実施されています。

📖 **ケアマネジメント：** 介護サービスを必要とする人やその家族に対して、効果的なサービスや資源を紹介する支援方法のこと。サービスが有効的に利用されているかを評価することも含まれる。

▶ 2005年介護保険法改正

2005（平成17）年の介護保険法改正によって、介護予防が重視され、予防重視型システムへと転換されることとなりました。それに伴い、地域で支える介護を目指して地域支援事業や地域密着型サービスの創設、地域包括支援センターの設置などが行われました。また、増加した事業者を含めてサービスの質の確保を確実にしていくため、介護サービスに関する情報の公表義務化や更新制度（介護支援専門員5年・指定事業者6年）の導入などがなされました。

さらに同年10月からは、在宅での利用者と施設サービス利用者の負担のバランスを図るために、施設サービス利用者は、一定の「居住費用」や「食費」を自己負担とすることになりました。

▶ 2011年介護保険法改正（2012年4月1日施行）

2011（平成23）年の改正（介護サービスの基盤強化のための介護保険法等の一部を改正する法律）によって、高齢者が可能な限り住み慣れた地域で、その有する能力に応じ自立した日常生活を営むことができるよう、地域密着型サービスにおける定期巡回・随時対応型訪問介護看護や看護小規模多機能型居宅介護の創設をはじめとして、介護予防・日常生活支援総合事業の創設、地域包括支援センターの機能強化、認知症に関する調査研究の推進等が図られることとなりました。

▶ 2014年介護保険法改正（2015年4月以降順次施行）

2014（平成26）年6月に医療・介護総合推進法（地域における医療及び介護の総合的な確保を推進するための関係法律の整備等に関する法律）が成立しました。これは介護保険法や医療法等の改正を一度にまとめて改正する法律です。この法律によって、高齢化の進展による利用者増の中でも介護保険制度を維持していけるよう、医療と介護にまたがる、次のような様々な施策が順次施行されることとなりました。医療法関係は2014（平成26）年10月以降に、介護保険関係は2015（平成27）年4月以降に順次施行されます。

- 地域支援事業の充実（予防給付「訪問介護」「通所介護」を地域支援事業へ移行）
- 介護サービス利用料の自己負担割合の引き上げ（一定以上の所得のある人は2割負担へ）

- 特別養護老人ホームの入所制限（自宅で暮らすのが難しい**要介護3以上**の中重度の人を優先）　など

▶ 2017年介護保険法改正（2018年4月以降順次施行）

今後の介護や医療のニーズのさらなる高まりや、認知症高齢者、世帯主が65歳以上の単独世帯、夫婦のみの世帯が増加する見通しを受けて、社会保障費の増加の抑制の観点から改正されました。

- 一部のサービス利用者の自己負担を2割から3割に引き上げる
- 福祉用具貸与について、国が商品ごとに**全国平均の貸与価格を公表**し、利用者が適正な価格でサービスを受けられるようにする
- 長期にわたって療養するための医療と、日常生活の介護を一体的に受ける**介護医療院を創設**
- 高齢者と障害児者が同一の事業所でサービスを受けやすくした**共生型サービスの位置づけ**　など

▶ 2020年介護保険法改正（2021年4月1日施行）

地域住民の複雑化・複合化した支援ニーズに対する市町村の包括的な支援体制の構築の支援や、医療・介護のデータ基盤の整備の促進等をポイントとして改正されました。

▶ 2023年度介護保険法改正（2024年4月1日施行）

全世代に対応できる持続可能な社会保障制度を構築することを念頭に置き、介護保険法においては以下の点を改正のポイントとしています。

- 介護情報基盤の整備
- 介護サービス事業者の財務状況等の見える化
- 介護サービス事業所等における生産性の向上に資する取り組みに係る努力義務
- 看護小規模多機能型居宅介護のサービス内容の明確化
- 地域包括支援センターの体制整備等

▶ 保険者と被保険者

制度運営の主体である保険者は、市町村及び特別区とされています。

被保険者は、市町村の区域内に住所を有する65歳以上の者（第1号被保険者）、市町村の区域内に住所を有する40歳以上65歳未満の医療保険加入者（第2号被保険者）となっています。

介護保険施設や特定施設（有料老人ホーム、軽費老人ホーム、養護老人ホームなど）に入所して施設所在地に住所を移した者は、当該施設に移る前の住所地の市町村が保険者となります（住所地特例といいます）。

▶ 保険給付の対象

保険給付を受ける対象は、「保険者である市町村による要介護認定又は要支援認定を受けて、要介護状態又は要支援状態にある被保険者」です。この要介護状態又は要支援状態とは次のような状態をいいます。

● 要介護状態（要介護1〜5を認定）

身体上又は精神上の障害があるために、入浴、排泄、食事などの日常生活における基本的な動作の全部又は一部について、6か月にわたり継続して、常時介護を要すると見込まれる状態

● 要支援状態（要支援1、2を認定）

身体上又は精神上の障害があるために、入浴、排泄、食事などの日常生活における基本的な動作の全部もしくは一部について、6か月にわたり継続して、常時介護を要する状態の軽減もしくは悪化の防止に特に資する支援を要すると見込まれ、また6か月にわたり継続して日常生活を営むのに支障があると見込まれる状態

また、保険給付の対象となる被保険者とは、第1号被保険者（65歳以上）と第2号被保険者（40歳以上65歳未満の医療保険加入者）となります。

なお、第2号被保険者の場合、要介護状態に至った原因が特定疾病である者が対象となります。特定疾病には、老化などに伴う16種の疾病として、現在次のようなものが規定されています。

特定疾病

- がん末期
- 関節リウマチ
- 筋萎縮性側索硬化症（ALS）
- 後縦靭帯骨化症
- 骨折を伴う骨粗鬆症
- 初老期における認知症（アルツハイマー病、脳血管性認知症など）
- 進行性核上性麻痺、大脳皮質基底核変性症、パーキンソン病
- 脊髄小脳変性症
- 脊柱管狭窄症
- 早老症（ウェルナー症候群）
- 多系統萎縮症（シャイ・ドレーガー症候群など）
- 糖尿病性神経障害、糖尿病性腎症、糖尿病性網膜症
- 脳血管疾患（脳出血、脳梗塞）
- 閉塞性動脈硬化症
- 慢性閉塞性肺疾患（肺気腫、慢性気管支炎、気管支喘息など）
- 両側の膝関節又は股関節に著しい変形を伴う変形性関節症

 ここは覚える！

上記に該当する被保険者であっても、次の施設などに入所している人は対象とはならないので注意しましょう。

・障害者総合支援法上の障害者支援施設
・児童福祉法上の障害児入所施設
・救護施設
・労働者災害補償保険上の施設

▶ **保険料**

　第1号被保険者の保険料は、各市町村が3年ごとに政令で定める基準に従って、算定された保険料率に基づいて決められます。保険料の徴収は市町村が行いますが、その方法には、**特別徴収**（年金などから天引きされる）と**普通徴収**（直接納入する）があります。

第2号被保険者の保険料は、各医療保険者が規定に基づき所得に応じて決定します。保険料は、医療保険料とともに徴収し、**社会保険診療報酬支払基金**に介護給付費、地域支援事業支援納付金として納付されます。その後この基金は、市町村に介護給付費、地域支援事業支援交付金として交付されます。

■ 介護保険給付費の負担割合（2021～2023年度）

公費　50%				保険料　50%
居宅給付費	国25%	都道府県12.5%	市町村12.5%	第1号被保険者23%
施設等給付費	国20%	都道府県17.5%		第2号被保険者27%

特別徴収は、老齢（基礎）年金・退職年金が対象でしたが、2005（平成17）年の改正により、遺族（基礎）年金や障害（基礎）年金にまで拡大されました。

ここは覚える！

第1号被保険者の保険料の賦課については、所得に応じた区分がありますが、2024（令和6）年度より13段階となっています。市町村は実情に応じてさらに細かく設定することもできます。

落とせない！重要問題

第1号保険料は、被保険者の前年の所得に応じて、原則として３段階を標準とした保険料率が定められている。 第35回

×：第1号被保険者の保険料は標準の段階設定は13段階であり、条例で弾力的に決めることもできる。

落とせない！重要問題

第一号被保険者が医療保険の被用者保険（健康保険など）の被保険者の場合、第一号保険料は医療保険者が医療保険料と一体的に徴収する。 第35回

×：保険料を医療保険者が医療保険料と一体的に徴収するのは、第二号被保険者の保険料である。

▶ 介護報酬

　介護報酬とは、介護給付や予防給付といったサービスを提供した施設や事業者に支払われる報酬のことです。

　厚生労働大臣が社会保障審議会（介護給付費分科会）に諮問し、3年ごとに改定されます。定められた「単位」（1単位の単価は10円）を原則として、人件費の地域差などを調整するため、サービスの種類や地域ごとの割合（全国を1～7級地、その他に区分）を乗じて算定されています。

　介護報酬の審査や支払いの事務は、保険者である市町村によって**国民健康保険団体連合会**に委託して行われています。

ここは覚える！

通所介護サービスの介護報酬は、サービス提供時間の長さ、利用者の要介護度、サービス提供の規模などで分けられた各区分に応じて算定されています。

▶ 利用者の負担

　利用者の負担は、サービス費用の1割が原則となっていますが（応益負担）、所得に応じて2割、3割の負担となります。一定額よりも高額となる場合には、超えた額に対して、高額介護サービス費や高額介護予防サービス費が支給されます。

　居宅サービス計画や介護予防サービス計画といったケアプランの作成については、居宅介護サービス計画費、介護予防サービス計画費が10割負担で支給されます。

　また、介護保険施設や認知症対応型生活共同介護（グループホーム）、特定施設入居者生活介護などの利用に際してかかる食費や居住費、日常生活費などについては、**自己負担**となっています。ただし、食費・居住費については、低所得者は、負担の限度額を超えた場合には、**特定入所者介護サービス費**や特定入所者介護予防サービス費などの給付がなされることになります。

　生活保護受給者で65歳以上の第1号被保険者の場合は、介護保険により9割負担され、生活保護法の介護扶助より自己負担分の1割が負担されます。また、介護保険料については生活扶助にある介護保険料加算により負担されます。

▶ 要介護認定及び支給までの流れ

　介護給付・予防給付の申請から支給までの流れは、次の通りです。

■ 申請手続きから要介護認定・支給までの主な流れと関連事項

1 介護保険サービスの利用を希望する被保険者は、市町村に申請する

2 申請を受けた市町村は、申請から30日以内に要介護認定を行う。まず認定調査員による認定調査を行い、一次判定(コンピュータ)を行う

3 一次判定の結果や主治医の意見書、特記事項等を併せて介護認定審査会が二次判定(要介護度などの審査判定)を行う

4 市町村は、それらの結果を受けて認定(要支援1・2、要介護1～5の7段階、あるいは非該当のいずれかの認定)を行い、被保険者に通知する
この際に、認定結果に不服がある場合には、都道府県に設置されている介護保険審査会に対して、審査請求することができる

5 サービス(介護給付・予防給付)の対象者となるのは、要介護者又は要支援者と認定された被保険者のみ
被保険者は、介護(予防)サービス計画(ケアプラン)を作成し(介護支援専門員に委託可能)、サービスを提供する事業者などに利用申込を行う

6 契約後、サービスの提供が受けられる

介護保険の申請者は、本人や家族以外にも次の人などが代行可能です。
・親族・民生委員・介護相談員・成年後見人・指定居宅介護支援事業者
・地域包括支援センター
・介護保険施設・地域密着型介護老人福祉施設

認定調査の項目は、「身体機能・起居動作」「生活機能」「認知機能」「精神・行動障害」「社会生活への適応」の5群から構成されています。

 ここは覚える!

介護認定審査会は、市町村ごとに設置されますが、複数による共同設置も認められています。
また、介護認定審査委員は保健や医療、福祉に関する学識経験者によって構成されています。

要介護認定は、通知がなされた日ではなく、申請日にさかのぼって適用されることになります。

保険給付及びサービスの体系・内容　㉛ ㉜ ㉝ ㉞ ㉟ ㊱

　保険給付には、介護給付、予防給付、市町村特別給付があり、それ以外にも市町村が実施する地域支援事業があります。

▶ 介護給付

　介護給付とは、要介護1～5の要介護者に給付されるサービスのことで、居宅サービス、地域密着型サービス、施設サービスなどがあります。

■ 介護給付の種類

居宅サービス	
訪問介護	訪問介護員等が居宅を訪問し、食事や排泄、入浴などの介護を行う
訪問入浴介護	居宅に浴槽を提供し、入浴の介護を行う
訪問看護	看護師等が居宅に訪問し、療養上の世話や必要な診療の補助を行う
訪問リハビリテーション	理学療法士等が居宅に訪問し、機能回復等に必要なリハビリテーションを行う
通所介護	施設やデイサービスセンターに通所させて、介護や相談、機能訓練等を行う
通所リハビリテーション	介護老人保健施設や病院等に通所させて、必要なリハビリテーションを行う
短期入所生活介護	介護老人福祉施設等に短期間入所させて、日常生活の介護等を行う
短期入所療養介護	介護老人保健施設や病院の療養病床等に短期間入所させて、医学的管理等を行う
福祉用具貸与	つえや歩行器などといった福祉用具の貸与を行う
特定福祉用具販売	貸与になじまない入浴や排泄に使う特定福祉用具（入浴補助用具、特殊尿器、腰掛け便座等）の購入費の9割（限度額10万円）を支給する
住宅改修	手すりの取り付けや段差の解消といった小規模な住宅改修に要した費用（限度額20万円）を支給する

居宅サービス	
居宅療養管理指導	医師や歯科医師、薬剤師等が居宅を訪問し、療養上の管理や指導等を行う
特定施設入居者生活介護	特定施設の入居者に対して、日常生活の介護や機能訓練、療養上の世話等を行う
居宅介護支援	要介護者のケアプランの作成等を行う
地域密着型サービス	
認知症対応型通所介護	認知症の要介護者を通所させ、入浴や食事の介護、機能訓練等を行う
小規模多機能型居宅介護	一定のサービス拠点に通所や宿泊をさせるなど、組み合わせて提供する
認知症対応型共同生活介護	認知症の人をグループホーム等で家庭的な環境の中で支援する
夜間対応型訪問介護	要介護者に対して、夜間に定期的な巡回訪問や随時訪問等を行う
地域密着型特定施設入居者生活介護	入所定員29人以下の有料老人ホーム等特定施設で介護や機能訓練を行う
地域密着型介護老人福祉施設入所者生活介護	入所定員29人以下の特別養護老人ホーム等地域密着型施設で介護を行う
定期巡回・随時対応型訪問介護看護	日中・夜間を通じて、訪問介護と看護が連携し、短期間の定期訪問と随時の対応を行う
看護小規模多機能型居宅介護	居宅要介護者に対し、複数の居宅サービスや地域密着型サービスを組み合わせて提供する
地域密着型通所介護	利用定員19人以下のデイサービスで、介護や機能訓練を行う
施設サービス	
介護老人福祉施設	常時介護が必要な要介護者を入所させ、日常生活の介護や健康管理を行う。2015年の改正より、原則要介護3以上で入居可能
介護老人保健施設	家庭への生活復帰を目指す要介護者を入所させ、介護や機能訓練等を行う
介護医療院	長期療養が必要な要介護者を入院させ、医療や看護、介護等を行う（介護療養型医療施設は2024年3月で廃止）

特定施設：都道府県知事の指定を受けた「有料老人ホーム」「軽費老人ホーム」「養護老人ホーム」などを指し、「居宅」としてとらえられている。
介護老人福祉施設：老人福祉法に規定する特別養護老人ホーム（定員30名以上）のうち、都道府県知事の指定を受けたものをいう。

地域密着型サービスは、原則として事業所所在地に居住する被保険者のみが利用できるサービスですが、市町村長等の同意が得られた場合には、他市町村の住民が利用することも可能となります。

落とせない！重要問題

腰掛便座は、介護保険法に定める福祉用具貸与の対象である。 第36回

×：腰掛便座は、貸与になじまない性質のものとして、特定福祉用具販売の対象となっている。

▶ 予防給付

予防給付とは、要支援1・2の認定を受けた要支援者に給付されるサービスのことで、**介護予防サービス**、**地域密着型介護予防サービス**などがあります。主な種類は次の通りです。

■ 予防給付の種類

介護予防サービス	
介護予防訪問入浴介護	介護職員・看護職員が居宅を訪問し、訪問による入浴介護の提供を行う（医療面の心配がない場合は介護職員のみの提供可）
介護予防訪問リハビリテーション	理学療法士や作業療法士、言語聴覚士等が居宅を訪問し、居宅での生活行為を向上させる訓練等リハビリテーションを行う
介護予防訪問看護	看護師や保健師、理学療法士等が居宅を訪問し、介護予防を目的とした療養上の世話や診療の補助を行う（サービス提供の際には、主治医による「訪問看護指示書」が必要となる）
介護予防居宅療養管理指導	医師や歯科医師、薬剤師、管理栄養士、歯科衛生士が居宅を訪問し、介護予防を目的とした療養上の管理・指導を行う
介護予防通所リハビリテーション	介護老人保健施設や病院、診療所等に通所させて、理学療法士や作業療法士により、生活機能向上を目的とした訓練等を行う
介護予防短期入所生活介護	介護老人福祉施設（特別養護老人ホーム）等に短期間入所させて、介護予防を目的とした日常生活上の支援や機能訓練等を行う
介護予防短期入所療養介護	医療施設や介護老人保健施設等に短期間入所させて、介護予防を目的として、医学的管理下における介護や機能訓練、日常生活上の支援等を行う

介護予防サービス	
介護予防特定施設入居者生活介護	特定施設（有料老人ホーム・ケアハウス等）に入居している要支援者に対して、介護予防を目的とした入浴や食事等の介護、生活機能の維持向上のための機能訓練等を行う
特定介護予防福祉用具販売	貸与になじまない入浴や排泄に使う特定福祉用具（入浴補助用具、特殊尿器、腰掛け便座等）の購入費の9割（限度額10万円）を支給する
介護予防特定福祉用具貸与	介護予防に役立つ福祉用具について、貸与を行う
介護予防住宅改修	居宅の要支援者に対して、手すりの取り付けや段差の解消といった小規模な住宅改修費についての支給を行う（限度額20万円）
介護予防支援	要支援者の介護予防サービス計画の作成やサービス事業者との連絡調整等を行う
地域密着型介護予防サービス	
介護予防認知症対応型通所介護	認知症をもつ要支援者を特別養護老人ホームや老人デイサービスセンター等に通わせて、入浴や排泄、食事等の日常生活上の支援や機能訓練等を行う
介護予防小規模多機能型居宅介護	居宅の要支援者に対し、一定のサービス拠点において通所や宿泊などを組み合わせながら、入浴や排泄、食事等の日常生活上の支援や機能訓練等を行う
介護予防認知症対応型共同生活介護	認知症をもつ要支援者が共同生活を行うグループホーム等において、入浴や排泄、食事等の日常生活上の支援や機能訓練等を行う

▶ 市町村特別給付

　これは、先の介護給付と予防給付のほかに、市町村が条例で定める独自の給付です。**上乗せサービスや横だしサービス**などとも呼ばれています。

■■ **上乗せサービス**：居宅サービスなどの月額支給限度額に独自でサービスを上乗せすること。
　横だしサービス：配食サービスや理髪サービス、移送サービスなどニーズに合わせた独自のサービスのこと。

▶ 地域支援事業

　高齢者が要介護状態になることを予防するとともに、仮に要介護状態になっても可能な限り地域で自立した日常生活を営むことができるよう包括的・継続的に支援していくことを目的として、市町村が行う事業です。この事業には、**介護予防・日常生活支援総合事業**や**包括的支援事業**、**任意事業**があります。その主な内容は次の表の通りです。

　なお、介護予防・日常生活支援総合事業のうち、一般介護予防事業は一般の高齢者が対象で、要介護・要支援状態になるおそれがあると考えられるリスクの高い高齢者は介護予防・生活支援サービス事業の対象となります。

■ 介護予防・日常生活支援総合事業

一般介護予防事業	・介護予防把握事業・介護予防普及啓発事業 ・介護予防活動支援事業 ・介護予防一般高齢者施策評価事業 ・地域リハビリテーション活動支援事業
介護予防・生活支援 サービス事業	・訪問型サービス・通所型サービス ・その他の生活支援サービス ・介護予防ケアマネジメント（第1号介護予防支援事業）

■ 包括的支援事業

地域包括支援センターの運営	
総合相談支援業務	相談を受け、高齢者の心身の状況や家族の状況等についての実態把握や地域におけるネットワークの構築など総合的な支援を行う
権利擁護業務	高齢者などの権利擁護を図るための事業や虐待防止、早期発見に関する事業等を行う
包括的・継続的ケアマネジメント支援業務	介護支援専門員への日常的個別指導や相談、支援困難事例等への指導・助言、地域での介護支援専門員のネットワーク構築などが行われている
社会保障の充実	
在宅医療・介護連携推進事業	在宅医療と介護サービスを一体的に提供する体制の構築を推進
認知症総合支援事業	認知症初期集中支援チームや認知症地域支援推進員を配置し、認知症の人が住みやすい地域の構築を推進
地域ケア会議推進事業	地域ケア会議を通じて地域のネットワーク構築、ケアマネジメント支援、地域課題の把握等を推進
生活支援体制整備事業	生活支援コーディネーターの配置や協議体の設置等により、サービスの開発等を行う

認知症地域支援推進員の配置は、認知症総合支援事業の認知症地域支援・認知症ケア向上事業に規定されています。

■ **任意事業**（これらも含め各市町村で様々な事業が実施される）

介護給付等費用適正化事業	介護給付費の適正化を図りながら、よりサービスが適切に提供できるように環境の整備等を行う
家族介護支援事業	家族介護教室や「認知症高齢者見守り事業」等、家族を支援する取り組みを行う
その他の事業	成年後見制度利用支援事業、福祉用具・住宅改修支援事業、地域自立生活支援事業

組織・団体の役割

▶ 市町村の役割

　市町村及び特別区は、介護保険を行う保険者としての業務を行います。また、介護保険に関する収入及び支出について、介護保険特別会計などを設けて介護保険の財政運営を行うことも規定されています。

> 市町村は、介護保険特別会計を財源として、介護保険施設等での居住費・食費について、低所得者の負担に対して限度額を設け、その超えた分を負担する「特定入所者介護サービス費」等の制度を設けています。

▶ 都道府県の役割

　都道府県は、広域的なサービス提供体制の整備とともに、保険者である市町村を適切に援助することが求められます。また都道府県の責務として、介護保険事業の運営が健全かつ円滑に行われるように必要な助言や適切な援助をしなければなりません。都道府県には、事業所の指定や指導監督を行う役割があり、介護サービス情報の公表制度に基づいて都道府県知事が必要と認めるときには、指定居宅サービス事業者や指定介護老人福祉施設等に報告や帳簿書類の提出を求めたり、立ち入り検査を行ったりするなどの調査を行うこともできます。

 ここは覚える！

都道府県は、介護保険の財政の安定化に資する事業に必要な費用に充てるため、財政安定化基金を設けることができます。

48

ここは覚える！

利用者が自ら主体的に事業者を選択・決定できるよう、都道府県は指定情報公表センターを指定し、介護サービス情報の公表制度の事務を一部行わせることができます。

▶ 指定サービス事業者の役割

指定サービス事業者とは、都道府県知事の指定を受けた指定居宅サービス事業者や介護保険施設、指定介護予防サービス事業者、市町村長の指定を受けた指定居宅介護支援事業者、指定地域密着型サービス事業者、指定地域密着型介護予防サービス事業者、指定介護予防支援事業者のことをいいます。

それぞれ介護保険法に基づく基準を満たす必要があり、居宅サービスや介護予防サービス、施設サービス、地域密着型介護予防サービスなどの提供を適切に行う役割があります。

▶ 国民健康保険団体連合会の役割

国民健康保険団体連合会は、市町村や国民健康保険組合が共同して設立した法人として、都道府県に設置されており、保険者（市町村）から委託された介護給付費の審査・支払、指定サービス事業者などに対する助言・指導、円滑な運営に資する事業などを行います。国民健康保険団体連合会においては、介護保険審査会が行う審査請求とは別に、給付に関する苦情処理の業務を行っています。そして、指定居宅サービスや介護保険施設等で提供される介護保険サービスについて、利用者や家族等からの苦情に基づいて事実関係の調査を行うなど質の向上に関する調査を行い、それらに基づき助言や指導を行います。さらに、介護保険事業の円滑な運営に資するため、居宅サービスなどの事業や介護保険施設の指定サービス事業者等は、サービス利用料の1〜3割を利用者に請求し、残りをこの団体に請求することになります。

介護給付費等審査委員会とは、審査が必要と認められた介護給付費請求書について、対象サービス担当者に対して、出頭もしくは説明を求め審査を行う機関であり、国民健康保険団体連合会に設置されます。

▶ 地域包括支援センターの役割

地域包括支援センターは、介護予防ケアマネジメント（第1号介護予防支援事業）や総合相談支援業務、権利擁護業務、包括的・継続的ケアマネジメント支援業務といった包括的支援事業などを地域で一体的に実施する役割を担う中核的機関として、市町村に設置されています。また、市町村からこれらの事業の委託を受けた者も設置することができます。担当の圏域は、人口規模や業務量、財源や人材確保の状況等を踏まえ、各市町村の実情に合わせて設定されています。

このセンターには、社会福祉士、保健師、主任介護支援専門員（主任ケアマネジャー）が必置され、他職種のチームの支援が行われます。この人員の配置基準は、担当する区域における第1号保険者の数に応じて決められています。

介護予防ケアマネジメントの対象者は、要支援者及び介護予防・生活支援サービス事業対象者です。

地域包括支援センターは、地域支援事業交付金や介護予防支援業務に要する介護報酬など、主に介護保険財源で賄われています。

落とせない！重要問題

都道府県は、老人福祉圏域ごとに地域包括支援センターを設置する。 第34回

×：介護保険法第115条の46第1項で「市町村は、地域包括支援センターを設置することができる」と定められている。

● 社会福祉士の主な役割

総合相談支援業務や虐待の防止・早期発見、権利擁護などに関する窓口となり、相談を受けて主任介護支援専門員、保健師とのチームアプローチや地域の他機関（行政機関、保健所、医療機関、児童相談所、社会福祉協議会など）との連携などの推進役となり、多面的（制度横断的）支援を展開します。

● **主任介護支援専門員の主な役割**

　介護支援専門員への日常的個別指導や支援困難事例などへの助言指導、地域での介護支援専門員同士のネットワークの形成などを含め、利用者や地域全体に対する長期継続ケアマネジメント業務の推進役となります。

● **保健師の主な役割**

　居宅介護支援事業所などとも連携して、介護予防におけるケアマネジメント業務を行う推進役となります。

● **地域包括支援センター運営協議会の主な役割**

　介護保険サービス関係者や職能団体（医師や介護支援専門員など）、利用者や保険者、権利擁護や相談事業等を担う関係者、学識経験者、NPO法人など地域サービスの関係者によって構成され、市町村が事務局となって市町村ごとに一つ設置されています。また、複数の市町村により、共同で設置することもできます。

　主な役割としては、包括的支援事業の円滑な実施を図るため、設置や運営、評価などについて公平で中立的な立場で支援やチェックなどを行っており、それらも含めてより良い運営となるように協議する場となっています。

専門職の役割　　　　　　　　　　　　　　㉛ ㉞ ㉟

▶ 介護支援専門員（ケアマネジャー）の役割

　指定居宅介護支援事業者や介護保険施設などに配置され、要介護者が心身の状況などに応じて適切に各種のサービスを利用できるよう、市町村やサービス事業者、施設、専門職者などとの連絡調整などを行い、介護サービス計画（ケアプラン）の作成や継続的支援を行います。

　介護支援専門員は、一定の実務経験者で、都道府県知事が行う介護支援専門員実務研修受講試験に合格し、実務研修の課程を修了した者です。

　この介護支援専門員試験受験の実務経験は、「医師や保健師、社会福祉士、介護福祉士など資格をもって各資格の業務に5年間従事する者」や「老人福祉施設などで相談援助業務に5年以上従事した者」となっています。

ここは覚える！

介護支援専門員は、居宅サービスにかかわる担当者や利用者家族等を集め、情報共有や専門的見地から意見を求める場として、サービス担当者会議を開催します。この会議は、計画の変更や要介護認定（区分）の変更の場合にも開催されます。

落とせない！重要問題

介護支援専門員は、介護保険サービス以外のサービス等を含む居宅サービス計画を作成することができる。 第31回

○：「指定居宅介護支援等の事業の人員及び運営に関する基準」（13条4号）に規定されている。

▶ 主任介護支援専門員の役割

地域包括支援センターなどに配置され、介護保険サービスや他の保健・医療サービスを提供する者との連絡調整、他の介護支援専門員に対する助言・指導などを行います。

主任介護支援専門員は、原則として、介護支援専門員の実務経験が5年以上あり、都道府県が実施する主任介護支援専門員研修を修了した者です。2016（平成28）年より、5年間の有効期限が設けられ、更新には所定の研修の修了が必要になりました。

▶ 訪問介護員の役割

訪問介護員は、居宅等において介護サービスを提供する者で、介護福祉士や都道府県知事が行う「介護員の養成に関する研修（介護員養成研修）」の修了者等が従事しています。

■■ **介護員の養成に関する研修：**2013（平成25）年、それまでの資格制度を一新し、介護職員初任者研修・実務者研修をスタートした。また、2018（平成30）年より、生活援助のみを行う生活援助従事者研修が始まった。

▶ 福祉用具専門相談員の役割

福祉用具専門相談員は、指定福祉用具貸与・販売事業所などに配置され、介護が必要な高齢者や障害者が福祉用具を借りたり、購入したりする際に、選び方や使い方についてアドバイスをします。福祉用具専門相談員は、厚生労働大臣が指定している福祉用具専門相談員指定講習会の受講を修了すればなれます。また、社会福祉士や介護福祉士、看護師、理学療法士などの福祉・医療専門職であれば講習を受けなくても要件を満たしているとみなされます。

▶ 介護サービス相談員の役割

介護サービス相談員は、市町村で実施される介護サービス相談員派遣等事業によって配置され、介護保険施設などに訪問して利用者とのコミュニケーションを図りながら、不安や不満の解消を図ります。介護サービス相談員になるには、都道府県や市町村、公益団体などが実施している介護サービス相談員養成研修を修了する必要があります。

▶ 認知症サポーターの役割

認知症サポーターは、認知症に関する正しい知識と理解をもち、地域で認知症の人やその家族を支援する人のことです。認知症サポーターになるには、認知症サポーター養成講座を修了する必要があります。

4 介護の概念や過程、技法

介護過程

　介護は、要介護者の抱える課題を適切に解決していけるよう、対象者の状況やサービス、家族や地域の環境など、対象者を取り巻く状況を的確に把握した上で、総合的に展開していくことが求められます。そのためには、適切な介護過程が展開される必要があります。

　介護過程には、主に次のような過程が必要であるとされており、対象者の状況に合わせて繰り返し行っていくことになります。

①情報収集
対象者本人や家族の状況、サービス受給状況、地域における環境など様々な状況を把握する過程

②アセスメント
対象者にはどのようなニーズがあるのか、どういった生活を希望しているのか、生活上での課題は何なのかなどを、優先順位も含めて明確にしていく過程

③計画の立案（ケアプランなど）

対象者のニーズ充足や課題解決を支援するために、どのような介護の方法を用いるか、サービスや社会資源をどのように組み合わせていくか、その時間や時期をどのように設定するかなど、提供する介護の具体的な計画を立てる過程

④計画の実施

あらかじめ計画した内容や対象者の状況に基づいて、実際にケアやサービスを提供していく過程

⑤実施した計画の評価と修正（モニタリング）

ケアプランなどに基づいて実施された介護が、対象者にとって適切であったのかを客観的に評価するとともに、心身や環境などの変化に合わせて計画をより良いものに改善していく過程

介護保険におけるケアプラン作成では、必要に応じて、事業者や福祉・医療・保健関係の専門職者と「サービス担当者会議」を開催し、作成後のプランについて、対象者や家族の同意を得ることが必要になっています。

介護の技法① ——生活面　　㉛ ㉜ ㉝ ㉟ ㊱

▶ 身支度

　着脱の介助では、部屋を暖めるなどして保温に十分注意しながら、通常は介護者の手前から脱がせたり着せたりします。ただし、片側に麻痺がある人の場合は、麻痺のない「健側」から脱がせ、麻痺のある「患側」から着せます（脱健着患）。

▶ 食事介助

　食事の介助においては、まず老化や疾病などによって食事を摂るために必要な器官の残存能力（咀嚼する力や嚥下する力、麻痺の状況など）がどのような状態になっているかを的確に把握し、その状態に合わせて行うことが必要です。

　また、誤嚥にならないよう注意することが必要です。飲み込みやすい食物を選んだり、食事のペースや体位調整、水分量を調整したりなど工夫が大切です。

📖 **誤嚥：**食道狭窄や口腔内の炎症などによって、食べた物を飲み込みにくくなり、本来胃に入る食物や飲み物が気道に入ってしまうこと。場合によっては、気道を閉鎖し、窒息死に至ることもある。

ここは覚える！

誤嚥を防ぐためには、食事の際の座位姿勢は、体幹をわずかに前傾、頸部は体幹に対してやや前屈である必要があります。

▶ 口腔ケア

口の中を常に清潔に保ち、細菌の繁殖や口臭、歯肉炎を予防していくことが求められます。

磨き残しのないよう歯磨きをしていくことはもちろんですが、高齢者の場合、経管栄養（口から飲食物を摂取できないため、管によって注入する）や義歯の場合も多いため、それらの状況に応じたケアが必要とされます。

義歯の場合、食事ごとの洗浄を心がけるとともに、利用者の口腔に適合しているかどうかのチェックをするなど、より快適な食事ができるようにしていくための手入れをしっかりと行っていく必要があります。

▶ 入浴介護

入浴には、「皮膚を清潔に保ち、感染などを防ぐ」「血液循環を促進し、各種臓器の機能を高める」「身体の疲労や緊張を和らげる」「爽快感ややすらぎを得る」といった様々な意義があります。

こうした入浴は負担やリスクも大きいため、様々な点に注意することが必要です。入浴できないときにも、清拭（タオルなどで体を拭く）を怠らず、清潔を保つ配慮が大事です。

● 入浴時の主な留意点

- バイタルサイン（体温や脈拍、血圧など）の状態をチェックする
- 湯温を適温にする（目安は37～40℃程度）
- 脱衣室や浴室の室温を適切にする（目安は24℃程度）
- 入浴時間を調整する（目安は15分程度）
- お湯をかける際や洗う際には、手足などの末端から中心（心臓など）に向かって行う

- 転倒や転落に十分注意する
- 適宜水分を補給し、保温と安静に配慮する

▶ 排泄介護

　排泄の介護では、状況に合わせた適切で迅速な介護を心がけるとともに、体調や健康状態のチェックや精神面への配慮を欠かさないようにします。

◉ 排泄介護時の主な留意点

- 利用者の羞恥心や生活リズムなどに配慮し、言葉遣いや態度、タイミングに気をつける
- 排泄の際の安全に留意し、手すりや移動手段などを工夫する
- プライバシーを守り、周囲への配慮も怠らない
- 利用者の自立度や自尊心、排泄障害などに配慮し、適切にポータブルトイレやオムツといった排泄方法・機器を選択する
- 排泄されたものを観察し、尿や便の状態、便秘や軟便などの症状に応じて、水分摂取や食事内容、分量などを調整し、必要な際は十分に医療関係者とも連携する

▶ 健康観察

　介護者には、利用者の安定や安心した生活を維持していくために、常に健康状態を観察する視点が不可欠です。

　特に、「睡眠の状況」や「肌の状態（乾燥していないか、褥瘡はないか、など）」「声や聴覚の状態」「食事量、排泄量、排泄物の状態」「バイタルサイン」「声かけ時の反応や理解力の状態」「感情の変化」などは、様々な疾病につながるサインにもなるため、個々の状況を注意深く観察し、必要に応じて医療関係者との連携をとっていくことが求められます。

褥瘡：骨の突出した部分などに長時間の圧迫が加わることで血液の循環障害が起こり、皮膚が変異したり、痛みを伴ったりする状態のことをいう。悪化すると、壊死や潰瘍といった状態まで進行するため、経過観察や定期的な体位変換といった予防に配慮した介護が必要となる。

▶ 移動

　移動の介護では、安全や安心を確保するとともに、**ボディメカニクス**などに基づいた的確な対応が求められます。

📖 ボディメカニクス：人間の骨格や筋肉などの身体の部位や作用する力を有効に活用して、移動や動作に転換させていく人体力学や身体力学のこと。介護では、日常生活の様々な場面でこれらの応用が必要とされている。

● 移動介護時の主な留意点

- 利用者に近いところで、重心の位置を低くして対応する
- 身体を小さくまとめるようにし、摩擦などの抵抗を少なくする
- 足を前後左右に広げるなどして、支える面積（支持基底面）を広くとる
- 背筋や腹筋などの筋群を活用し、てこの原理を応用する
- 利用者を水平に動かすようにする
- つえ歩行の場合や麻痺のある利用者の場合、介護者は原則として**患側の後方**に立ち安全を確保する。歩行では「つえ→患側の足→健側の足」の順に動かす**3点歩行**を行うことが望ましい
- 車いすでの階段移動の場合、上る際にまず前輪部分（キャスター）を上げ、確実に段に乗せてから、後輪を押し上げる。下りる際は、要介護者が階段に対して後ろ向きになるようにし、確実に後輪を下ろした上で前輪を降ろしていく
- 麻痺がある人の車いすからベッドへの移乗やベッドから車いすへの移乗では、車いすを患側ではなく健側に置いて、できる限り重心を利用者の重心に合わせて行うという**健側接近**が基本である

▶ 服薬や医療的管理などの介護

　日常生活における薬剤の服用や医療的管理などについては、医療職との連携も含め、薬剤そのものへの理解、処方の仕方などについても理解しておく必要があります。

● 服薬

- 定期的な服薬の管理を行う
- 内服薬の服用には、ぬるま湯や水を用いるのが適切である

- 定められた服用量をあらかじめ正確に把握し、水剤・シロップ剤の服用の際、出し過ぎた場合には容器に戻さないなど衛生や品質管理などにも配慮する必要がある

● **坐薬**

- 解熱鎮痛剤や消炎剤、排便促進剤などがあるため、個々の症状に合わせた対応が必要である

● **冷湿布**

- 血管を収縮させて患部の充血を防ぎ、**抗炎症効果や鎮痛効果**が高いため、赤く腫れていたり、熱をもって痛みがあったりする状態に用いると効果的である

● **痰の吸引・経管栄養**

- 痰の吸引とは、唾液や痰の除去を行う行為であり、口腔内、鼻腔内、気管カニューレ内部などが対象となる
- 経管栄養とは、胃や腸にチューブで流動食などを注入する方法であり、胃ろう、腸ろう、経鼻経管栄養などが対象となる
- チューブの挿入部位や口腔内の清潔を保つなどのケアが必要となる

> 2011（平成23）年の社会福祉士法・介護福祉士法の改正において、医療や看護との連携による安全確保が図られていること等、一定の条件の下で介護福祉士や一定の研修を受けた介護職員等は、喀痰吸引等（痰の吸引・経管栄養）を行う者として認められることとなりました（要都道府県知事の登録）。

▶ 介護における日常での救急処置

介護では、健康維持や生命へのリスクや事故が発生したとき、緊急の対応として何をすべきかなどについても、具体的に把握しておくことが大切です。

● **熱傷（やけど）**

- 早急に患部を水や氷で十分に冷やし、医師の診察を受けることが重要

● **意識障害**

- 意識障害が起きた際、まず口腔内を確認して気道を確保することが重要。その際、体温が下がりやすい状態にあるため、保温することも大切である

- **顔面蒼白**
  - 血圧の低下などが要因と考えられるが、そうした際は頭を低くした呼吸しやすい体位とするのが基本である

- **嘔吐**
  - 嘔吐がある場合には、嘔吐物が詰まってしまうことも想定し、仰臥位（仰向け）よりも側臥位（横向き）の姿勢の方が望ましい

- **誤嚥**
  - 誤嚥が発生した際は、口腔内の異物を除去するとともに、応急処置として、肩甲骨の間を叩くなどして異物を除去する「背部叩打法」などが有効な対処法である

介護の技法② ── 住環境への配慮　㉜ ㉝ ㉟

　利用者が快適に暮らせる環境を整えるために、様々な居住環境への配慮を行うことが求められます。

- **換気**
  - できる限りこまめに行い、室内の空気の衛生の保持に努めていく必要がある
  - 特に冬期は暖房器具の使用が多くなるため、より頻繁に換気を行うことが求められる

- **湿度**
  - 適切な湿度を保持することは、健康維持などのためにも重要
  - 建物や個々の状況により異なるが、適切な湿度は55〜65％（冬期）、45〜65％（夏期）程度といわれている

- **照度**
  - 特に視覚に障害のある人にとって、照度（部屋の明るさ）は大変重要。個々の程度や行動などによって、適度な照度を保てるよう配慮していくことが必要となる

- **色彩**
  - 高齢になると色覚にも変化が生じるため、できるだけ見やすいとされる赤

や黄といった色彩にしたり、**コントラスト**をはっきりさせたりするなどの配慮をすることが望ましい

● **温度**

- 居室の温度は、できる限り一定を保てるよう配慮することが望ましいとされている
- 夏季には25〜28℃、冬季には18〜22℃程度が望ましい
- 健康維持の観点から、室内気温と外気温との差はできるだけ小さくしておいた方がよいとされ、室内気温と外気温との差は3〜7℃以内が望ましいとされている

> 高齢者は体温調節機能なども衰えますから、急激な寒暖の差は、心臓や脳血管などにも大きな負担がかかることになります。ですから、室内外はもちろんのこと、室内での部屋ごとの温度差にも気を配る必要があります。

● **住宅設備など**

- トイレなどの手すりは、L字型の方が立ち上がり動作がしやすい。また、廊下の手すりは**水平型**の方が移動がしやすい
- 浴室では、浴槽への出入りのためのL字型手すりや、シャワーチェアからの立ち上がりのための**横手すり**など、複数の手すりを付けることが望ましい
- 玄関先のスロープは、その勾配を1/12以下にすると車いすなどで移動しやすい
- ドアは、開き戸や握りノブより、**引き戸やレバーハンドル**を使用した方が開閉がしやすい
- 浴槽では、負担軽減のため、腰かけて入ることができる**移乗台**の設置が望ましい
- 浴室と脱衣所など温度差が生じやすい場所では、**ヒートショック**が起こらないよう冷暖房の設備等を工夫する

▶ 消化管・泌尿器系ストーマをもつ人への介護

　ストーマとは、各々の機能が低下した人の便や尿の排泄のために作られた人工肛門、人工膀胱のことです。それらをもつ人の多くは、ストーマ用バッグを装着していますので、装着したストーマ用バッグを定期的に交換することになります。清潔を保持することや皮膚の変化への配慮が必要になります。

▶ 視覚障害者への介護

　移動の際には、視覚障害者の横に並んで声かけをして、自分の腕（肘よりもやや上の上腕部の位置）をもたせたり、視覚障害者よりも半歩前に出るようにして歩行ペースを合わせたりすることが大切です。また、視覚障害者は安全な側で歩行させるようにし、また階段の昇降時の安全にも十分留意することが重要です。

　コミュニケーションへの配慮の一つとして、クロック・ポジションがあります。これは、物体の位置関係を把握して記憶しやすくするために、時計の文字盤を用いて説明する方法です。

ここは覚える！

全盲の人への移動介助で階段を下りるときは、介護者が先に一段下がることが望ましいです。

▶ 聴覚及び言語障害者への介護

　コミュニケーション手段には、読話（相手の唇の動きや表情などで理解する）や筆談、手話などの手段がありますが、社会生活の中では十分なコミュニケーションができないといった困難に直面している障害者が多くいます。そうした困難さを理解して人格を尊重して接することも重要ですが、さらに周囲の人々や社会、地域への理解などを働きかけて、環境を整えていくことも重要となります。

▶ 認知症をもつ対象者への介護

認知症は、脳内疾患などによって生じる認知機能や知能の障害で、**アルツハイマー型認知症**、**血管性認知症**、**レビー小体型認知症**などがあります。個々によってその現れ方は異なりますが、中核症状（認知機能障害）には、**記憶障害**や**見当識障害**（日時や場所、状況を把握できないなど）、判断力の障害などがあります。また、BPSD（Behavioral and Psychological Symptoms of Dementia：認知症の行動、心理症状）は、妄想や徘徊、暴言・暴力、過食・異食などがあります。加えて、頭痛やしびれ感などの神経症状などがあります。

また認知症高齢者自身も、認知症になったことへの（自覚できていない場合でも漠然とした）戸惑いやおそれ、無力感などが強くあります。介護を行う際には、こうした認知症の特徴や本人の孤立感や不安感の増大への配慮、生活リズムの乱れなどへの対応、周囲とのコミュニケーションの不調への対応、家族へのケアなど様々な視点からの配慮が必要です。

■ 主な認知症の特徴

アルツハイマー型認知症	血管性認知症	レビー小体型認知症
・アルツハイマー病を原因とする認知症・記憶に関わる海馬の萎縮や神経細胞の変性などが見られる ・記憶や見当識の障害が見られることが多い ・進行するとIADL（手段的日常生活動作）からADL（日常生活動作）の障害が生じる	・脳卒中などの脳血管の障害により、発症すると見られている ・脳梗塞の発症等で進行するとされる ・ある分野のことはしっかりできるのに他のことはできない、といった特徴がある ・日内変動や感情失禁などが多く見られる	・脳の大脳皮質にレビー小体と呼ばれる特殊な物質が出現して発症すると見られている ・具体的な内容の幻覚や幻視、パーキンソン症状、レム睡眠行動障害、起立性低血圧などが見られる

血管性認知症は、残っている機能と低下した機能が混在していることから、まだら認知症とも呼ばれています。

ここは覚える！

レビー小体型認知症における幻視や錯視は、本人には生々しく見えているので否定せず、不安を受け止めることが必要です。

▶ 認知症ケアのポイント

認知症ケアで注意すべきポイントは次の通りです。

- 日常生活における個々の行動や状況に合わせて、尊厳が保たれるよう援助する
- 記憶障害の状況（短期的な記憶については体験そのものを忘れてしまうことが多いが、子どもの頃の記憶といった長期的な記憶については比較的保たれていることも多い）を踏まえたコミュニケーションを行う
- 記銘力や情報の処理能力の低下なども踏まえ、話の内容は短く単純な内容にし、はっきりとした口調で伝える
- 判断力や注意力の低下なども踏まえ、異食や転倒などによって生命に危機が及ばないよう環境を整備する
- 自尊心を傷つけないよう留意しながら、説得するよりも本人の世界の中で納得が得られるよう根気強く説明をしていく

認知症高齢者に対する療法には、次のようなものがあります。
回想法：過去の思い出に働きかけて、心理的安定や意欲向上などを図る
バリデーション：尊厳や共感を重んじたコミュニケーションにより尊厳の回復を図る
コラージュ療法：貼り絵のように既存の写真などを白い画用紙に貼っていくことで抽象的な思考力の維持を図る

▶ 認知症高齢者の「日常生活自立度判定基準」

厚生労働省により作成された、認知症の程度や日常生活の自立度を客観的に把握するための指標です。Ⅰ・Ⅱa・Ⅱb・Ⅲa・Ⅲb・Ⅳ・Mの7つのランクに分けられています。要介護認定でも、障害者の日常生活自立度と併せてこの指標が用いられており、一次判定の結果に反映されるようになっています。

■ 日常生活自立度判定基準

ランク	判定基準
ランクⅠ	何らかの認知症を有するが、日常生活は家庭内及び社会的にほぼ自立している
ランクⅡa	日常生活に支障を来たすような症状・行動や意思疎通の困難さが見られても、誰かが注意していれば自立できる（家庭外で見られる）

ランクⅡb	日常生活に支障を来たすような症状・行動や意思疎通の困難さが見られても、誰かが注意していれば自立できる（家庭内でも見られる）
ランクⅢa	日常生活に支障を来たすような症状・行動や意思疎通の困難さが時々見られ、介護を必要とする（日中を中心として見られる）
ランクⅢb	日常生活に支障を来たすような症状・行動や意思疎通の困難さが時々見られ、介護を必要とする（夜間を中心として見られる）
ランクⅣ	日常生活に支障を来たすような症状・行動や意思疎通の困難さが頻繁に見られ、常に介護を必要とする
ランクM	著しい精神症状や問題行動或いは意思疎通が全くできないような重篤な身体疾患（寝たきり状態等）が見られ、専門医療を必要とする

▶ 褥瘡への介護

　褥瘡は、長時間にわたって同一姿勢をとっている人に生じやすい症状（局部の圧迫により、血行が悪くなり皮膚組織が壊死する）です。身体の構造も含め、その予防についても理解することが必要となります。

● 褥瘡のできやすい部位

- 褥瘡は、骨の突出した部分にできやすいとされている
- 側臥位（横向き）の状態を長期間続けた場合に生じやすいのは、肩関節部や腰に当たる大転子部など
- 仰臥位（仰向け）の状態を長期間続けた場合に生じやすいのは、後頭部や肩関節部、脊柱部・仙骨部（背骨の部分）、踵骨部（踵の部分）など

● 褥瘡の予防

- 長時間の同一姿勢をなるべく避けて、圧迫を除去するために定期的な体位変換を心がけることや清潔の保持などが基本
- 予防には、エアーマットの使用や、車いすでの場合のプッシュアップ動作による除圧などが効果的とされている
- 初期症状として、発赤や表皮の剥離などが見られることが多いため、それらが見られた場合には的確な対応により悪化を防ぐことが大切である

▶ 終末期にある対象者への介護

　医学的な対応では回復の見込みがない状態で、死期の近づいた状態の人に対して行うケアを終末期ケア（ターミナルケア）といいます。

　この時期のケアには、「心身の苦痛を緩和する（ホスピス）（緩和ケア）」「死の

瞬間までその人のQOLや人格を尊重する」「本人だけではなく家族へのケアを行う」といった視点が重要になります。

そして、「高齢者の死の迎え方の希望を尊重すること」や「家族や周囲の関係者間で意思決定の過程や方法などに関して共有をしておくこと」「医療・保健・福祉関係者などによる多職種による連携を行うこと」「家族や近隣、友人、ボランティアなど高齢者を支えるインフォーマルなサポートをネットワーク化していくこと」などを行い、安らかな死を迎えることができるよう十分な配慮が必要となります。

将来自らが判断能力を失った際に、自身に行われる医療行為に対する意向を前もって意思表示する事前指示書（アドバンスト・ディレクティブ）や、その治療等の内容を書面に残したリビング・ウィルが示されている場合は、その意思を尊重したケアが求められます。

また、そうした意思決定を支援するプロセスとして、昨今、ACP（アドバンス・ケア・プランニング）が注目されており、ACPを踏まえた「人生の最終段階における医療・ケアの決定プロセスに関するガイドライン」が策定されています。

▶ 身体拘束の禁止

介護保険指定基準には「入所者（利用者）等の生命又は身体を保護するため緊急やむを得ない場合を除き、身体的拘束その他入所者（利用者）の行動を制限する行為を行ってはならない」として身体拘束禁止が定められています。

やむを得ない場合とは、**切迫性**（利用者本人または他の利用者等の生命または身体が危険にさらされる可能性が著しく高い）、**非代替性**（身体拘束その他の行動制限を行う以外に代替する介護方法がない）、**一時性**（身体拘束その他の行動制限が一時的なものである）の3つの要件を満たし、かつ、それらの要件の確認等の手続きが極めて慎重に実施されているケースに限られます。そして、3つの要件をすべて満たす状態であることを**身体拘束適正化検討委員会等**のチームで検討、確認し記録しておくことが求められています。

2001（平成13）年3月には、身体拘束廃止の趣旨、具体的なケアの工夫や実例などを盛り込んだ「身体拘束ゼロへの手引き」が作成され、その普及が促進されています。

第 **13** 章 の 理 解 度 チェック

Q ──────────────────────────────── **A**

☐ **1** 1963年（昭和38年）の老人福祉法では、養護老人ホーム、特別養護老人ホーム、軽費老人ホームを含む、老人福祉施設が規定された。 第36回 　　○

☐ **2** 老人福祉法では、市町村による老人家庭奉仕員に関する規定が置かれた。 第26回 　　○

☐ **3** 養護老人ホームの入所に当たっては、居住地の市町村と利用契約を締結する必要がある。 第27回 　　×

☐ **4** 老人福祉法の一部改正により実施された老人医療費支給制度では、65歳以上の高齢者の医療費負担が無料化された。 第31回 　　×

☐ **5** 老人保健法（1982（昭和57）年）により、市町村による40歳以上の者に対する医療以外の保健事業（健康教育、健康診査、訪問指導など）が実施された。 第32回 　　○

☐ **6** 介護保険法の制定により、それまで医療保険制度が担っていた高齢者医療部分は、全て介護保険法に移行した。 第31回 　　×

☐ **7** 地域密着型サービスは、事業所が存在する市町村の住民を対象としているため、他の市町村の住民は利用することはできないとされている。 第26回 　　×

☐ **8** 訪問介護員が居宅において行う介護その他の日常生活上の世話は、単独世帯である要介護者が対象であり、要介護者に同居の家族がいる場合は対象とならない。 第27回 　　×

☐ **9** 介護保険制度において、国民健康保険団体連合会は、利用者からの苦情を受けて、サービス事業者に対する必要な指導及び助言を行う。 第29回 　　○

☐ **10** 介護予防ケアマネジメントについては、地域包括支援センターへ委託をしてはならないこととなっている。 第32回 　　×

解説

3 利用契約を締結するのではなく、行政から措置されるという形態をとる。

4 一定の所得以下の70歳以上の国民健康保険被保険者と被用者保険被扶養者の医療費が無料化された。

6 老人保健法により担われていた高齢者医療は、2008（平成20）年に後期高齢者医療制度に引き継がれた。

7 市町村長等の同意が得られた場合には、他市町村の住民の利用も可能となる。

8 同居の家族がいる場合でも、障害・疾病その他やむをえない理由によって行えない場合は対象となる。

10 介護予防ケアマネジメントは、地域包括支援センターに委託することができる。

Q ──────────────────────────────────→ A

☐ **11** サービス付き高齢者向け住宅の事業者は、入居者に対して、居宅介護サービスの提供は義務づけられていない。 第33回 ○

☐ **12** 介護認定審査会の委員は、要介護者等の保健、医療、福祉に関する学識経験者及び第一号被保険者から都道府県知事が任命する。 第35回 ✕

☐ **13** 介護認定審査会は市町村ごとに設置され、複数の市町村による共同設置は認められていない。 第27回 ✕

☐ **14** 要介護認定の結果に対して不服がある場合は、認定調査を行った市町村の介護認定審査会に対して申し立てを行う。 第27回 ✕

☐ **15** 居宅介護サービスにおける支給限度基準額を超えて介護サービスを利用する場合には、その超えた費用は全額が利用者負担となる。 第28回 ○

☐ **16** 介護保険制度において市町村は、介護保険の財政の安定化に資する事業に必要な費用に充てるため、財政安定化基金を設ける。 第30回 ✕

☐ **17** 介護保険法における指定居宅サービス事業者（地域密着型サービスを除く）は、市町村長から3年ごとに指定の更新を受けなければならない。 第30回 ✕

☐ **18** 介護保険法における国民健康保険団体連合会は、市町村から委託を受けて、各種介護サービス費の請求に関する審査・支払を行う。 第30回 ○

☐ **19** 指定居宅介護支援事業所の介護支援専門員は、利用者が訪問看護、通所リハビリテーション等の医療サービスを希望している場合、利用者の同意を得て主治医等の意見を求めなければならない。 第30回 ○

☐ **20** 左上肢に麻痺がある状態は対麻痺にあたる。 第30回 ✕

☐ **21** 右麻痺の高齢者の場合、端坐位から車いすの移乗の際、車いすは左側に置く。 第26回 ○

解説

12 介護認定審査会の委員は、保健、医療、福祉に関する学識経験者であり、介護認定審査会は、各分野のバランスに配慮した構成とし、市町村長によって任命される（介護保険法15条2項）。

13 複数の市町村による共同設置は認められている。

14 市町村ではなく、都道府県に設置されて

いる介護保険審査会に対して申し立てを行うことができる。

16 財政安定化基金は都道府県が設けることとされている。

17 指定は都道府県知事が行い、有効期間は6年とされている。

20 対麻痺は主に両下肢に麻痺のある状態をさす。

Q ──────────────────────── **A**

☐ **22** 片麻痺者が杖歩行（三動作歩行）をする場合の杖と足を動かす順番として、階段を上るときは、杖→健側の足→患側の足となる。 第31回 　○

☐ **23** 認知症サポーターには、地域包括支援センターに協力する努力義務が課せられている。 第29回 　×

☐ **24** アドバンス・ケア・プランニング（ACP）では、本人が医療・ケアチームと十分な話合いを行い、本人による意思決定を尊重する。 第34回 　○

☐ **25** グリーフケアは、終末期を迎えた人に対して、積極的な延命治療を行わず、できる限り自然な死を迎えられるようにすることである。 第34回 　×

解説

23 認知症サポーターとは、認知症を正しく理解し、認知症の人やその家族に対して見守りや支援を行う役割を担う人々のことで、地域包括支援センターに協力する努力義務が課せられていない。

25 グリーフケアとは、死別などによる深い悲しみや悲痛（grief）を世話（care）することであり、「遺族ケア」や「悲嘆ケア」ともいわれる。

第 14 章

児童・家庭福祉

この科目のよく出るテーマ5

❶ 児童・家庭の福祉需要

　子ども・子育て支援、保育需要及び供給の状況、児童虐待相談対応件数、ひとり親世帯の状況などについて出題されています。特に、児童虐待に関する問題は、様々な角度から出題されますので注意が必要です。

❷ 児童福祉法の概要

　児童福祉法については、規定内容や用語の確認など、様々な角度から毎年出題されています。特に、2022（令和4）年の同法改正の内容については、これからたびたび取り上げられる可能性があり、注意が必要です。

❸ 児童虐待防止法の概要

　児童虐待防止法については、児童虐待の定義、早期発見や通告の規定、配偶者に対する暴力との関わりなどの問題が繰り返し出題されています。事例問題で取り上げられる可能性もありますので、注意深く学習しておくことが必要です。

❹ 母子健康包括支援センター（子育て世代包括支援センター）

　第35、36回連続で母子健康包括支援センター（子育て世代包括支援センター）に関する問題が事例問題として出題されました。2024（令和6）年から子ども家庭センターに改められますが、引き続き注意が必要です。

❺ 児童手当と児童扶養手当

　両手当とも、近年の少子化対策の一環として、支給対象や支給額が変更されてきており、これからも出題が続くと考えられます。最新の情報をよく整理し、正しく覚えておくことが必要です。

攻略のポイント

この科目は例年7問の出題で、そのうち2問が事例問題となっています。出題項目は多岐にわたっており、今のところ満遍なく出題されているといえます。新しい内容としては、こども基本法、困難女性支援法、児童手当の拡充など、子どもをめぐる枠組みが次々と変化しており、念入りに学習しておく必要があります。

1 子どもと家庭を取り巻く状況と福祉ニーズ

子どもと家庭を取り巻く社会情勢

　現在、子どもと家庭をめぐっては、児童虐待、いじめ、不登校、ひきこもり、家庭内暴力、少年犯罪など、数多くの課題が浮かび上がっています。

　子どもと家庭を支援するソーシャルワーカーにとって、子どもが抱える人間関係や親子関係はもちろんのこと、子どもと家庭をめぐる社会情勢を正しく把握していくことが必要となります。

▶ 少子化の進行

　子どもと家庭を取り巻く社会情勢のうち深刻な問題としては、少子化の進行を挙げることができます。日本の**合計特殊出生率**は、人口維持に必要とされる2.08を割り、1989（平成元）年には、「ひのえうま」であった1966（昭和41）年の1.58を下回り、「1.57ショック」という言葉が生まれました。合計特殊出生率はその後も低下を続け、2005（平成17）年には1.26まで下がりました。その後は一旦持ち直し、2012（平成24）年以降は1.41〜1.45の間で微増微減を繰り返していましたが、近年は再び減少傾向となり、2022（令和4）年は1.26となっております。なお、出生数も減少を続け、2023（令和5）年は過去最低の約72万人と推計されており、合計特殊出生率も過去最低となる見通しです。

📖 **合計特殊出生率**：1人の女性が仮にその年次の年齢別出生率で生涯に産むと推定される子どもの数。

> 今の人口規模を維持するのに必要な合計特殊出生率を人口置換水準といいます。日本では、2.08と推計されています。

■ 日本と諸外国の合計特殊出生率

国名	合計特殊出生率
日本	1.26（2022年）
アメリカ	1.66（2021年）
フランス	1.84（2021年）
イギリス	1.56（2021年）
スウェーデン	1.67（2021年）
イタリア	1.25（2021年）
ドイツ	1.58（2021年）
韓国	0.81（2021年）

> これらの欧米諸国との比較では、日本の合計特殊出生率は、韓国を除くとイタリアと並んで最も低い水準であることがわかります。

出典：厚生労働省「令和4年（2022）人口動態統計月報年計（概数）の概況」

　日本の少子化の要因としては、結婚観や価値観の多様化からくる晩婚化・未婚化などが指摘されています。また、子育てや教育に対する経済的負担も依然として大きく、「子育てしやすい社会」を目指し、国をあげての少子化対策を進めていく必要性があるといえます。

子どもと家庭の福祉ニーズ　㉛ ㉜ ㉝ ㉞ ㊱

▶ 児童虐待

　児童相談所における児童虐待に関する相談対応件数の推移（こども家庭庁「令和4年度児童相談所における児童虐待相談対応件数（速報値）」によると、2022（令和4）年度の児童虐待の相談対応件数は21万9,170件で、これまでで最多の件数となっています。

　2022（令和4）年度の相談を内容別件数で見ると、**心理的虐待59.1%**、**身体的虐待23.6%**、保護の怠慢・拒否（ネグレクト）16.2%、性的虐待1.1%となっています。経路別相談件数で見ると、警察等が51.5%、近隣・知人が11.0%、

家族親戚が8.4%、学校が6.8%、福祉事務所が5.4%となっています。厚生労働省「令和3年度福祉行政報告例」によると、主たる虐待者としては、**実母が47.5%**と最も多く、次いで**実父41.5%**、実父以外の父5.4%、実母以外の母0.5%となっています。被虐待者の年齢構成で見ると、**小学生が34.2%**と最も多く、**3歳から学齢前児童25.3%**、**0歳から3歳未満18.7%**、**中学生14.5%**、高校生その他7.3%となっています。

　児童虐待の背景には主に次のような要因が挙げられます。

- 保護者自身が十分な愛情を受けてこなかったことから、自分が親から受けた不適切な養育を我が子にも繰り返してしまう
- 親族や近隣からの孤立や、家族関係や就労の不安定さなどから、たまったストレスが抵抗できない子どもに向けられる
- 未熟児や子どもが障害をもっている場合、育児負担が大きく、乳幼児期の愛着関係が不十分である

虐待を受けた子どもなど、要保護児童を早期発見し、援助する必要があります。このため、地域の関係機関や民間団体などの中で情報を共有し、連携しつつ援助するためのネットワークとして、要保護児童対策地域協議会が設けられています。

ここは覚える！

児童虐待に関する統計データは頻出項目です。赤字の部分は覚えておくようにしましょう。

　2000（平成12）年5月には「児童虐待の防止等に関する法律」（児童虐待防止法）が制定されましたが、その後も相談対応件数は増加しています。児童虐待は、児童相談所が主に対応しますが、家庭や地域はもちろんのこと、学校や児童福祉施設といった児童の福祉に関係のある団体、児童福祉の専門職などが、虐待の早期発見や発生予防に向けて連携をしながら取り組んでいく必要があります。

児童虐待に関しては、施設内虐待も問題となっています。2008（平成20）年には、児童福祉法の改正によって、施設内虐待（被措置児童虐待）の禁止が明文化されました。

▶ 不登校

　子どもたちにとって日中最も長く過ごす学校が居づらい場所となることが増えています。不登校とは、何らかの心理的、情緒的、身体的、あるいは社会的要因・背景により、児童生徒が登校しない、あるいはしたくともできない状況にあることをいいます（ただし、病気や経済的な理由は除きます）。

　文部科学省「令和4年度児童生徒の問題行動・不登校等生徒指導上の諸課題に対する調査結果」によると、2022（令和4）年度における不登校児童生徒数は、小学校10万5,112人、中学校19万3,936人、高校6万575人の合計35万9,623人で、小・中・高校を合わせた不登校児童生徒数は、前年度より6万3,698人増加しています。在籍者数に占める不登校児童生徒数の割合は、小学校で1.7％、中学校で6.0％、高校で2.0％となっており、小・中・高ともに前年より増加しています。

▶ いじめ

　文部科学省の調査では、2000年代の前半は減少傾向にありました。しかし、いじめによる自殺が相次いだこともあり、把握が十分にできていなかったのではないかという指摘があり、2006（平成18）年の調査でいじめの定義や調査方法を変更した結果、いじめの認知件数が大幅に増えました。

　文部科学省「令和4年度児童生徒の問題行動・不登校等生徒指導上の諸課題に対する調査結果」によると、国・公・私立小・中・高等学校におけるいじめの認知件数は、68万1,948件（小学校55万1,944件、中学校11万1,404件、高等学校1万5,568件、特別支援学校3,032件）となっています。

　不登校やいじめといった学校における子どもたちの課題に対処するため、教育分野へのスクールソーシャルワーカーの配置も進められています。2009（平成21）年度からは、日本社会福祉士養成校協会によるスクールソーシャルワーク教育課程認定事業がスタートし、社会福祉士や精神保健福祉士の資格を基礎として、ソーシャルワークの専門知識をいかしながら、子どもの問題に生活の視点でかかわる専門職の養成が進められようとしています。

　さらに、2014（平成26）年8月に策定された子供の貧困対策に関する大綱では、

スクールソーシャルワーカーを現行の約1,500人から5年後には、約1万人に増員するという目標が立てられ、目標に向けて拡充が進められました。

学校現場でソーシャルワーク実践をするためには、ソーシャルワークの知識や技術に加えて、学校教育や学校組織についての理解が不可欠です。

▶ ひきこもり

　ひきこもりとは、人がある程度狭い空間の中から社会に出ないことをいいます。具体的には、自室で1日のほとんどの時間を過ごし、学校や会社に行かず、社会とのかかわりを失くしてしまう状態です。

　ひきこもりの背景には様々な要因がありますが、特に不登校や高等学校の中退、進学の失敗など、学校段階でのつまずきがひきこもりへとつながっていくことが指摘されています。

　政府は、2008（平成20）年12月に新しい**青少年育成施策大綱**を策定し、「困難を抱える青少年の成長を支援するための取組」を重点課題として掲げています。ひきこもりなど、社会的自立に困難を抱える青少年の問題が深刻化しているといわれるなか、こうした青少年の実態が明らかにされていないという状況もあります。そのため、内閣府では、2022（令和4）年度に「こども・若者の意識と生活に関する調査」を行い、ひきこもり状態にある人は全国で約146万人と推計しています。

　ひきこもりに限らず、社会的自立に困難を抱える青少年に対する支援には、家庭・学校・地域社会が一体となった対策が必要であるといえます。

▶ 非行

　警視庁「令和4年中における少年の補導及び保護の概況」によると、長らく刑法犯少年は**減少傾向**でしたが、2022（令和4）年は1万4,887人と前年よりわずかに（69人）増加しました。しかし、家族に対する殺人事件など、社会的に注目を集める凶悪事件が後を絶ちません。そのため、少年犯罪に対する「厳罰化」の議論も繰り返されていますが、社会福祉士としては、「何が彼らを非行に駆り立てるのか」という点を冷静に分析し、非行の防止と保護の両面についての手だてを考えていくことが必要になるといえます。

警察庁は、少年をめぐる問題行動として、他に薬物乱用、暴走族などによる非行、校内暴力、家出などを挙げています。

▶ ヤングケアラー

「令和3年度ヤングケアラーの実態に関する調査研究」（日本総合研究所）によると、「ヤングケアラーと思われる子どもの状況（複数回答）」では、「家族の代わりに、幼いきょうだいの世話をしている」が最も高く79.8%となっています。次いで、「家族の通訳をしている（日本語や手話など）」が22.5%となっています。

▶ ひとり親家庭の現状

ひとり親家庭とは、父子家庭・母子家庭を表す言葉です。2002（平成14）年の母子及び寡婦福祉法の改正によって、「母子家庭等」という表現に父子家庭も含まれることになり、2003（平成15）年4月から、父子家庭も母子家庭と同様のサービスを受けられることになりました。

厚生労働省の「令和3年度全国ひとり親世帯等調査」（2021（令和3）年11月）によると、母子世帯になった理由としては、死別が年々減少し生別が増加しており、2021（令和3）年度調査では、死別が5.3%に対し、生別が93.5%となっています（うち79.5%が離婚、10.8%が未婚の母）。父子世帯になった理由としては、死別が21.3%、生別が77.2%（うち69.7%が離婚）となっています。

厚生労働省は、ひとり親家庭への支援策として、子育てと生活支援、就業支援、養育費の確保、経済的支援という4つの支援策を打ち出しています。それぞれの施策が個々のひとり親家庭のニーズにどう応えていくかが課題となりますが、特に父子家庭への支援が大きな課題となると思われます。父子家庭については、法律では「母子家庭等」となっており、母子家庭に含まれると解釈されてきました。そのため、父子家庭独自の施策がないため、父子家庭特有のニーズを正確に把握し、施策に反映させていく必要があると思われます。

ここは覚える！

ひとり親家庭も含めて、児童のいる世帯の状況について出題されました。「国民生活基礎調査」「全国ひとり親世帯等調査」（厚生労働省）を確認しておきましょう。

2　子ども家庭福祉制度の発展過程

頻出度｜🐾🐾🐾

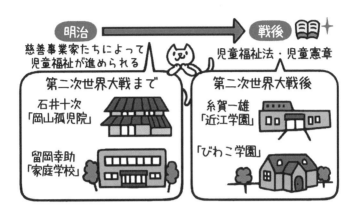

欧米の児童福祉の歴史　㉜ ㉞

▶20世紀以降の児童福祉

　20世紀以降の欧米の児童福祉については、大きく次の4つの点が変革のポイントとなります。

　なお、巻末付録「福祉年表」に児童福祉に関する歩みを紹介していますので、そちらも確認してください。

●第1回ホワイトハウス会議

　1909年に、アメリカ合衆国大統領セオドア・ルーズベルト（Roosevelt, T. D.）によって「要保護児童の保護に関する会議」（第1回ホワイトハウス会議）が開かれました。ここで当時の要扶養児童の問題が話し合われ、「家庭生活は、文明の所産のうち最も高い、最も美しいものである。児童は緊急やむをえない理由がない限り、家庭生活から引き離されてはならない」という有名な声明が発表されています。この会議は、第1回の開催以来、児童福祉のための会議としてほぼ10年ごとに開催されており、戦後へと引き継がれています。

第1回ホワイトハウス会議の内容としては、次のようなものがあります。
①貧困を理由に、児童を家庭から引き離してはならない
②要扶養の原因を調査し、その原因を取り除く
③里親制度について
④施設の入所方法について
⑤すべての児童福祉施設は、許可と査察指導を受け入れること
⑥児童局を設置する

● 児童の権利に関するジュネーブ宣言（ジュネーブ宣言）

　20世紀初頭は、子どもたちを巻き込んだ世界的な戦争が繰り返された時期でもありました。第一次世界大戦は、ヨーロッパを中心に児童を含め多くの犠牲者を出しました。戦争に子どもたちを巻き込んだ反省から、1924年に国際連盟第5回総会で採択されたのが、児童の権利に関するジュネーブ宣言（ジュネーブ宣言）です。これは子どもの権利に関する最初の国際的宣言で、「人類は、児童に対し、最善のものを与える義務を負う」という理念のもと、心身の正常な発達権、愛護と保護の保障、救済の最優先性、搾取からの保護、人類への奉仕を目指す児童の育成を定めています。その後、1959年の国際連合による児童の権利に関する宣言へと結びついていき、子どもの権利を国際的に発展させていくきっかけとなりました。

ジュネーブ宣言に先立ち、スウェーデンの教育学者であるエレン・ケイ（Key, E.）は、『児童の世紀』を著して「20世紀は子どもの世紀として、子どもの権利が最大限に尊重されるべき時代である」と主張していました。

● 児童の権利に関する宣言（児童権利宣言）

　第二次世界大戦の終結後の1948年、国際連合第3回総会において、広く人類全般を対象とした世界人権宣言が採択されました。この宣言の25条（生活の保障）と26条（教育）に「児童」という言葉が登場します。その後、1959年、国際連合第14回総会において、児童権利宣言が採択されました。これは、ジュネーブ宣言を基礎に新たな原則を追加したもので、前文と10条の本文から構成されています。子どもの権利を全面的に打ち出している点では画期的な宣言で、特に児童の最善の利益が全体を貫く原則となっている点が特徴です。

その前文には、「児童は、身体的及び精神的に未熟であるため、その出生の前後において、適当な法律上の保護を含めて、特別にこれを守り、かつ、世話することが必要である」とあり、児童への特別な関心の必要性を強調しています。

一方で、この時代までは児童を「保護される存在」と見ていることも忘れてはならない点です。

● 児童の権利に関する条約

1976年の国際連合第31回総会において、国際児童年に関する決議が採択されました。これは、児童の権利宣言採択20周年を記念して、1979年を国際児童年としようというものでした。このことと関連して、ポーランドは1978年、国連人権委員会に対し、児童権利宣言の条約化を提案しました。これを受け、国連人権委員会は1979年に作業部会を設置し、1989年に児童の権利に関する条約が国際連合第44回総会で採択されました。

条約は、前文と第1部から第3部までの計54条からなっています。その中で、子どもが意見表明権や表現、思想、良心及び宗教、結社、集会の自由についての権利を有することが明記されています。日本は1994（平成6）年に条約の締結国となりました。

この条約のポイントは、次の3点に要約できます。

① 児童は保護される権利を有するだけでなく、能動的に権利主体として意見を表明するなどの権利を有している
② 児童の最善の利益を考慮することを明文化している
③ 条約であるため、法的拘束力をもっている

児童の権利に関する条約成立の背景には、ポーランドのコルチャック（Korczak, J.）の存在が大きいといわれています。彼は、ユダヤ教徒の慈善団体の援助で孤児院を開きましたが、ナチスの弾圧を受け、ユダヤ人収容所で200名のユダヤ人孤児と死をともにしています。

● 国際的な子の奪取の民事上の側面に関する条約（ハーグ条約）

　この条約は、子の利益の保護を目的として、親権を侵害する国境を越えた子どもの強制的な連れ去りや引き止めなどがあった時に、迅速かつ確実に子どもをもとの居住国に返還する国際協力の仕組み等を定める多国間条約で、1980年にハーグ国際私法会議で採択されました。日本では、2013（平成25）年5月に国会で承認されました。

　この条約では、国境を越えた子どもの強制的な連れ去りや引き止めが合った場合、原則としてもとの居住国に返還しますが、例外として、連れ去りから1年以上経過し子どもが新たな環境に適応している場合、返還により子どもに危険が及ぶ場合、子どもが返還を拒否している場合などは返還拒否できることになっています。

日本の児童福祉の歴史

▶ 明治期から第二次世界大戦までの児童福祉の歴史

　この時期は、慈善事業家たちの先駆的な活動によって児童福祉が進められました。下表は、著名な人物をまとめています。

■ 明治期から第二次世界大戦までの慈善事業家

石井十次	キリスト教の思想に基づき、1887（明治20）年に岡山孤児院を設立。岡山孤児院は、小舎制の採用や里親委託など、現在に通じる先駆的実践を行った施設である
留岡幸助	キリスト教の思想に基づき、1899（明治32）年に家庭学校を東京巣鴨に設立。家庭学校は感化院と呼ばれるもので、現在の児童自立支援施設に当たる。1914（大正3）年には、北海道家庭学校も設立
石井亮一	1891（明治24）年、濃尾大地震の際に女子の孤児を引き取り孤女学院を設立。その中に知的障害児がいたことから、後に知的障害児施設「滝乃川学園」を設立
野口幽香	1900（明治33）年、森島峰とともに東京に貧民幼稚園「二葉幼稚園」を設立。保育事業の先駆的取り組みを行った
高木憲次	東京帝国大学整形外科の教授として肢体不自由児の巡回相談をしていたが、1932（昭和7）年、肢体不自由児のための光明学校を設立

石井十次は無制限収容主義を唱え、岡山孤児院は1,200名もの児童が入所する施設にまでなりました。また石井は、出身地である宮崎県の茶臼原に分院も開いています。

▶ 第二次世界大戦から近年までの児童福祉の歴史

● 児童福祉法の制定

　児童福祉に関する総合的な法律の制定は、戦前からの課題でした。また、戦後の混乱期には、多くの浮浪児が街にあふれ、大きな問題となっていました。そのような中、次代の社会の担い手といえる児童の健全な育成を図るために、長期的な視点に立った対策の必要性が指摘され、1947（昭和22）年に児童福祉法が制定されました。児童福祉法により、児童福祉施設、児童相談所、児童福祉司などが規定されました。その後、1948（昭和23）年には、施設の設備や職員の資格、配置基準などを定めた児童福祉施設の設備及び運営に関する基準が公布されています。

● 児童憲章の制定

　1951（昭和26）年5月5日のこどもの日に、内閣総理大臣が招集する児童憲章制定会議で児童憲章が制定されました。 1959年に国際連合が採択した「児童の権利に関する宣言」より前に採択された児童憲章の理念は、当時、国際的にも先駆的なものであるといわれました。日本初の子どもの権利に関する宣言であり、児童福祉法が法的規範として制定されたのに対し、児童憲章は道義的規範として制定されました。

　児童憲章は前文において次の3つの原則をうたっています。

> ① 児童は、人として尊ばれる
> ② 児童は、社会の一員として重んぜられる
> ③ 児童は、よい環境の中で育てられる

● 児童福祉六法体制の確立

　1947（昭和22）年に制定された児童福祉法と、児童扶養手当法、特別児童扶養手当等の支給に関する法律、母子及び父子並びに寡婦福祉法、母子保健法、

児童手当法の6つの法律を児童福祉六法といい、これらは児童福祉に直接かかわる法律となっています。

児童福祉六法の制定年と目的は、次の通りです

■ 児童福祉六法

制定年	法律名	目的
1947（昭和22）年	児童福祉法	児童の健全な育成と福祉の積極的増進
1961（昭和36）年	児童扶養手当法	母子家庭に対する生活の安定と自立促進
1964（昭和39）年	特別児童扶養手当等の支給に関する法律	精神・身体障害児への福祉の増進
	母子福祉法（2014（平成26）年に母子及び父子並びに寡婦福祉法に改正）	母子家庭及び父子家庭並びに寡婦の生活の安定と向上
1965（昭和40）年	母子保健法	母性並びに乳児及び幼児の健康の保持及び増進
1971（昭和46）年	児童手当法	家庭における生活の安定と、次代の社会を担う児童の健全な育成及び資質の向上

寡婦：寡婦とは、「配偶者のない女子であって、かつて配偶者のない女子として親族などの児童を扶養していたことのある者をいう」とされ、夫と離婚・死別後も再婚しないでいる女性をいう。

> 母子福祉法は、1964（昭和39）年に制定されましたが、1981（昭和56）年の改正で、寡婦の自立を支援するため、母子及び寡婦福祉法と名称変更され、寡婦も母子家庭に準じた保障が受けられることとなりました。2014（平成26）年には、父子家庭も対象に加え、母子及び父子並びに寡婦福祉法に改定されました。

● **戦後の児童福祉分野における著名な人物**

戦後の児童福祉分野において大きな功績を残した人物として、糸賀一雄を挙げることができます。糸賀は、戦後、知的障害児施設近江学園を創設し、その後、重症心身障害児施設「びわこ学園」を創設しました。彼は、その著作『福祉の思想』の中で、この子らを世の光にという言葉を残しています。その実践から、

戦後日本の知的障害者福祉を切り開いた開拓者といわれています。

▶ 近年の法律制定の動き

　1989（平成元）年の「1.57ショック」以降、少子化が大きな問題となり、少子化施策の推進が図られています。また、1994（平成6）年に日本も児童の権利に関する条約の締約国となったことから、子どもの権利擁護を進めるための法律や制度の制定・改正なども相次いで行われています。

　1994（平成6）年以降の主要なプランや、法律の制定・改正をまとめると、次のようになります。

■ 近年の主要なプランや法律制定の動き

制定年	プラン・法律
1994（平成6）年	エンゼルプラン
1997（平成9）年	児童福祉法改正
1999（平成11）年	新エンゼルプラン
2000（平成12）年	児童虐待の防止等に関する法律
2001（平成13）年	児童福祉法の一部改正
2003（平成15）年	次世代育成支援対策推進法
2008（平成20）年	児童福祉法の一部改正
2010（平成22）年	子ども・子育てビジョン ・社会全体で子育てを支える ・2014（平成26）年度に向けて達成すべき具体的な施策や目標を提示
2012（平成24）年	児童福祉法の一部改正
	子ども・子育て支援法
2013（平成25）年	ハーグ条約（国際的な子の奪取の民事面に関する条約）の国会での承認
	子どもの貧困対策法（子どもの貧困対策の推進に関する法律）
	いじめ防止対策推進法
	放課後子ども総合プラン すべての就学児童が放課後等を安全・安心に過ごし、多様な体験・活動を行うことができるよう、一体型を中心とした放課後児童クラブ及び放課後子供教室の計画的な整備等を進める
2015（平成27）年	子ども・子育て支援新制度
2016（平成28）年	児童福祉法の一部改正
	母子保健法の改正

2017（平成29）年	**子育て安心プラン** 2018（平成30）年度から2022（令和4）年度末までに保育の受け皿を整備し、待機児童を解消
2019（令和元）年	**子どもの貧困対策法の一部改正**
	児童福祉法の一部改正
2020（令和2）年	**新子育て安心プラン** 2021（令和3）年度から2024（令和6）年度末までに、保育の受け皿の整備、地域の子育て資源の活用などにより待機児童を解消
2021（令和3）年	**医療的ケア児支援法** 医療的ケア児の日常生活・社会生活全体で支援
2022（令和4）年	**こども基本法**（2023年施行） 政府は、こども施策を総合的に推進するため、こども施策に関する大綱（こども大綱）を定めなければならない。こども家庭庁に置かれるこども政策推進会議が、こども大綱の案を策定する。 児童福祉法の一部改正（2024年施行） 困難女性支援法（2024年施行）
2023（令和5）年	こども家庭庁の設置 **こども大綱の策定** **こども未来戦略の策定**

3 子ども家庭福祉の理念と権利保障

1924年「児童の権利に関するジュネーブ宣言」
1959年「児童の権利に関する宣言」によって
保護される存在
子どもの能動的権利が確定

1989年「児童の権利に関する条約」
権利を持った主体

意見・表現の自由　　思想・宗教の自由　　集会の自由

子どもの権利　　㉜

▶ 子どもの権利保障の歴史

　子どもの権利を保障しようとする歴史はまだ浅く、その原点ともなる「子どもも主体である」という考え方が現れたのは、フランス革命の前後だといわれています。ルソー（Rousseau, J.）は著書『エミール』（1762年）で子どもも主体的な生活者であることを大人たちに知らせ、その人間的権利を明らかにしました。

　20世紀の初頭になると、スウェーデンの思想家エレン・ケイ（Key, E.）が20世紀を「児童の世紀」とすることを主張して以降、子どもの権利を保障しようという動きが徐々に具体化されてきました。その例として欧米では、1909年のアメリカでの第1回ホワイトハウス会議の開催、1924年の国際連盟による「児童の権利に関するジュネーブ宣言」の採択、1959年の国際連合による「児童の権利に関する宣言」の採択などが挙げられます。

　日本においては少し遅れますが、日本国憲法の理念を児童福祉において具現化した「児童福祉法」（1947（昭和22）年）、国民の道義的規範として採択された「児童憲章」（1951（昭和26）年）などが挙げられます。

▶ 子どもの受動的権利と能動的権利

　子どもの権利保障の歴史においては、「児童の権利に関するジュネーブ宣言」や「児童の権利に関する宣言」で子どもの受動的権利の保障が明らかにされ、「児童の権利に関する条約」において、子どもの能動的権利が明らかにされました。

　子どもの受動的権利とは、「子どもであるがゆえに、義務を負う側からの保護や援助を受けることによって効力をもつ権利（網野武博）」といえます。日本の児童福祉法や児童憲章の条文には、「愛護される」「育てられる」「守られる」といった記述があり、子どもは受け身の存在であると考えられました。

　それに対して、子どもの能動的権利について網野は、「基本的人権、とりわけ自らの生き方を主張し、追求することのできる権利は、『子ども』である前にまず『人間』として保障されなければならない。このように、人間として主張し行使する自由を得ることによって効力をもつ権利を『能動的権利』ということができる」としています。いいかえれば、受動的権利においては、子どもは権利を受容する主体であるのに対し、能動的権利においては、子どもは単に権利を受容する主体であるだけではなく、権利を行使する主体であるといえます。

児童の権利に関する条約

　児童の権利に関する条約の特徴は、子どもの能動的権利の確立にあるといえます。例えば能動的権利として、12条の意見を表明する権利、13条の表現の自由についての権利、14条の思想・良心・宗教の自由についての権利、15条の結社・集会の自由についての権利などがあり、これらが明示されたのは画期的なことです。

　この条約によって、従来ほとんど重視されなかった子どもの参加の権利、市民権や政治権などに光が当てられるようになりました。子どもは「家族や社会に守ってもらう」だけではなく、「家族や社会に対して、自ら主張し、自らを守る」こと（セルフアドボカシー）が認められたのです。「保護される存在としての児童」から「権利の主体としての児童」という児童観への転換ともいえます。

　前述した通り、日本も1994（平成6）年に158番目の同条約の締約国となりました。児童の権利に関する条約42条には、「締約国は、適当かつ積極的な方法でこの条約の原則及び規定を成人及び子どものいずれにも広く知らせることを約束する」とあります。日本でも、都道府県・市区町村や民間団体において、様々な啓発活動が行われています。

4 子ども家庭福祉の法制度

児童の定義

児童の権利に関する条約　児童福祉法　母子及び父子並びに寡婦福祉法

児童虐待防止法
満**18**歳未満

満**18**歳未満
・乳児＝満**1**歳未満
・幼児＝
満**1**歳～小学校入学前まで
・少年＝小学校入学～
満**18**歳未満

満**20**歳未満

子ども家庭福祉の法体系

　日本の子ども家庭福祉は、日本国憲法を基本に、各種法律、政令、省令、通知などにより推進されています。戦後、児童福祉の基本的な法律として、児童福祉六法と呼ばれてきた法律があります。児童福祉六法とは、児童福祉法、児童扶養手当法、特別児童扶養手当等の支給に関する法律、母子及び父子並びに寡婦福祉法、母子保健法、児童手当法の6つをいいます。

　近年、この六法を基本とした、子どもや母親を広く支援する法律や、少子化や次世代育成支援対策に関する法律が制定され、子ども家庭福祉の法体系を形づくっています。

児童福祉法　㉛ ㉜ ㉝ ㉞ ㉟ ㊱

▶ 理念と原理

　児童福祉法は、児童福祉六法の中でも最も基本となる法律で、1947（昭和22）年12月に制定され、翌年1月に施行されました。児童福祉の理念や原理について、次のように定めています。

1条	全て児童は、児童の権利に関する条約の精神にのっとり、適切に養育されること、その生活を保障されること、愛され、保護されること、その心身の健やかな成長及び発達並びにその自立が図られることその他の福祉を等しく保障される権利を有する
2条	全て国民は、児童が良好な環境において生まれ、かつ、社会のあらゆる分野において、児童の年齢及び発達の程度に応じて、その意見が尊重され、その最善の利益が優先して考慮され、心身ともに健やかに育成されるよう努めなければならない
2	児童の保護者は、児童を心身ともに健やかに育成することについて第一義的責任を負う
3	国及び地方公共団体は、児童の保護者とともに、児童を心身ともに健やかに育成する責任を負う
3条	前2条に規定するところは、児童の福祉を保障するための原理であり、この原理は、すべて児童に関する法令の施行にあたって、常に尊重されなければならない

落とせない！重要問題

児童福祉法の総則規定に「国は、児童を育成する第一義的責任がある。」と記載されている。 第36回

×：児童を育成する第一義的責任は、国ではなく保護者が負うと記載されている。

▶ 児童の定義

児童福祉法の対象は児童だけでなく、**妊産婦**や**児童の保護者**も含まれます。児童とは満18歳に満たない者をいい、次のように規定しています（4条1項）。

乳児：満1歳に満たない者

幼児：満1歳から、小学校就学の始期に達するまでの者

少年：小学校就学の始期から、満18歳に達するまでの者

ここは覚える！

母子及び父子並びに寡婦福祉法では「満20歳に満たない者」、児童手当法では「18歳に達する日以後の最初の3月31日までの間にある者」と児童の定義が児童福祉法と異なるものがあるので、覚えておきましょう。

▶ 機関や専門職

この法律に規定される機関や専門職には、児童福祉審議会、児童相談所、児童福祉司、保育士、児童委員などがあります。

都道府県・指定都市には児童福祉審議会などの審議機関の設置が義務づけられています。

▶ 福祉の措置及び保障

この法律に規定される福祉の措置及び保障としては、療育の給付、要保護児童（要養護児童、要保育児童、障害のある子どもなど）の保護措置（施設入所、里親など）、在宅福祉サービス（放課後児童健全育成事業、児童自立生活援助事業、地域子育て支援拠点事業など）、禁止行為（子どもに対して大人がしてはいけない行為）などがあります。

▶ 近年の主な改正

児童福祉法は近年、時代の変化に伴い、たびたび改正されています。各年の重要な改正ポイントをまとめると次の通りです。

● 1997（平成9）年の改正ポイント
- 保育所への入所方式を措置制度から選択利用制度に変更し、情報提供の義務又は努力義務を市町村及び保育所に課した
- 放課後児童健全育成事業を法定化した
- 養護施設と虚弱児施設を統合し、児童養護施設とした
- 教護院を児童自立支援施設に、母子寮を母子生活支援施設に名称変更した
- 施設への入所などに際し、児童福祉審議会の意見を聴取する制度を導入した
- 第二種社会福祉事業として児童家庭支援センター及び児童自立生活援助事業を創設した

■■ **放課後児童健全育成事業：**保護者が昼間就労などで家庭に不在となる10歳未満のおおむね小学校低学年の児童を対象に適正な遊び及び生活の場を与えて、その子どもの健全育成を図ることを目的として児童厚生施設などで実施される事業。第二種社会福祉事業と位置づけられ、市町村や社会福祉法人などが実施主体となる。児童福祉法に規定される前は都道府県の条例などにより、留守家庭児童対策事業や放課後児童対策事業などの名称によって実施されてきた保育事業で、一般には学童保育と呼ばれてきた。

児童自立生活援助事業：義務教育終了後、児童養護施設や児童自立支援施設を退所したが、社会的自立が十分できていない児童を対象に、「自立援助ホーム」という施設において、就職先の開拓などの社会的自立に向けた支援を行う事業。

● 2000（平成12）年の改正ポイント

- 母子生活支援施設と助産施設について措置制度が廃止され、**選択利用制度**となった
- 虐待などの通告について、児童委員を介して、**児童相談所又は福祉事務所**に通告できるようになった
- 児童相談所長及び児童福祉司の任用資格に**社会福祉士**が加えられた
- 児童相談所における一時保護期間が開始から**2か月**とされ、目的を達成できない場合は延長できることが明示された

● 2001（平成13）年の改正ポイント

- **保育士資格の法定化**（国家資格となる）。この改正によって保育士は、名称独占の資格として法定化され、信用失墜行為の禁止、守秘義務などに関する規定も設けられた
- 児童委員の職務の明確化と**主任児童委員の法定化**

● 2003（平成15）年の改正ポイント

- すべての子育て家庭を視野に入れた地域子育て支援の強化が図られ、子育て支援事業が法定化された。この改正で、「市町村は、児童の健全な育成に資するため、**放課後児童健全育成事業**や**子育て支援事業**等の実施に努めなければならない」とされた
- 50人以上の待機児がいる市町村には、**市町村保育計画**の策定が義務づけられた

● 2004（平成16）年の改正ポイント

- 児童虐待対応における市町村と児童相談所との役割の明確化
- 地方公共団体は、**要保護児童対策地域協議会**を設置できるようになった

- 乳児院や児童養護施設の年齢要件の見直し（乳児院には小学校就学前の幼児まで、児童養護施設には1歳未満の乳児まで受け入れ可能となった）

それまで児童相談所に限定されていた通告先に市町村も追加されることになり、専門性を要する事例の扱いや市町村への後方支援は児童相談所、相談の受付や一般的な事例の扱いは市町村というように役割分担が明確化された。

- 里親の定義が規定され、監護、教育及び懲戒に関する権限が明確化されたことにより必要な措置をとれるようになった
- 家庭裁判所の承認を得て都道府県が行う児童福祉施設への入所措置の期限が2年と定められた

■ 地域子育て支援事業の内容

乳児家庭全戸訪問事業	2007（平成19）年度より実施されていた「こんにちは赤ちゃん事業」が法定化された事業で、生後4か月未満の子どもがいるすべての家庭を対象に保健師等が訪問する事業である。子育てに関する情報の提供、乳児及びその保護者の心身の状況及び養育環境の把握、養育についての相談に応じ、助言その他の指導を行う
養育支援訪問事業	要保護児童等の居宅において、保育士や保健師等の専門知識、経験を有する者が養育に関する相談、指導及び助言を行う
地域子育て支援拠点事業	地域子育て支援センター事業とつどいの広場事業を再編し、2007（平成19）年度より創設された事業。実施主体は市町村で、民間事業者への委託も可能である。子育て親子の交流の促進、子育てに関する相談の実施、子育て支援に関する情報の提供、講習等の実施を行う。事業の展開の仕方により、ひろば型、センター型、児童館型の3類型に分かれる
一時預かり事業	家庭において保育を受けることが一時的に困難となった乳児又は幼児について、主として昼間において、保育所その他の場所において一時的に預かり、必要な保育を行う

● 2008（平成20）年の改正ポイント
- 地域子育て支援事業を第二種社会福祉事業として法定化
- 家庭的保育の制度化
- 小規模住居型児童養育事業（ファミリーホーム）の創設
- 里親制度の改正。従来、養育里親、短期里親、専門里親、親族里親と区分されていた里親が、この改正で、**養子縁組を前提としない養育里親、養子**

縁組によって養親となることを希望する里親、専門里親、親族里親という区分に変更された

 家庭的保育：家庭的保育者（保育ママ）が保育所などと連携をとりながら、主に低年齢の子どもを自宅などにおいて保育する。
ファミリーホーム：要保護児童について、児童の養育に関して相当の経験を有する者などが児童相談所の委託を受け、その住居において複数の児童の養育を行う事業。

ここは覚える！

第32回で里親制度について出題されました。
① 里親となることを希望する者に配偶者がいなくても、都道府県知事が認めれば里親として認定される。
② 1人の里親希望者に対して、異なった種類の里親を重複して認定することもできる。

専門里親については、「里親の認定等に関する省令」4条に「児童虐待等の行為により心身に有害な影響を受けた児童を養育する里親」とありますが、非行のある又は非行に結びつくおそれのある児童や、身体障害、知的障害又は精神障害がある児童も対象となります。

● 2012（平成24）年の改正ポイント

- 障害児を対象とした施設・事業については、施設系は児童福祉法、事業系は障害者自立支援法に基づき実施されてきたが、児童福祉法に一本化された（身近な地域での支援の充実）
- 障害児通所支援（児童発達支援・医療型児童発達支援・放課後等デイサービス・保育所等訪問支援）が新設され、通所サービスの実施主体が都道府県から市町村へ移行された（入所施設の実施主体はこれまで通り都道府県）
- これまでの知的障害児施設、知的障害児通園施設、盲ろうあ児施設、肢体不自由児施設、重症心身障害児施設は、入所による支援を行う障害児入所施設と、通所支援を行う児童発達支援センターに改められた

■ 障害児施設・事業の一元化イメージ

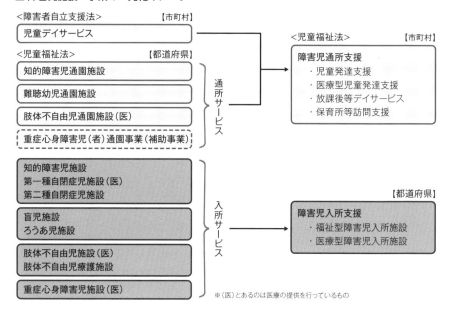

※（医）とあるのは医療の提供を行っているもの

● 2016（平成28）年の改正ポイント

児童福祉法の理念の明確化等

● 児童は、適切な養育を受け、健やかな成長・発達や自立等を保障されること等、法の理念を明確化

児童虐待の発生予防

● 児童虐待の発生予防のため、市町村は、妊娠期から子育て期までの切れ目ない支援を行う**子育て世代包括支援センター**（法律上の名称は**母子健康包括支援センター**）の設置に努める

児童虐待発生時の迅速・的確な対応

● 政令で定める**特別区**は、児童相談所を設置する

● 都道府県は、児童相談所に①児童心理司、②医師又は保健師、③指導・教育担当の児童福祉司を置くとともに、弁護士の配置又はこれに準ずる措置を行う

被虐待児童の自立支援

● 都道府県（児童相談所）の業務として、里親の開拓から児童の自立支援までの一貫した里親支援を位置付ける

● 養子縁組里親を法定化するとともに、都道府県（児童相談所）の業務として、

養子縁組に関する相談・支援を位置付ける

- 児童相談所長は、一時保護が行われた児童について、20歳に達するまでの間、引き続き一時保護を行うことができるとした
- 自立援助ホームについて、22歳の年度末までの間にある大学等就学中の者を追加する

その他の改正事項

- 情緒障害児短期治療施設の対象を、環境上の理由により社会生活への適応が困難となった児童とし、その目的を社会生活に適応するために必要な心理に関する治療及び生活指導を主に行うものとして明確化し、児童心理治療施設に名称変更した
- 婦人相談員、母子・父子自立支援員の非常勤規定を削除した

● **2019（令和元）年の改正のポイント**

児童の権利擁護

- 親権者は、児童のしつけに際して体罰を加えてはならないこととし（児童福祉施設の長等についても同様）、都道府県（児童相談所）の業務として児童の安全確保を明文化

児童相談所の体制強化及び関係機関間の連携強化等

- 児童相談所の体制強化等
- 児童相談所の設置促進
- 関係機関間の連携強化

検討規定その他所要の規定の整備

● **2022（令和4）年の改正のポイント**

- 子ども家庭総合支援拠点と子育て世代包括支援センターを見直し、こども家庭センターとした
- 児童発達支援センターの医療型、福祉型の類型をなくし、一元化した
- 新たに里親支援センターを児童福祉施設として位置づけた

児童虐待の防止等に関する法律（児童虐待防止法） ㉛ ㉜ ㉝ ㉞ ㉟

この法律では、虐待の定義のほか、虐待の禁止及び防止に関する国及び地方公共団体の責務、虐待を受けた子どもの保護のための措置などを規定しています。

2022（令和4）年に、親権者による懲戒権の規定が削除されたことに伴い、懲戒権について記載があった第14条は、「児童の親権を行う者は、児童のしつけに際して、児童の人格を尊重するとともに、その年齢及び発達の程度に配慮しなければならず、かつ、体罰その他の児童の心身の健全な発達に有害な影響を及ぼす言動をしてはならない」と改正されました。

 ここは覚える！

1933（昭和8）年にも児童虐待防止法は制定され、1947（昭和22）年の児童福祉法の制定に伴い、廃止されました。過去の試験では、同法の対象年齢（14歳未満）が問われました。

▶ 目的

　この法律は、次の1条を目的として、2000（平成12）年5月に制定され、同年11月に施行されました。

> この法律は、児童虐待が児童の人権を著しく侵害し、その心身の成長及び人格の形成に重大な影響を与えるとともに、日本における将来の世代の育成にも懸念を及ぼすことにかんがみ、児童に対する虐待の禁止、児童虐待の予防及び早期発見その他の児童虐待の防止に関する国及び地方公共団体の責務、児童虐待を受けた児童の保護及び自立の支援のための措置等を定めることにより、児童虐待の防止等に関する施策を促進し、もって児童の権利利益の擁護に資することを目的とする。（1条）

▶ 虐待の定義

　また2条では、虐待を次の4つに分けて定義しています。

身体的虐待	児童の身体に外傷が生じ、又は生じるおそれのある暴行を加えること
性的虐待	児童にわいせつな行為をすること又は児童をしてわいせつな行為をさせること
ネグレクト	児童の心身の正常な発達を妨げるような著しい減食又は長時間の放置、保護者以外の同居人による身体的虐待や性的虐待、心理的虐待と同様の行為の放置その他の保護者としての監護を著しく怠ること
心理的虐待	児童に対する著しい暴言又は著しく拒絶的な対応、児童が同居する家庭における配偶者に対する暴力その他の児童に著しい心理的外傷を与える言動を行うこと

▶ 虐待発見時の対応

● 児童虐待の早期発見等

　児童虐待防止法では、学校、児童福祉施設、病院、都道府県警察、女性相談支援センター、教育委員会、配偶者暴力相談支援センターその他児童の福祉に業務上関係のある団体及び学校の教職員、児童福祉施設の職員、医師、歯科医師、保健師、助産師、看護師、弁護士、警察官、女性相談支援員その他児童の福祉に職務上関係のある者は、児童虐待の早期発見に努めなければならないとし、さらに国などの施策への協力、虐待の防止のための教育や啓発に努めなければならないとしています（5条）。

● 児童虐待に係る通告

　また、児童虐待防止法では、児童虐待を受けたと思われる児童を発見した者は、速やかに、これを市町村、都道府県の設置する福祉事務所もしくは児童相談所又は児童委員を介して市町村、都道府県の設置する福祉事務所もしくは児童相談所に通告しなければならないとしています（6条）。

配偶者からの暴力の防止及び被害者の保護等に関する法律（DV防止法）　㉜ ㉝

　この法律は、「配偶者からの暴力に係る通報、相談、自立支援等の体制を整備することにより、配偶者からの暴力の防止及び被害者の保護を図る」ことを目的として、2001（平成13）年4月に制定され、同年10月に施行されました。配偶者からの暴力とは、配偶者からの身体に対する暴力、これに準ずる心身に有害な影響を及ぼす言動をいい、事実婚関係での暴力や、離婚後もそれが続く場合も含んでいます。この法律では、都道府県が婦人相談所などの適切な施設において、配偶者暴力相談支援センターの機能を果たすよう規定しています。

　2007（平成19）年の改正では、裁判所による保護命令制度の拡充が行われました。保護命令とは、配偶者から身体に対する暴力や生命等に対する脅迫を受けた被害者が、その生命又は身体に重大な危害を受けるおそれが大きい時に、裁判所が被害者からの申立てにより、配偶者や元配偶者に対して発する命令のことです。2007（平成19）年の改正後は、①被害者への接近禁止命令、②被害者への電話等禁止命令、③被害者の同居の子への接近禁止命令、④被害者の親族等への接近禁止命令、⑤被害者とともに生活の本拠としている住居からの退去命令の5つの類型に分かれています。

ここは覚える！

女性相談支援センター（旧 婦人相談所）は、困難女性支援法第9条に基づいて、各都道府県に必ず1か所設置されることになっています（政令指定都市も設置できる）。困難な問題を抱える女性の相談や一時保護を行う施設です。配偶者暴力相談支援センターの機能も担います。

DV（配偶者などからの暴力）被害者が一時的に避難できる民間シェルターが全国に約120か所あり、ここでも相談や自立支援の活動が行われています。

母子及び父子並びに寡婦福祉法（旧 母子及び寡婦福祉法）　㉟

　この法律は、1964（昭和39）年7月に母子福祉法として制定・施行されましたが、1981（昭和56）年6月の改正で、母子家庭に加え、母子家庭の母であった寡婦に対しても福祉の措置がとられるよう規定され、「母子及び寡婦福祉法」となりました。同法の目的は、母子家庭及び寡婦の生活の安定と向上のために必要な措置を講じることにより福祉の向上を図ることとしています。一方、各々の自立に向けた努力も求めています。2002（平成14）年の改正では、「母子家庭等」とは母子家庭及び父子家庭を指すとされ、父子家庭もこの法律の対象に加えられ、2014（平成26）年に現在の名称に変更されました。

母子保健法　㉛ ㉝ ㉟

　この法律は、児童福祉法に規定されていた3歳児健康診査や母子手帳制度などを独立させたものです。1965（昭和40）年8月に制定され、翌年1月に施行されました。

　その目的は、「母性並びに乳児及び幼児の健康の保持及び増進を図るため、母子保健に関する原理を明らかにするとともに、母性並びに乳児及び幼児に対する保健指導、健康診査、医療その他の措置を講じ、もって国民保健の向上に寄与すること」（1条）としています。各種の定義は次の通りです（6条）。

妊産婦	妊娠中又は出産後1年以内の女子
乳児	1歳に満たない者
幼児	満1歳から小学校就学の始期に達するまでの者
保護者	親権を行う者、未成年後見人その他の者で、乳児又は幼児を現に監護する者
新生児	出生後28日を経過しない乳児
未熟児	身体の発育が未熟のまま出生した乳児であって、正常児が出生時に有する諸機能を得るに至るまでのもの

　母子保健の向上に関する措置としては、保健指導、新生児訪問指導、健康診査（1歳6か月児、3歳児）、妊娠の届出、母子健康手帳、低体重児（2,500g未満の乳児）の届出、養育医療、母子保健施設などが規定されています。

　2016（平成28）年の母子保健法の改正により、それまでの母子健康センターが**母子健康包括支援センター（子育て世代包括支援センター）**に改められ、その設置が**市町村の努力義務**とされました。妊娠期から子育て期にわたる切れ目ない支援を提供するワンストップ拠点となっており、母性や乳幼児の健康と保持について、包括的な支援を行うことになっています。なお、2024（令和6）年4月から、母子健康包括支援センター（子育て世代包括支援センター）は**こども家庭センター**に改められました。

📖　**新生児訪問指導：**医師、保健師、助産師又はその他の職員が行う。
　　1歳6か月児健康診査の対象：満1歳6か月を超え、満2歳に達しない幼児。
　　3歳児健康診査の対象：満3歳を超え、満4歳に達しない幼児。
　　養育医療：身体の発育が未熟なまま生まれ、入院を必要とする乳児が指定医療機関において入院治療を受ける場合に、その治療費を公費（国や県のお金）により負担する制度。

児童手当法　㉜ ㉝ ㉟

　1971（昭和46）年5月に制定され、翌年1月から施行された法律です。家庭の経済的安定及び子どもの健全育成、資質の向上を図ることを目的とし、支給される児童手当について規定しています。

　手当の支給対象は、制度創設当初は、18歳未満の者を3人以上養育している者で、第3子が義務教育終了前の場合に、第3子以降を対象とするものでした。その後の何度かの改正を経て、2006（平成18）年の改正では**小学校6年生**までの支給期間となりました。

2010（平成22）年から、児童手当に代わり、子ども手当が実施されました。そして、2012（平成24）年の「児童手当法の一部を改正する法律」により、実質的に児童手当が復活することになりました。2024（令和6）年秋以降の児童手当の支給額は次のようになっています。

■ 児童手当

対象児童	第1子、第2子の支給額	第3子以降の支給額
3歳未満	1万5千円	3万円
3歳以上小学生まで	1万円	
中学生まで		
高校生まで		

※所得制限は撤廃
2024年10月から適用、12月から支給予定

児童扶養手当法　㉝ ㉟ ㊱

　この法律は、離別母子家庭などの経済的安定を図るために支給される手当について規定しています。1961（昭和36）年11月に制定され、翌年1月から施行されました。

　離別母子家庭等とは、父母が婚姻を解消したもの、父が重度の障害の状態にあるもの、あるいは未婚の母などのことをいいます。また、同法での児童とは、18歳に達する日以後の最初の3月31日までの間にある者、又は20歳未満で政令で定める程度の障害の状態にある者をいいます。

2010（平成22）年6月の法改正により、同年8月から父子家庭にも児童扶養手当が支給されることになりました。

ここは覚える！

児童手当は、中学校卒業までの児童の養育者に支給されるもので、児童扶養手当は、ひとり親家庭の経済的安定を図るために支給されるものであり、支給の目的が異なるため、併給することができます。

落とせない！重要問題

児童扶養手当を受給している者には児童手当は支給されない。 第35回

×：児童扶養手当は、ひとり親家庭の経済的安定を図るために支給される手当である。児童手当は、中学校卒業までの児童の養育者に支給される手当であり、ひとり親家庭に対しては、併給できることになっている。

特別児童扶養手当等の支給に関する法律 ㉜ ㉝

　この法律は、1964（昭和39）年7月に制定され、同年9月に施行されました。精神や身体に障害をもつ児童に対する、福祉の増進を図るための金銭給付を規定する法律です。

　手当には、精神又は身体に障害のある児童をもつ父母又は養育者に支給する**特別児童扶養手当**、精神又は身体に重度の障害をもつ児童に対する**障害児福祉手当**、精神又は身体に著しく重度の障害をもつ者に対する**特別障害者手当**の3種類があります。

> 児童手当法・児童扶養手当法と混同しやすいので、注意が必要です。また、「特別児童扶養手当等の支給に関する法律」にある3種類の手当についてもよく整理しておきましょう。

次世代育成支援対策推進法 ㉝ ㊱

　この法律は、次の1条を目的として、2003（平成15）年7月に制定された10年間の時限立法です。なお、同法の有効期は、2025（令和7）年3月31日まで10年間延長されています。

> この法律は、日本における急速な少子化の進行並びに家庭及び地域を取り巻く環境の変化にかんがみ、次世代育成支援対策に関し、基本理念を定め、並びに国、地方公共団体、事業主及び国民の責務を明らかにするとともに、行動計画策定指針並びに地方公共団体及び事業主の行動計画の策定その他

14

児童・家庭福祉 ④ **子ども家庭福祉の法制度**

の次世代育成支援対策を推進するために必要な事項を定めることにより、次世代育成支援対策を迅速かつ重点的に推進し、もって次代の社会を担う子どもが健やかに生まれ、かつ、育成される社会の形成に資することを目的とする。（1条）

この法律の大きな特徴は、国が行動計画策定指針を定め、地方公共団体（都道府県・市町村）に行動計画の策定の努力義務が課され、特定事業主（国や地方公共団体）、及び301人以上の従業員を抱える一般事業主に行動計画策定を義務づけたことです。なお、2008（平成20）年の法改正により、2011（平成23）年度からは101人以上の事業所に行動計画の策定が義務づけられています（100人以下の事業所は努力義務）。

同法では、厚生労働大臣は一般事業主の団体の中から、申請により次世代育成支援対策推進センターを指定することができるとしており、さらに地方公共団体や事業主、住民は、次世代育成支援対策地域協議会を組織することができるともしています。

同法では、地方公共団体及び事業主は、国（主務大臣）の策定する行動計画策定指針に即し、5年を1期として、行動計画を策定するものと規定されています。

少子化社会対策基本法

この法律は、少子化がもたらす影響に対処するための施策を総合的に推進することを目的として、施策の基本理念や責務などを定めたもので、2003（平成15）年7月に成立しました。

基本理念として、2条で次の4つを挙げています。

① 少子化に対処するための施策は、父母その他の保護者が子育てについての第一義的責任を有するとの認識の下に、国民の意識の変化、生活様式の多様化等に十分留意しつつ、男女共同参画社会の形成とあいまって、家庭や子育てに夢を持ち、かつ、次代の社会を担う子どもを安心

して生み、育てることができる環境を整備することを旨として講ぜられなければならない

② 少子化に対処するための施策は、人口構造の変化、財政の状況、経済の成長、社会の高度化その他の状況に十分配意し、長期的な展望に立って講ぜられなければならない

③ 少子化に対処するための施策を講ずるに当たっては、子どもの安全な生活が確保されるとともに、子どもがひとしく心身ともに健やかに育つことができるよう配慮しなければならない

④ 社会、経済、教育、文化その他あらゆる分野における施策は、少子化の状況に配慮して、講ぜられなければならない

また、国及び地方公共団体における基本施策として、雇用環境の整備、保育サービス等の充実、地域における子育て支援体制の整備、母子保健医療体制の充実、ゆとりのある教育の推進、生活環境の整備、経済的負担の軽減、教育及び啓発の8つを示し、これらの基本的方向を規定しています。さらに、これらの基本的方向に基づいた、総合的かつ長期的な少子化に対処するための施策の大綱の作成や、関係行政機関相互の調整、その他の重要事項について審議、施策の実施をするための少子化社会対策会議を内閣府に設置することも規定しています。

ここは覚える！

2023（令和5）年のこども基本法の施行に伴い、少子化社会対策会議と、子ども・若者育成支援推進本部、子どもの貧困対策会議はこども政策推進会議に統合されました。

困難女性支援法

女性をめぐる課題は、生活困窮、性暴力・性犯罪被害、家庭関係破綻など、複雑化、多様化、複合化しています。コロナ禍によりこうした課題が顕在化し、「孤独・孤立対策」といった視点も含め、新たな女性支援強化が喫緊の課題となっています。こうしたなか、困難な問題を抱える女性支援の根拠法を「売春をなすおそれのある女子の保護更生」を目的とする売春防止法から脱却させ、先駆的な女性支援を実践する「民間団体との協働」といった視点も取り入れた新た

な支援の枠組みを構築するため、**困難女性支援法**（正式名称：困難な問題を抱える女性への支援に関する法律）が2022（令和4）年5月に成立し、2024（令和6）年4月1日に施行されました。

この法律は、「女性が日常生活又は社会生活を営むに当たり女性であることにより様々な困難な問題に直面することが多いことに鑑み、困難な問題を抱える女性の福祉の増進を図るため、困難な問題を抱える女性への支援に関する必要な事項を定めることにより、困難な問題を抱える女性への支援のための施策を推進し、もって人権が尊重され、及び女性が安心して、かつ、自立して暮らせる社会の実現に寄与すること」（第1条）を目的としています。

この法律では、婦人保護事業を売春防止法から切り離し、新たに**女性相談支援センター**（旧婦人相談所）、**女性相談支援員**（旧婦人相談員）、**女性自立支援施設**（旧婦人保護施設）などが規定されています。また、地方公共団体は、支援を適切かつ円滑に行うため、関係機関、民間団体その他の関係者により構成される**支援調整会議**を組織するよう努めることとされています。

子ども・子育て支援法　㉝ ㉞

▶ 同法の目的

この法律は、子どもを養育している者に、子ども・子育て支援給付など、必要な支援を行い、一人ひとりの子どもが健やかに成長することができる社会の実現に寄与することを目的として、2012（平成24）年8月に成立した法律で、2015（平成27）年4月に施行されました。

▶ 同法における給付と新しい事業

子ども・子育て支援給付は、市町村が実施主体となって行われ、子どものための現金給付と、子どものための教育・保育給付に分かれます。

子どものための**現金給付**には、児童手当法に規定する児童手当があてられます。

子どものための**教育・保育給付**は、小学校就学前の子どもが、子ども・子育て支援法に規定される教育・保育関連事業を利用する場合に、市町村の認定を受けたうえで保護者に支給されます。この給付には、**施設型給付**と**地域型保育給付**があります。施設型給付の対象となる教育・保育施設として、認定こども園、幼稚園、保育所が、地域型保育給付の対象となる事業として、小規模保育事業、家庭的保育事業、居宅訪問型事業、事業所内保育事業があります。

　また、子ども・子育て家庭などを対象とする事業として、地域子ども・子育て支援事業が実施され、市町村が地域の実情に応じて、放課後児童健全育成事業、子育て短期支援事業、乳児家庭全戸訪問事業、地域子育て支援拠点事業、病児保育事業、子育て援助活動事業、妊婦健康診査などを行います。

▶ 国と地方の取り組み

　内閣総理大臣は、子ども・子育て支援のための施策を総合的に推進するための基本指針を定め、内閣府に子ども・子育て会議を置くことになっています。内閣総理大臣が定めた基本指針に基づき、市町村は、5年を1期とする「市町村子ども・子育て支援事業計画」を、都道府県は、5年を1期とする「都道府県子ども・子育て支援事業計画」を定めることとなっています。

ここは覚える！

2023（令和5）年のこども家庭庁設置法の施行に伴い、子ども・子育て会議は、こども家庭庁のこども家庭審議会に改められました。また、同年のこども基本法の施行に伴い、子ども・子育て支援事業計画は子ども・若者計画などと一体のものとして都道府県こども計画・市町村こども計画として作成することができるとされました。

▶ 子ども・子育て支援新制度

　子ども・子育て支援新制度とは、前述した子ども・子育て支援法、認定こども園法の一部改正、子ども・子育て支援法及び認定こども園法の一部改正法の施行に伴う関係法律の整備等に関する法律の子ども・子育て関連3法に基づく制度のことをいいます。

　この新制度は、子ども・子育て支援関連の制度・財源・給付を一元化するとともに、制度の実施主体を市町村とし、国・都道府県等が制度の実施を重層的に支える一元的な制度として構築されるとしています。

　また、少子高齢化などの社会状況を踏まえ、現在の社会保障制度について、「子ども・子育て支援」などを中心に未来への投資という性格を強めること等により、「全世代対応型」の社会保障制度に改革することを目指すとしています。新制度は2015（平成27）年4月に施行され、国は消費税10％への引き上げによる増収分から毎年7,000億円程度をこの実施に充てるとしています。

　新制度のポイントは次の通りです。

- 認定こども園、幼稚園、保育所を通じた共通の給付（施設型給付）及び小規模保育等への給付（地域型保育給付）の創設
- 認定こども園制度の改善（幼保連携型認定こども園の改善等）
- 地域の実情に応じた子ども・子育て支援（利用者支援、地域子育て支援拠点、放課後児童クラブなどの地域の子ども・子育て支援事業の充実）
- 市町村が実施主体に
- 社会全体による費用負担
- 政府の推進体制（制度ごとにバラバラであった推進体制を整備し、内閣府に子ども・子育て本部を設置）
- 子ども・子育て会議の設置（有識者、地方公共団体、事業主代表、子育て当事者、子育て支援当事者等による子ども・子育て会議を国に設置）

▶ 認定こども園

　前述した子ども・子育て支援新制度では、認定こども園制度の改善が目指されています。認定こども園は、2006（平成18）年に制定された「就学前の子どもに関する教育、保育等の総合的な提供の推進に関する法律」に基づき、就学前の教育、保育ニーズに対応し、幼稚園と保育所の機能を併せもった施設として設置されました。

　認定こども園は、幼稚園、保育所等のうち、①就学前の子どもに幼児教育・保育を提供する機能（保育に欠ける子どもも、欠けない子どもも受け入れて、教育・保育を一体的に提供する機能）、②地域における子育て支援を行う機能（すべての子育て家庭を対象に、子育て不安に対応した相談や親子のつどいの場などを提供する機能）を備える施設について、都道府県知事が認定します。

　認定こども園は、地域の実情に応じて、次の4類型が定められています。

■ 認定こども園の4類型

幼保連携型	認可幼稚園と認可保育所が連携し、一体的な運営を行う
幼稚園型	認可幼稚園が、保育に欠ける子どもの保育時間を確保するなど、保育所的な機能を備える
保育所型	認可保育所が、保育に欠ける子ども以外の子どもも受け入れるなど、幼稚園的な機能を備える
地方裁量型	幼稚園・保育所いずれの認可もないが、認定こども園としての機能を果たす地域の教育・保育施設

また、2012（平成24）年の認定こども園法の改正（2015（平成27）年4月1日までの間において政令で定める日施行）により、学校教育、保育、家庭における養育支援を一体的に提供する施設として、幼保連携型認定こども園が創設されました。

子どもの貧困対策の推進に関する法律（子どもの貧困対策法）

▶ 同法の目的

この法律は、子どもの貧困対策を総合的に推進することを目的として、2013（平成25）年に成立しました。また、2019（令和元）年には、一部改正されました。

▶ 国と地方の取り組み

この法律では、内閣府に、特別の機関として、子どもの貧困対策会議を置くことになっています。政府には、子供の貧困対策に関する大綱（子供の貧困対策大綱）の策定が求められており、子どもの貧困対策会議でその案が作成されます。都道府県には、政府の大綱を基礎として、子どもの貧困対策についての計画（都道府県子どもの貧困対策計画）の策定が努力義務として課せられています。

　ここは覚える！

2023（令和5）年のこども基本法の施行に伴い、子どもの貧困対策会議は、こども家庭庁のこども政策推進会議に改められ、子どもの貧困対策についての計画は子ども・若者計画などと一体のものとして都道府県こども計画・市町村こども計画として作成することができるとされました。また、子供の貧困対策に関する大綱については、少子化社会対策大綱、子供・若者育成支援推進大綱とともにこども大綱に一元化されました。

▶ 子供の貧困対策に関する大綱（子供の貧困対策大綱）

2019（令和元）年の子どもの貧困対策の推進に関する法律の改正を受けて、同年11月には、新たな子供の貧困対策に関する大綱（子供の貧困対策大綱）が策定されました。ポイントは次の通りです。

目的

- 現在から将来にわたり、全ての子供たちが夢や希望を持てる社会を目指す
- 子育てや貧困を家庭のみの責任とせず、子供のことを第一に考えた支援を包括的・早期に実施

基本的方針

1. 親の妊娠・出産期から子供の社会的自立までの切れ目のない支援体制の構築
2. 支援が届いていない、又は届きにくい子供・家庭に配慮
3. 地方公共団体による取組の充実

指標の改善に向けた重点施策（主なもの）

1.教育の支援

- 学力保障、高校中退予防、中退後支援の観点を含む教育支援体制の整備
- 真に支援が必要な低所得者世帯の子供たちに対する大学等の授業料減免や給付型奨学金を実施

2.生活の支援に資するための支援

- 妊娠・出産期からの切れ目ない支援、困難を抱えた女性への支援
- 生活困窮家庭の親の自立支援

3.保護者に対する職業生活の安定と向上に資するための就労の支援

- ひとり親への就労支援

4.経済的支援

- 児童扶養手当制度の着実な実施
- 養育費の確保の推進

▶ スクールソーシャルワーカーの配置拡充

　子供の貧困対策大綱では、教育の支援として、学校を子供の貧困対策のプラットフォームと位置付けて取り組むこととしています。そのため、教育と福祉をつなぐ重要な役割を果たすとして、2020（令和2）年度にはスクールソーシャルワーカーを約1万人に増員し、全中学校区に配置するという目標を立てています。しかしながら、スクールソーシャルワーカーを養成する大学は限られており、今後はどのように人材育成を行っていくかが大きな課題となると考えられます。

いじめ防止対策推進法

▶ 同法の目的と定義

　この法律は、「児童等の尊厳を保持するため、国及び地方公共団体等が、いじめの防止等のための対策を総合的かつ効果的に推進すること」（1条）を目的として、2013（平成25）年成立しました。

　また、この法律において「いじめ」とは、児童等に対して、一定の人的関係にある他の児童等が行う心理的又は物理的な影響を与える行為（インターネットを通じて行われるものを含む）であり、対象となった児童等が心身の苦痛を感じているものと定義しています。また、この法律において学校とは、小学校、中学校、義務教育学校、高等学校、中等教育学校及び特別支援学校と規定しています（2条）。

　この法律では、「児童等は、いじめを行ってはならない」と、いじめを禁止しています（4条）。

▶ 国・地方公共団体・学校の責務

　この法律では、国・地方公共団体・学校などに、いじめの防止等のための対策について、次のような責務を有すると規定しています。

> **5条（国の責務）**：国は、いじめの防止等のための対策を総合的に策定し、及び実施する責務を有する
>
> **6条（地方公共団体の責務）**：地方公共団体は、いじめの防止等のための対策について、国と協力しつつ、当該地域の状況に応じた施策を策定し、及び実施する責務を有する
>
> **7条（学校の設置者の責務）**：学校の設置者は、その設置する学校におけるいじめの防止等のために必要な措置を講ずる責務を有する
>
> **8条（学校及び学校の教職員の責務）**：学校及び学校の教職員は、当該学校に在籍する児童等の保護者、地域住民、児童相談所その他の関係者との連携を図りつつ、学校全体でいじめの防止及び早期発見に取り組むとともに、当該学校に在籍する児童等がいじめを受けていると思われるときは、適切かつ迅速にこれに対処する責務を有する

▶ 国・地方公共団体・学校が定める基本方針

この法律では、国・地方公共団体・学校などに、いじめ基本方針の策定について規定しています。

> **11条（いじめ防止基本指針）**：文部科学大臣は、関係行政機関の長と連携協力して、いじめの防止等のための対策を総合的かつ効果的に推進するための基本的な方針（いじめ防止基本方針）を定めるものとする
> **12条（地方いじめ防止基本指針）**：地方公共団体は、いじめ防止基本指針を参酌し、その地域の実情に応じ、当該地方公共団体におけるいじめの防止等のための対策を総合的かつ効果的に推進するための基本的な方針（地方いじめ防止基本指針）を定めるよう努めるものとする
> **13条（学校いじめ防止基本指針）**：学校は、いじめ防止基本指針又は地方いじめ防止基本指針を参酌し、その学校の実情に応じ、当該学校におけるいじめの防止等のための対策に関する基本的な指針を定めるものとする

▶ いじめ問題対策連絡協議会

この法律では、いじめ問題対策連絡協議会の設置について、次のように規定しています。

> 14条（いじめ問題対策連絡協議会）：地方公共団体は、いじめの防止等に関係する機関及び団体の連携を図るため、条例の定めるところにより、学校、教育委員会、児童相談所、法務局又は地方法務局、都道府県警察その他の関係者により構成されるいじめ問題対策連絡協議会を置くことができる

こども基本法

▶ 同法の目的

この法律は、「すべてのこどもが、心身の状況、置かれている環境等にかかわらず、その権利の擁護が図られ、将来にわたって幸福な生活を送ることができる社会を目指して、こども施策を総合的に推進すること」（1条）を目的として、2022（令和4）年成立し、2023（令和5）年4月1日に施行されました。

▶ こどもの定義とこども施策の明確化（2条）

この法律では、「こども」とは、「心身の発達の過程にある者」と定義し、こども施策とは、次に掲げる施策その他こどもに関する施策及びこれと一体的に講ずべき施策としています。

> ① 新生児期、乳幼児期、学童期及び思春期の各段階を経て、おとなになるまでの心身の発達の過程を通じて切れ目なく行われるこどもの健やかな成長に対する支援
> ② 子育てに伴う喜びを実感できる社会の実現に資するため、就労、結婚、妊娠、出産、育児等の各段階に応じて行われる支援
> ③ 家庭における養育環境その他のこどもの養育環境の整備

▶ こども基本法の基本理念（3条）

同法の基本理念は次の通りです。

> ① 全てのこどもについて、個人として尊重され、その基本的人権が保障されるとともに、差別的扱いを受けることがないようにすること
> ② 全てのこどもについて、適切に養育されること、その生活を保障されること、愛され保護されること、その健やかな成長及び発達並びにその自立が図られること、その他の福祉に係る権利が等しく保障されるとともに、教育基本法の精神にのっとり教育を受ける機会が等しく与えられること
> ③ 全てのこどもについて、その年齢及び発達の程度に応じて、自己に直接関係する全ての事項に関して意見を表明する機会及び多様な社会的活動に参画する機会が確保されること
> ④ 全てのこどもについて、その年齢及び発達の程度に応じて、その意見が尊重され、その最善の利益が優先して考慮されること
> ⑤ こどもの養育については、家庭を基本として行われ、父母その他の保護者が第一義的責任を有するとの認識の下、これらの者に対してこどもの養育に関し十分な支援を行うとともに、家庭での養育が困難なこどもにはできる限り家庭と同様の養育環境を確保することにより、こどもが心身ともに健やかに育成されるようにすること
> ⑥ 家庭や子育てに夢を持ち、子育てに伴う喜びを実感できる社会環境を整備すること

▶ 国と地方公共団体の責務（4、5条）

　国には、基本理念にのっとり、こども施策を総合的に策定し、実施する責務を有することとされています。地方公共団体には、基本理念にのっとり、こども施策に関し、国及び他の地方公共団体と連携を図りつつ、その区域内におけるこどもの状況に応じた施策を策定し、実施する責務を有することとされています。

▶ こども大綱の策定（9条）

　政府は、こども施策を総合的に推進するため、こども施策に関する大綱（こども大綱）を定めなければならないとされています。また、こども大綱は、少子化社会対策基本法、子ども・若者育成支援推進法、子どもの貧困対策の推進に関する法律に規定される大綱と一元化されることとなりました。

▶ 都道府県こども計画・市町村こども計画（10条）

　都道府県は、こども大綱を勘案して、当該都道府県におけるこども施策についての計画（都道府県こども計画）を、市町村は、こども大綱（都道府県こども計画が定められているときは、こども大綱及び都道府県こども計画）を勘案して、当該市町村におけるこども施策についての計画（市町村こども計画）を定めるよう努めるものとするとされています。

▶ こども政策推進会議（17条）

　こども家庭庁に、特別の機関として、こども政策推進会議を置くとされています。

⑤ 子ども家庭福祉制度における組織・団体

国の役割

　児童福祉法2条には、「国及び地方公共団体は、児童の保護者とともに、児童を心身ともに健やかに育成する責任を負う」とあります。このため、経済的な理由や親子関係の不調などの理由で保護者がその責任を果たすことが困難な場合には、国及び地方公共団体は、保護者がその責任を果たせるよう必要な援助を行います。またこうした援助によっても児童の健全な育成が困難な場合は、保護者に代わって国や地方公共団体が直接児童の保護・育成に当たることになります。

　国は、児童家庭に関する福祉行政全般についての企画調整、監査指導、事業に要する費用に対する予算措置などの中枢的機能を担っています。これらは、2023（令和5）年に設置されたこども家庭庁を中心にして行われています。

市町村の役割

　市町村は、基礎的な地方公共団体として、地域住民に密着した行政事務を行っています。子ども家庭福祉関係では、保育所など児童福祉施設の設置及び保育の実施、1歳6か月児健康診査、3歳児健康診査などを行っています。

2003（平成15）年の児童福祉法改正により、各種子育て支援事業が市町村事務として法定化されるとともに、2004（平成16）年の児童福祉法改正では、児童や家庭の相談の一義的な窓口として位置づけられるなど、市町村の役割が重視されつつあります。

　また、市町村は、福祉事務所や児童相談所とともに、児童虐待通告の一義的窓口にもなっています。

1歳6か月児／3歳児健康診査については、両診査とも、市町村が実施主体であり、約90％の受診率となっています。精密検査が必要な場合、身体面は医療機関で、精神面は児童相談所で行います。

都道府県の役割

　都道府県は、市町村を包括する広域の地方公共団体として、広域にわたる事務、市町村間の統一的な処理を必要とする事務、市町村に関する連絡調整に関する事務などを処理しています。児童福祉関係では、都道府県内の児童福祉事業の企画に関すること、予算措置に関することのほか、児童福祉施設の認可並びに指導監督、児童相談所や福祉事務所、保健所の設置運営などを行っています。

　都道府県のほか、指定都市も都道府県とほぼ同様の権限をもって児童福祉に関する事務を行っています。また、人口規模など一定の要件を有する中核市も、児童福祉施設の設置認可など、一部の児童福祉行政について都道府県・指定都市と同様の事務を行っています。

各児童福祉関係機関の設置義務の有無から、都道府県、指定都市、中核市など、それ以外の市町村について、求められている役割が見えてきます。

　児童福祉関係機関とその設置義務の有無について、国と各地方自治体ごとにまとめると次の表のようになります。

■■ **中核市：**地方自治法252条の22、1項に定める政令による指定を受けた市で、人口20万人以上という要件がある。

機関名	国	都道府県	指定都市	中核市	市	町村
児童福祉審議会	○	○	○	△	△	△
児童相談所	×	○	○	△	×	×
福祉事務所	×	○	○	○	○	△
家庭児童相談室	×	△	△	△	△	△
保健所	×	○	○	○	△	△

○：義務設置（置かなければならない）
△：任意設置（置くことができる）
×：置くことができない
注：国には、社会保障審議会が設置され、児童部会が児童福祉審議会の役割も担っている。都道府県・
　　　指定都市は、児童福祉審議会又は地方社会福祉審議会児童福祉専門分科会を設置することとされ
　　　ている。

児童相談所の役割　㉜

▶ 設置

　児童相談所は、児童福祉法に基づいて設置される行政機関で、2021（令和3）
年4月現在、全国に225か所あります。法律上は児童相談所となっていますが、「子
ども相談センター」「子ども家庭センター」「児童福祉総合センター」といった
名称が使われているところもあります。児童相談所は都道府県及び指定都市に
は設置が義務づけられており、中核市など政令で定める市にも設置できること
になっています。

　2004（平成16）年の児童福祉法改正で、市町村が相談の一義的な窓口とし
て位置づけられました。そのため、児童相談所の相談業務はより高度な専門的
対応が求められるものに重点化されました。児童相談所の業務には、主に次の
ものがあります。

- 児童に関する各般の問題について家庭などからの相談のうち、専門的な知
識・技術を必要とするものに応ずること
- 必要な調査ならびに医学的、心理学的、教育学的、社会学的、精神保健上
の判定を行うこと
- 調査、判定に基づき必要な指導を行うこと
- 児童の一時保護を行うこと
- 施設入所などの措置を行うこと
- 市町村への必要な助言

▶ 職員

児童相談所には、所長、児童福祉司、児童心理司、医師（精神科医・小児科医）、児童指導員、保育士、心理療法担当職員などが配置されます。これらの専門職のチームワークにより、様々な相談への対応がなされます。

児童福祉司は、担当区域内の子どもや保護者などからの相談に応じ、必要な調査や社会診断を行うとともに、子ども、保護者、関係者などに必要な指導や関係調整を行います。

児童心理司は、子どもや保護者などに対し心理診断を行うとともに、心理療法、カウンセリング、助言指導を行います。

児童指導員と保育士は、一時保護している子どもの生活指導、学習指導、行動観察、行動診断などを行うとともに、児童福祉司や児童心理司と連携して子どもや保護者などへの指導を行います。

> 児童福祉司は任用資格であり、資格要件は例えば、大学で心理学・教育学・社会学を専攻し1年以上の相談援助業務に従事した者、医師、社会福祉士などとなっています。

児童相談所の主な業務 ㉛ ㉜ ㉞ ㉟

児童相談所の主な業務としては、相談、調査・判定、指導、措置、一時保護などがあります。相談援助活動の体系は次に示す通りです。

■ 児童相談所における相談援助活動の体系・展開

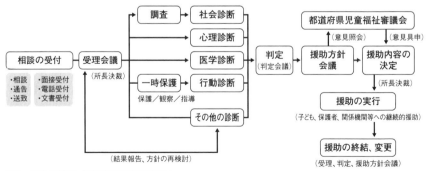

出典：厚生労働省「児童相談所運営指針」

▶ 相談の受付

児童相談所は、児童の様々な問題のうち、専門的な知識、技術を要するものについて家庭から相談を受け付けるほか、**地域住民や関係機関**からの通告、都道府県の設置する福祉事務所や市町村、家庭裁判所からの送致を受け、援助活動を行います。

具体的な相談内容は、次に示す通りです。

児童福祉法25条や児童虐待防止法6条に、児童虐待が行われているか、そのおそれがある場合には、福祉事務所や児童相談所に通告しなければならないと規定されています。

　ここは覚える！

「市町村児童家庭相談援助指針」には、「市町村は、一時保護、心理・医学判定、施設への通所・入所が必要なケースなどは児童相談所と協議を行い、これを児童相談所に送致すること」と規定されています。

▶ 調査・診断・判定

相談を受け付けると、主に児童福祉司、相談員などによる社会診断、児童心理司などによる心理診断、医師（精神科医・小児科医）による医学診断、一時保護所の児童指導員や保育士などによる行動診断などが行われます。こうした調査・診断・判定により、子どもへの援助方針（自立支援計画）が立てられていきます。

▶ 援助の内容

● 在宅指導

在宅指導には、措置によらない指導と、児童福祉法26条に基づく措置による指導とがあります。

措置によらない指導には、次のようなものがあります。

- 専門的な助言指導
- カウンセリング、心理療法、ソーシャルワークなどを継続して行う継続指導
- 他の機関へのあっせんなど

措置による指導には、次のようなものがあります。

- 児童福祉司指導：児童や保護者を定期的に児童相談所に通わせるなどの方法により、児童福祉司や児童心理司、医師等が相談・助言、心理療法、家庭環境調整を行い、継続的に指導する
- 児童委員指導：児童相談所の委託に基づいて地域の民生児童委員がきめ細かな指導・助言を行う
- 児童家庭支援センター指導：児童相談所の委託に基づいて、児童家庭支援センターが児童や保護者に相談、助言、指導、心理療法、家庭環境調整などを行う

📖 **児童家庭支援センター**：1997（平成9）年の児童福祉法改正の際に創設された施設。児童相談所が継続的な援助を行うことが困難な遠隔地などを中心に、児童相談所と連携しながら、在宅の児童や家庭に対して、地域に密着したきめ細かな相談支援を行うことを目的としている。ここには、相談支援を担当する職員と心理療法を担当する職員が配置されている。児童家庭支援センターは、児童養護施設や乳児院、母子生活支援施設などの入所型の児童福祉施設に付設されることが多くなっている。以前の児童福祉法では、児童養護施設などの児童福祉施設に附置されるという規定があったが、2008（平成20）年の児童福祉法改正により、附置要件は廃止された。

● 児童福祉施設入所措置

在宅指導では十分な成果が得られない場合は、次のような措置をとります。これらの措置は、都道府県知事や指定都市の長の権限ですが、児童相談所に委任することができ、実際にはすべての都道府県や指定都市などで児童相談所に委任されています。

- 乳児院、児童養護施設、障害児入所施設、児童心理治療施設、児童自立支援施設への入所
- 里親への委託
- 家庭裁判所の審判に付することが適当であると認める児童の家庭裁判所への送致
- 肢体不自由児又は重度の知的障害及び重度の肢体不自由が重複している児童について、児童福祉施設に代えて、厚生労働大臣が指定する指定発達支援医療機関への委託

● その他の援助

その他の援助として、次のものが挙げられます。

- 非行や虐待の事例などで、親権者又は後見人の意に反して施設入所をさせる必要がある場合、家庭裁判所へ送致したり、施設入所措置の承認の申立てを行ったりする
- 家庭裁判所の承認を受けた施設入所の措置は2年を超えてはならないとされているが、必要と認めた場合、児童相談所は措置期間の更新を家庭裁判所に申し立てる
- 親権者が親権を濫用したり、著しく不行跡だったりする場合は、親権喪失の宣告や後見人の選任・解任を家庭裁判所に請求することができる
- 児童の自立を図るため必要と認めた場合は、自立生活援助措置をとることができる

義務教育を終了したにもかかわらず、社会的自立ができていない子どもを対象に、「自立援助ホーム」という住居において、就職先の開拓、仕事や日常生活上の相談などの援助を行うことで、社会的自立の促進に寄与することを目的とする事業を「児童自立生活援助事業」といいます。この事業の実施の決定は児童相談所が行うこととなっており、これを「自立生活援助措置」と呼んでいます。

● 一時保護

　児童相談所長又は都道府県知事が必要と認める場合には、児童を児童相談所に付設されている一時保護所に一時保護するか、児童福祉施設や里親、医療機関そのほか児童福祉に深い理解と経験を有する者に一時保護を委託することができます。

　一時保護期間は2か月を超えることはできませんが、児童相談所長又は都道府県知事が必要と認めるときは、引き続き一時保護を行うことができます。

　2018（平成30）年に改正された児童相談所運営指針では、一時保護に関して、次の点が強調されています。

- 一時保護の決定にあたっては、リスクを客観的に把握し、リスクが高い場合には躊躇なく一時保護を行う
- 虐待等を受けた子どもの一時保護や里親委託、施設入所等の措置を解除し、家庭復帰を検討する際には、保護者支援の経過が良好であるか否か、地域の支援体制が確保されているかどうか等について確認し、一時保護解除後に虐待が再発するリスクを客観的にアセスメントした上で一時保護の解除の決定を行う
- 虐待等を受けた子どもの一時保護や里親委託、施設入所等の措置を解除し、家庭復帰した後は、児童福祉司指導や継続指導を行うほか、要保護児童対策地域協議会を活用するなどにより地域の関係機関が連携、役割分担をしながら支援を行うとともに、支援の進捗状況を関係機関と共有する。家庭復帰後に虐待が再発するなどリスクが高まった場合には、関係機関と連携の上、速やかに安全確認を行い、躊躇なく再度一時保護を行うなど、適切に対応する

ここは覚える！

一時保護については、たびたび出題されているため、要注意です。第34回では、一時保護期間中の制限について問われました。外出、通学、通信、面会に関する制限は、子どもの安全の確保が図られ、かつ一時保護の目的が達成できる範囲で必要最小限とします。

落とせない！重要問題

児童相談所は、親権者の意に反して2か月を超える一時保護を実施するためには、児童福祉審議会の承認を得なければならない。 第34回

×：親権者または未成年後見人の意に反して2か月を超える一時保護を実施するためには、児童相談所長または都道府県知事は、家庭裁判所の承認を得なければならない。

▶ 児童相談所と市町村の連携

2004（平成16）年の児童福祉法改正により、**市町村**が子ども家庭相談の一義的窓口として位置づけられ、児童相談所はより高度な専門的対応や法的対応が必要なケースに重点化され、**市町村**を後方から支援することとなりました。また、市町村も新たに児童虐待の**通告先**として位置づけられました。このように、市町村の役割が重視されるようになるとともに、児童相談所と市町村とのより緊密な連携が求められてきています。例えば、市町村による**要保護児童対策地域協議会**の効果的な運営のために、児童相談所は事務局に対して必要な支援や助言を行うことになっています。

▶ 児童相談所の増設と強化

児童虐待防止法の施行後も虐待相談は増加し、虐待による死亡事例も後を絶ちません。そうした状況に対応するために、必要な職員の確保、専門性の向上、児童相談所の増設が求められてきました。

2016（平成28）年の児童福祉法改正では、中核市に加えて特別区についても児童相談所を設置できるよう、拡大が図られることになりました。また、改正法の附則には、中核市及び特別区が児童相談所を設置できるよう、政府は支援や必要な措置を講ずるよう規定しています。

さらに、児童相談所の体制及び専門性を計画的に強化するため、**児童相談所強化プラン**（2016〜2019年度）が策定され、児童福祉司や児童心理司などの増員、弁護士の配置の推進、研修を通した児童福祉司の資質の向上、関係機関との連携強化などの目標を掲げました。

2018（平成30）年には**児童虐待防止対策体制総合強化プラン**（2019〜2022年度）が策定され、児童相談所・市町村の職員体制・専門性強化、児童虐待の早期発見・早期対応、児童相談所間・自治体間の情報共有の徹底、関係機関（警察・学校・病院等）間の連携強化、適切な司法関与の実施、保護された子どもの受け皿（里親・児童養護施設等）の充実・強化を対策として掲げています。

児童委員の役割 ㉜ ㉝

▶ 児童委員

児童委員は、担当区域の児童・妊産婦について、その生活及び取り巻く環境の状況を適切に把握し、児童・妊産婦の保護、保健、その他の福祉に関して児童福祉司や社会福祉主事の職務に協力する民間ボランティアで、地域の子ども家庭福祉にとって重要な役割を担っています。具体的には、担当区域の実情把握とともに、要保護児童の発見・通告、要保護児童の調査、児童の健全育成など、都道府県知事の指揮監督を受け、児童福祉の増進に寄与することが求められます。

また、児童委員は、住民による市町村や福祉事務所、児童相談所への要保護児童の通告の仲介機関としても位置づけられています。

児童委員は、都道府県知事の推薦を受け、厚生労働大臣の委嘱を受けるとともに、民生委員の任務も兼ねることになります。

■ **要保護児童：**保護者のない児童又は保護者に監護させることが不適当であると認められる児童で、虐待を受けた児童に限らず、非行児童なども含まれる。

▶ 主任児童委員

主任児童委員は、1994（平成6）年に児童福祉を専門に担当する児童委員として設けられ、2001（平成13）年に児童福祉法改正によって法定化されました。児童委員の中から、厚生労働大臣が指名することとなっています。担当区域をもたず、担当区域をもつ児童委員と連絡、調整、相談支援などを行い、児童福祉の増進に寄与します。

頻出度 | 🐾🐾 🐾🐾 🐾🐾

6 子ども家庭福祉の専門職

子ども家庭福祉にかかわる行政機関とその専門職 ㉟

　児童相談所の職員については前節で説明しました。ここでは、子ども家庭福祉にかかわる他の行政機関とその専門職について説明します。

▶ 福祉事務所

　福祉事務所は、社会福祉全般を扱う行政機関です。福祉事務所には社会福祉主事が設置されています。

● 社会福祉主事の職務

　実際には生活保護に関する業務が中心ですが、子ども家庭福祉関連業務として、保育所や母子生活支援施設などの入所手続き、児童扶養手当などの各手当の受給手続きの支援などを行います。また、子どもの福祉に関する相談のうち、専門的な知識や技術を必要とするものについては、児童相談所の技術的援助や助言を求めなければならないため、児童相談所との連携がさらに求められるようになっています。

福祉事務所は地域に密着した機関として、子ども家庭福祉に関する各種相談などの窓口機関としての役割をもつのに対して、児童相談所は高度な専門性を必要とする調査・判定・指導・措置などの業務を担当することになっています。

● **社会福祉主事の任用資格要件**
  ● 大学や専門学校などにおいて、厚生労働大臣の指定する社会福祉に関する科目を修めて卒業した者
  ● 都道府県の指定する養成機関又は講習会の課程を修了した者
  ● 社会福祉士
  ● 厚生労働大臣の指定する社会福祉事業従事者試験に合格した者
  ● 前の各項目に掲げる者と同等以上の能力を有すると認められる者として厚生労働省令で定める者

▶ **家庭児童相談室**
　家庭児童相談室は、家庭児童福祉に関する相談指導業務を充実させるために、1964（昭和39）年に福祉事務所内に設置されました。家庭児童相談室には、家庭児童福祉主事と家庭相談員が配置されています。

● **家庭児童福祉主事**
　原則として、家庭児童相談室に置かれている社会福祉主事のことを指します。任用資格は、社会福祉主事で、かつ児童福祉司の資格を有する者、児童福祉事業に2年以上従事した経験を有する者となっています。

● **家庭相談員**
　原則は非常勤職員となっています。業務内容は、家庭児童相談室において、家庭児童福祉に関する相談援助業務を行うことです。任用資格の要件は、次の通りです。
  ● 学校教育法に基づく大学で、児童福祉、社会福祉、児童学、心理学、教育学、もしくは社会学を専修する学科又はこれらに相当する課程を修めて卒業した者
  ● 医師
  ● 社会福祉士

- 社会福祉主事として、2年以上児童福祉事業に従事した者
- 前の各項目に準ずる者で、家庭相談員として必要な学識経験を有する者

家庭相談員は、地域に密着した子どもに関する相談を主に担当します。
また、子育て支援や虐待予防に対する取り組みも期待されています。

児童福祉施設の専門職員とその資格　㉛ ㉜ ㉝ ㉞ ㉟ ㊱

2012（平成24）年4月に児童福祉法が改正されました。現行の児童福祉法7条にいう児童福祉施設とは、助産施設、乳児院、母子生活支援施設、保育所、幼保連携型認定こども園、児童厚生施設、児童養護施設、障害児入所施設、児童発達支援センター、児童心理治療施設、児童自立支援施設、児童家庭支援センターの12種類をいいます。2024（令和6）年度からは、里親支援センターが追加されます。

児童福祉施設の設備及び運営に関する基準では、それをさらに細分化し、13種類の児童福祉施設が規定されています。

ここは覚える！

児童福祉施設については、対象、及び、目的の違いとともに職員配置についてもよく出題されています。本書の解説で知識を整理しておきましょう。

■ 児童福祉法による児童福祉施設*1

施設	対象及び目的
助産施設	保健上必要があるにもかかわらず、経済的理由により、入院助産を受けられない妊産婦を入所させ、助産を受けさせる
乳児院	乳児（保健上、安定した生活環境の確保その他の理由により特に必要のある場合には、幼児も含む）を入院させ、これを養育し、併せて退院した者について相談その他の援助を行う
母子生活支援施設	配偶者のない女子又はこれに準ずる事情にある女子及びその者の監護すべき児童を入所させて、これらの者を保護するとともに、これらの者の自立の促進のためにその生活を支援し、併せて退所した者について相談その他の援助を行う

施設		対象及び目的
幼保連携型認定こども園		満3歳以上の子どもに対する教育、並びに保育を一体的に行い、これらの子どもの健やかな成長が図られるよう適当な環境を与えて、その心身の発達を助長するとともに、保護者に対する子育ての支援を行う
保育所*2		日々保護者の委託を受けて、保育に欠けるその乳児又は幼児を保育する
児童厚生施設	児童遊園	児童に健全な遊びを与え、その健康を増進し情操を豊かにするとともに、事故による傷害の防止を図る
	児童館	児童に健全な遊びを与え、その健康を増進し、又は情操を豊かにする
児童養護施設*3		保護者のない児童（乳児を除く。ただし、安定した生活環境の確保その他の理由により特に必要のある場合には、乳児を含む）、虐待されている児童その他環境上養護を必要とする児童を入所させて、これを養護し、併せて退所した者に対する相談その他の自立のための援助を行う
障害児入所施設*4	福祉型	障害児を入所させて、保護、日常生活の指導及び独立自活に必要な知識技能の付与を行う
	医療型	障害児を入所させて、保護、日常生活の指導、独立自活に必要な知識技能の付与及び治療を行う
児童発達支援センター*4*5		地域の障害児の健全な発達において中核的な役割を担う機関として、障害児を日々保護者の下から通わせて、高度の専門的な知識及び技術を必要とする児童発達支援を提供し、あわせて障害児の家族、指定障害児通所支援事業者その他の関係者に対し、相談、専門的な助言その他の必要な援助を行う
児童心理治療施設*6		軽度の情緒障害を有する児童を短期間入所させ、又は保護者のもとから通わせて、その情緒障害を治し、併せて退所した者について相談その他の援助を行う
児童自立支援施設		不良行為をなし、又はなすおそれのある児童及び家庭環境その他の環境上の理由により生活指導等を要する児童を入所させ、又は保護者のもとから通わせて、個々の児童の状況に応じて必要な指導を行い、その自立を支援する
児童家庭支援センター		地域の児童の福祉に関する各般の問題につき、児童、母子家庭その他の家庭、地域住民その他からの相談に応じ、必要な助言を行うとともに、保護を要する児童又はその保護者に対する指導を行い、併せて児童相談所、児童福祉施設等との連絡調整等を総合的に行い、地域の児童、家庭の福祉の向上を図る
里親支援センター		里親支援事業を行うほか、里親及び里親に養育される児童並びに里親になろうとする者について相談その他の援助を行うことを目的とする施設とする

＊1　**設置認可**：児童福祉施設の設置認可は都道府県により行われる（第24回で出題）。

126

＊2　保育所：第23回では、認可保育所について出題された。認可保育所は、都道府県、都道府県知事に届け出た市町村、もしくは都道府県知事の認可を得た者によって設置された保育所である。設置者には、地方公共団体、社会福祉法人のほか株式会社、NPO法人なども含まれる。

＊3　児童養護施設：第34回で、児童養護施設入所児童の家庭環境調整について問われた。家庭環境調整は、児童の家庭の状況に応じ親子関係の構築等が図られるように行わなければならない。

＊4　障害児入所施設・児童発達支援センター：2012（平成24）年4月に児童福祉法の一部改正が施行。障害児施設の見直しが行われ、それまでの「知的障害児施設、知的障害児通園施設、盲ろうあ児施設、肢体不自由児施設、重症心身障害児施設」は、入所による支援を行う施設は「障害児入所施設」に、通所による支援は「児童発達支援センター」に一元化された。

＊5　2024（令和6）年度から、児童発達支援センターは地域の中核的な役割を担う機関として福祉型と医療型の累計が一元化された。

＊6　児童心理治療施設：入所期間については、厚生労働省の児童心理治療施設運営指針には、「原則として、数か月から2 〜 3年程度の期間」とされているが、法律における規定は特にない。

▶ 保育士

　保育所をはじめ、児童福祉施設で働く職員の大半が保育士です。配置される施設により異なりますが、直接子どもたちの生活にかかわって援助していくことが多くなります。

　保育士は、2001（平成13）年の児童福祉法改正で国家資格となりました。この改正により、保育士資格取得者のみが保育士を名乗ることとなり（名称独占）、守秘義務や信用失墜行為の禁止といった義務も課されることになりました。同法18条の4では、保育士を「登録を受け、保育士の名称を用いて、専門的知識及び技術をもって、児童の保育及び児童の保護者に対する保育に関する指導を行うことを業とする者」と定義しています。

保育士が多く働く児童福祉施設としては、保育所のほか、児童養護施設、乳児院、知的障害児施設などが考えられます。

▶ 児童指導員

　児童指導員は、保育士と同様、児童福祉施設の大半に配置されています。子どものケアのみならず、自立支援計画の作成、連絡調整、家族支援なども行います。保育士と連携しながら職務を行います。

▶ 母子支援員

　母子生活支援施設で生活指導に当たる職員です。個々の家庭の状況を考慮しながら、就労、家庭生活、児童の養育などの相談援助に当たる専門職です。

▶ 児童の遊びを指導する者

従来、児童厚生員と呼ばれていた専門職で、児童館や児童遊園などの児童厚生施設に配置され、子どもの遊びを指導します。

▶ 児童自立支援専門員

従来、教護と呼ばれていましたが、1997（平成9）年の児童福祉法改正時に、それまでの教護院が児童自立支援施設と名称変更され機能が強化された際に、同じく名称変更されました。その業務は、児童自立支援施設に入所、通所している非行児童、触法少年、犯罪少年などの自立を支援することです。

▶ 児童生活支援員

従来は教母と呼ばれていましたが、児童自立支援専門員と同様に、1997（平成9）年の児童福祉法改正時に名称変更されました。児童自立支援施設に入所、通所している非行児童、触法少年、犯罪少年などに対して生活支援を行うことが業務となっています。

▶ 家庭支援専門相談員（ファミリーソーシャルワーカー）

乳児院、児童養護施設、児童心理治療施設、児童自立支援施設に配置されている総合的な家族調整を担う専門職です。家族の再統合を目的として、関係機関との連携を図りながら、子どもの家族への支援を行います。施設での経験年数の長い児童指導員や保育士が担うことが多くなっています。

▶ 里親支援専門相談員（里親支援ソーシャルワーカー）

里親支援専門相談員（里親支援ソーシャルワーカー）は、児童養護施設や乳児院に配置されている地域支援としての里親支援を行う専門職です。里親委託の推進及び里親支援の充実を図ることを目的として、児童相談所の里親担当職員や里親委託等推進員、里親会などと連携をして、所属施設の児童の里親委託の推進や退所児童のアフターケアとしての里親支援などを行います。

ここは覚える！

家族再統合の支援という点で重要性が増しているため、たびたび出題されています。また、里親支援専門相談員（里親支援ソ　シャルワーカー）と家庭支援専門相談員（ファミリーソーシャルワーカー）との混同に注意しましょう。

落とせない！重要問題

児童養護施設入所児童の家庭環境調整について、家庭支援専門相談員が児童の家庭復帰の判断とその決定を行う。 第34回

×：児童相談所運営指針に規定されているように、措置の停止については、児童福祉施設等の長から届け出る場合と児童相談所長が職権により行う場合があるが、家庭支援専門相談員が決定を行うということはない。

Q ──────────────────────────────── **A**

☐ **1** 「令和 3 年度ヤングケアラーの実態に関する調査研究」の小学校調査によると、「ヤングケアラーと思われる子どもの状況」（複数回答）では、「家族の通訳をしている（日本語や手話など）」に比べて、「家族の代わりに、幼いきょうだいの世話をしている」が多い。 第36回 　○

☐ **2** 児童権利宣言には、「児童が自由に自己の意見を表明する権利を確保する」と明記されている。 第30回 　×

☐ **3** コルチャック（Korczak, J.）は、子どもの権利に関する先駆的な思想を持ち、児童の権利に関する条約の精神に多大な影響を与えたといわれ、第二次世界大戦下ナチスドイツによる強制収容所で子どもたちと死を共にしたとされる。 第32回 　○

☐ **4** 児童福祉法には、「児童が就学年齢に達した後に、その自立が図られることその他の福祉を保障される権利を得る」と規定されている。 第29回 　×

☐ **5** 児童福祉法の総則規定では、「国は、児童を育成する第一義的責任がある」と規定されている。 第36回 　×

☐ **6** 2019（令和元）年に改正された児童福祉法及び児童虐待の防止等に関する法律では、親権者は、児童のしつけに際して体罰を加えてはならないとされた。 第33回 　○

☐ **7** 2019（令和元）年に改正された児童福祉法及び児童虐待の防止等に関する法律では、特別区（東京23区）に児童相談所を設置することが義務づけられた。 第33回 　×

☐ **8** 母子保健法に基づき、乳児家庭全戸訪問事業では、生後 8 か月に達した乳児の家庭を訪問して、指導を行う。 第33回 　×

☐ **9** 次世代育成支援対策推進法に基づき、常時雇用する労働者が100人を超える一般事業主は、一般事業主行動計画を策定しなければならない。 第33回 　○

解説

2 児童権利宣言には、「自由に自己の意見を表明する権利（意見表明権）」については特に明記されていない。

4 「児童が就学年齢に達した後に」ではなく、全ての児童がその自立が図られることその他の福祉を等しく保障される権利を有

する（同法1条）。

5 児童の保護者が第一義的責任を負う。

7 政府が、中核市及び特別区が児童相談所を設置することができるよう、必要な措置を講ずるとされた。

8 生後4か月である。

Q ——————————————————————→　**A**

☐ **10** 児童自立生活援助事業は、「自立援助ホーム」における相談その他の日常生活上の援助及び生活指導並びに就業の支援を行う取組である。　第34回　　○

☐ **11** 里親となることを希望する者に配偶者がいなくても、都道府県知事が認めれば里親として認定される。　第32回　　○

☐ **12** 虐待のおそれがある場合、児童相談所長は、一時保護を里親に委託して行うことができる。　第35回　　○

☐ **13** 保護者の虐待で施設入所した児童を家庭復帰させた場合には、保護者の主体性を重んじ、児童相談所は継続的な指導は行わないこととされている。　第34回　　×

☐ **14** 児童が同居する家庭における配偶者に対する生命又は身体に危害を及ぼす暴力は、児童虐待の定義に含まれる。　第35回　　○

☐ **15** 「児童の権利に関する条約」では、「自由に自己の意見を表明する権利の確保」について規定している。　第29回　　○

☐ **16** 幼保連携型認定こども園は、児童福祉法に規定する保育所の一類型として位置づけられている。　第30回　　×

☐ **17** こども基本法では、厚生労働省に、特別な機関として、こども政策推進会議を置くこととされている。　予想問題　　×

☐ **18** 児童相談所の一時保護において、外出、通学、通信、面会に関する制限は、子どもの安全の確保が図られ、かつ一時保護の目的が達成できる範囲で必要最小限とする。　第34回　　○

☐ **19** 要保護児童対策調整機関の調整担当者は、厚生労働大臣が定める基準に適合する研修を受けなければならない。　第32回　　○

☐ **20** 要保護児童対策調整機関には、専門的な知識及び技術に基づき適切な業務を行うことができる者として、主任児童委員を配置しなければならない。　第32回　　×

解説

13 一定期間（少なくとも6か月程度）は、児童福祉司指導措置又は継続指導を採ることとされている。

16 「学校及び児童福祉施設としての法的位置付けを持つ単一の施設」として創設されたものであり、児童福祉施設としての保育所の一類型として位置付けられているわけではない。

17 こども家庭庁に置くこととされている。

20 調整担当者を配置しなければならない。

Q　　　　　　　　　　　　　　　　　　　　　　　　　**A**

☐ **21** こども家庭センターでは、配偶者からの暴力がある家庭で乳幼児を養育している母につき、子と共に一時保護する。 第32回改変　×

☐ **22** 児童扶養手当は児童手当と併給できない。 第36回　×

☐ **23** 父子世帯は、児童扶養手当の支給対象外となる。 第36回　×

☐ **24** 都道府県及び市町村には、10年を1期とする次世代育成支援のための地域における行動計画を策定することが義務づけられている。 第36回　×

☐ **25** 児童委員は、児童及び妊産婦について、生活や取り巻く環境の状況を把握する。 第30回　○

☐ **26** 学校現場における教育と福祉の連携を目的としてスクールソーシャルワーカーの活用が学校教育法に規定され、全国的に展開の途上にある。 第24回　×

☐ **27** 「令和4年度児童相談所における児童虐待相談対応件数（速報値）」（こども家庭庁）における児童虐待相談対応件数」において、令和4年度の児童虐待相談の対応件数は、約5万件である。 第28回改変　×

☐ **28** 児童委員は、児童及び妊産婦について、生活や取り巻く環境を把握する。 第30回　○

☐ **29** 保育士は、子どもを対象とした直接的な援助が主な業務であり、保護者への保育に関する指導を行うことは業務外となっている。 第33回　×

☐ **30** 児童指導員は、子どものケアは行うが、自立支援計画の作成や家族支援は行わない。 予想問題　×

☐ **31** 1997（平成9）年の児童福祉法改正により、それまでの教護は児童自立支援専門員に名称変更された。 予想問題　○

解説

21 一時保護の機能はない。

22 併給可能である。

23 2010（平成22）年6月の児童扶養手当法改正により、同年8月から父子家庭にも児童扶養手当が支給されている。

24 「5年を一期として策定することができる」とされている。

26 法律に規定されるには至っていない。

27 21万9,170件である。

29 保育に関する指導を行うことも業務である。

30 自立支援計画の作成や家族支援も行う。

Q ⟶ **A**

□ **32** 里親支援専門相談員は、施設入所している児童の保護者等に対し、児童の早期家庭復帰、里親委託等を可能とするための相談援助を主な目的としている。 第30回 　　　　　　　　　　　　　　　　×

解説

32 記述は家庭支援専門相談員（ファミリーソーシャルワーカー）の主な目的である。

第  章

貧困に対する支援

この科目のよく出るテーマ5

❶ 生活保護の基本原理・原則

生活保護法1条から4条に規定されている生活保護の基本原理、7条から10条に規定されている基本原則について、その意味する内容を確実に理解しておくことが必要です。特に、4条の補足性の原理については具体例として出題されることもあり、理解を深めておきましょう。

❷ 生活保護の種類・内容と給付方法

生活保護の8種類の扶助について、その内容と範囲、給付方法がよく出題されます。生活扶助については、第1類、第2類の種別とその内容など基準生活費の算定について理解しておくことが必要です。

❸ 保護の運営実施体制

近年、福祉事務所の設置や設置していない町村の役割など、組織や運営実施に関する出題が増えています。現業員や査察指導員などの業務、任用資格が問われるなど、社会福祉法を含めた法の条文の確認が必要です。

❹ 生活保護の動向

生活保護の動向は、頻出の重要項目です。被保護世帯や人員の推移、年齢階層、世帯類型、世帯人員、受給期間、保護の開始・廃止理由など様々な面から、近年の推移と特徴を把握しておきましょう。

❺ 低所得者・ホームレス対策

生活困窮者自立支援法に関する出題が増えており、事業内容の正確な理解が求められます。生活福祉資金貸付制度の内容やホームレス対策も頻出項目です。

攻略のポイント

本科目は、生活保護制度を中心に知識・理解を深めることが最も重要です。
生活保護法の条文を確認しながら、制度の内容や機能を確実に理解しておきましょう。
関連する制度として生活困窮者自立支援法の事業内容も正確に把握しておく必要があります。近年の事例問題では、自立支援プログラム、とりわけ低所得者の就労支援に関する出題が目立ちます。特定の機関や法律を単体で覚えるのではなく、実際の場面を想定しての総合的・複合的な理解が求められます。

1 生活保護の仕組み

申請保護　基準及び程度

必要即応　世帯単位

年齢　健康状態　性別

生活保護の概要

▶ 公的扶助とは

● 公的扶助の概念

　公的扶助は、社会保険とならんで社会保障制度の重要な柱であり、生活に困窮している人や独力で自立した生活ができない要保護状態にある人を対象に、国の責任において最低限度の生活を保障することを目的とした制度です。給付の開始に当たっては、困窮状態にあることを確認するための**資力調査**（ミーンズ・テスト）が行われます。

📖 **資力調査：**資産や所得などの状況を把握するために行われる調査。

● 公的扶助の範囲

　我が国において公的扶助の中心となっている制度は、国と地方自治体の財源をもとに最低限度の生活を保障する生活保護制度です。そのほか広義の公的扶助として、資力調査に代わり一定の所得制限を要件とする児童扶養手当、特別児童扶養手当などの社会手当についても範囲に含まれます。

一定の要件の下での公的給付や生活福祉資金などの貸付も広義の公的扶助と考えられます。

● ナショナル・ミニマムとしての公的扶助

国が社会保障等の公共政策によって、すべての国民に保障する最低限度の生活水準をナショナル・ミニマムといい、公的扶助はそれを守る役割を果たしています。我が国においては、日本国憲法25条の規定がナショナル・ミニマムの規範的概念を示すものとなっており、生活保護基準は、それを具体的に保障する機能を有しています。

● 公的扶助と社会保険

社会保障制度における2つの中心的な制度である公的扶助と社会保険を比べると、次のような特徴があります。

 ここは覚える！

社会保険と公的扶助のそれぞれの特性や機能、給付要件、財源など制度内容の違いが問われたこともありました。

■ 社会保険と公的扶助の特徴

	社会保険	公的扶助
機能	保険事故に対して直ちに保険給付が行われ、貧困になることを予防する防貧的機能をもつ	事後的に貧困を救済する救貧的機能をもつ
給付対象・水準	一定の事故やニーズを対象に、事前に設定された平均的な生活需要を充足するための水準で行われる	定められた最低生活水準以下になったと認定されたときに、資力調査に基づいてその不足分が給付される
財源	国の一部負担のほか、被保険者や事業主の拠出する保険料収入によって主にまかなわれる	国や地方自治体からの財源によってすべてまかなわれる

▶ 生活保護法の成立と展開

生活保護法の成立と展開は当科目でもそのほかの科目でも出題頻度が高く、4章「社会福祉の原理と政策」の内容も参照しておくとよいでしょう。

生活保護の目的

　生活保護制度は、憲法25条に規定されている**生存権保障**の理念を具体的に実現するための制度です。生活保護法1条では、その目的として**最低限度の生活の保障**と**自立の助長**の2つが示されています。

> 日本国籍をもたない者については、生活保護法1条及び2条により、法の適用対象となりませんが、人道的な立場などから、当分の間、法による保護に準ずる取扱いをすることとされています。対象となるのは、適法に日本に滞在しており、活動に制限を受けない永住、又は定住など在留資格を有する外国人です。

生活保護の基本原理　㉛ ㉜ ㉝ ㉞ ㉟ ㊱

　生活保護法では、その運用に当たって立脚すべき基本原理として**国家責任、無差別平等、最低限度の生活保障、保護の補足性**の4つの原理を1条から4条に規定しています。

 ここは覚える！

4つの基本原理は、毎回のように出題される重要事項です。法の条文をしっかりと読み込んでおきましょう。特に、「保護の補足性の原理」については、具体的な内容まで理解を深めておきましょう。

▶1条 国家責任の原理
　この原理は、1条に規定されているように、生活に困窮する国民に対する保護は、**国家責任**において行うというものです。

▶2条 無差別平等の原理
　無差別平等とは、保護を受ける権利に関して、生活困窮となった原因や性別、社会的身分、門地（家柄）などによって差別的な取り扱いを受けることがないということです。旧生活保護法に定められていた、素行不良な者、勤労を怠っていた者などについての欠格条項はありません。

▶ 3条 最低限度の生活保障の原理

生活保護で保障される最低限度の生活水準は、憲法25条で保障されている健康で文化的な生活の維持が可能なものでなければなりません。

▶ 4条 保護の補足性の原理

保護は、生活に困窮する者が資産や能力など利用できるあらゆるものを活用することを要件として行われます。また、**扶養義務者**による扶養や他の法律に定める扶助が、生活保護より優先することを定めています。すなわち、自己の努力や私的な扶養、他の公的な制度などを利用しても、なおかつ生活が困窮する場合に初めて保護が適用されるという仕組みになっており、これを保護の補足性の原理といいます。

📖 **扶養義務者と扶養**：直系血族及び兄弟姉妹を絶対的扶養義務者といい、民法877条では、互いに扶養する義務があると規定されている。夫婦間及び親が未成熟の子に対しては、自己の最低生活を割らない限りで扶養する義務を負うとされる。また、3親等内の親族で家庭裁判所が特別な事情があると認めた者についても扶養の義務が生じ、これを相対的扶養義務者という。

落とせない！重要問題

保護の補足性の原理によって、扶養義務者のいる者は保護の受給資格を欠くとされている。 第35回

×：保護の補足性の原理により、扶養義務者から援助が受けられる場合はそちらが優先されるが、扶養義務者がいるからといって生活保護の受給資格がなくなるわけではない。

居住用の不動産は、原則として保有が認められています。ただし、処分価値が利用価値に比べて著しく大きい場合は認められません。また、「要保護世帯向け長期生活支援資金」の利用対象者は、そちらが優先されます。

生活保護の原則 ㉛ ㉜ ㉝ ㉞ ㉟

　生活保護を具体的に実施する上での重要な考え方として**申請保護、基準及び程度、必要即応、世帯単位**という4つの原則が生活保護法7条から10条までに規定されています。

ここは覚える！

4つの原則は、ほぼ毎回出題される重要事項。特に、世帯単位の原則、必要即応の原則については頻出で、世帯の考え方、必要即応とは何かについて十分に理解しておきましょう。

▶7条 申請保護の原則

　保護は、本人や扶養義務者、同居の親族による申請に基づいて開始することを原則としています。これは、生活保護で保障されている**保護請求権**を具体的に実現するものといえます。ただし、要保護者が急迫した状態にある場合には、申請がなくても必要な保護（**職権による保護**）が行われることがあります。

実施機関は、保護の申請のあった日から14日以内に保護の要否などについて通知しなければならないとされています。ただし、特別の理由がある場合は、30日まで延長が可能となっています。

ここは覚える！

申請保護の原則は、その名称から「申請がなければ保護を受けられない」と誤解されやすいですが、本文にも説明があるように急迫した状態の場合は申請がなくとも保護を受けられます。この点をきちんと理解しているかが問われやすいです。

▶8条 基準及び程度の原則

　厚生労働大臣が定める生活保護基準は、最低限度の生活を保障する水準でなければならず、また、これを超えてもならない、保護はその基準をもとにその者の金銭や物品で不足する分を補う程度で行う、というものです。つまり、この基準は、保護が必要かどうかを判定する基準（判定基準）であると同時に、

その基準に基づく最低限度の生活と収入とを対比して不足分を支給するための基準（支給基準）ともなっています。

▶ 9条 必要即応の原則

生活保護の運用に当たっては、画一的・機械的な取り扱いをせず、要保護者の年齢、性別、健康状態等それぞれの実情に合わせて（**必要即応**）保護を実施すべきであるという趣旨です。

▶ 10条 世帯単位の原則

保護の要否と程度は、原則として**世帯**を単位として定められます。ここでいう世帯とは、同一の住居に居住し、生計を一つにしている者の集まりのことです。親族だけでなく他人を含む場合もあります。また、同居していなくてもそれが一時的で、経済的に一体の場合は、同一世帯として取り扱われます。

例外的に、この原則に合わない事情のある場合には、個人を単位に別世帯として扱うことがあり、**世帯分離**と呼ばれています。

世帯分離には、世帯員の一人を分離して、その者だけを保護する場合と、その他の者を保護する場合とがあります。一人だけを保護する例としては、長期に寝たきり状態にある、あるいは入院している場合が多い。また、働ける能力があるのに働かない者がいる場合などは、その他の者を保護する例があります。例えば、大学生のいる被保護世帯は、同居していても世帯分離を行い、書類上は別世帯として扱うことで保護を継続する方法が特例的に運用されています。大学生の世帯のほうは保護の対象外となります。

落とせない！重要問題

保護は、要保護者の年齢別、性別、健康状態等に関して、世帯の実際の相違を考慮することなく一定の必要の基準に当てはめて行う。 第34回

×：生活保護法8条2項で、要保護者の年齢別、性別、世帯構成別、所在地域別その他保護の種類に応じて必要な事情を考慮した最低限度の生活の需要を満たし、かつそれを超えないように行う旨が定められている。

被保護者の権利・義務　㉜ ㉞ ㉟

▶ 被保護者の権利

生活保護法に定められている被保護者の権利には、次の3項目があります。

不利益変更の禁止（生活保護法56条）

　被保護者は、正当な理由がなければ、既に決定された保護を、不利益に変更されることがない。

公課禁止（同法57条）

　被保護者は、保護金品及び進学準備給付金を標準として租税その他の公課を課せられることはない。

差押禁止（同法58条）

　被保護者は、既に給与を受けた保護金品及び進学準備給付金又はこれを受ける権利を差し押さえられることがない。

　ここは覚える！

権利・義務それぞれの内容に関して出題されることが多いので、法の条文を正確に理解しておきましょう。

📖 **保護金品**：給与又は貸与される金銭及び物品のこと。
　　公課：国又は地方公共団体によって課せられる公の金銭負担。

▶ 被保護者の義務

被保護者の義務として、次の5項目が生活保護法に定められています。

譲渡禁止（生活保護法59条）

　被保護者は、保護又は就労自立給付金若しくは進学準備給付金を受ける権利を譲り渡すことができない。

生活上の義務（同法60条）※要約

　被保護者は、常に、能力に応じて勤労に励み、健康の保持及び増進に努め、収入、支出その他生計の状況の適切な把握と支出の節約を図り、生

活の維持及び向上に努めなければならない。

届出の義務（同法61条）

被保護者は、収入、支出その他生計の状況について変動があったとき、又は居住地若しくは世帯の構成に異動があったときは、すみやかに、保護の実施機関又は福祉事務所長にその旨を届け出なければならない。

指示等に従う義務（同法62条）※要約

保護の実施機関は同法27条に基づき、被保護者に対して生活の維持向上その他保護の目的達成に必要な指導指示をすることができるが、被保護者はこれに従う義務があるというもの。被保護者が指導指示に従わない場合は、保護の変更、停止又は廃止ができるが、弁明の機会を与えなければならない。

費用返還義務（同法63条）

被保護者が、急迫の場合等において資力があるにもかかわらず、保護を受けたときは、保護に要する費用を支弁した都道府県又は市町村に対して、すみやかに、その受けた保護金品に相当する金額の範囲内において保護の実施機関の定める額を返還しなければならない。

ここは覚える！

文書による指導・指示に従わない場合の対応について問われました。保護の停止・廃止の処分を行う前に、弁明の機会を与えることが必要です。

不服申立てと訴訟 ㉝

不服申立て制度は、国民の権利である最低生活保障の権利を実効性のあるものにし、保護請求権を保障する仕組みです。

ここは覚える！

審査請求を裁決すべき期間、再審査請求、行政訴訟との関係などの理解を深めておきたい。

▶ 審査請求と再審査請求

　保護の実施機関が行った決定に不服があるときは、都道府県知事に対して審査請求をすることができます。審査請求は、処分があったことを知った日の翌日から起算して3か月以内に行うことが必要です。都道府県知事は、50日（第三者機関による諮問の場合は70日）以内に裁決をしなければならないとされています。50日以内に裁決がない場合は、審査請求が棄却されたものとみなすことができます。

　都道府県知事の裁決又は棄却に不服があるときは、厚生労働大臣に対して再審査請求ができます。

厚生労働大臣は、再審査請求から70日以内に裁決をしなければならないとされています。

▶ 行政事件訴訟

　保護の決定・実施にかかる処分に対する取消し訴訟は、生活保護法及び行政事件訴訟法の規定に基づき、当該処分についての審査請求の裁決を経た後でなければ提起できません。これを審査請求前置主義といいます。

審査請求の裁決を経た後は、行政訴訟の提起、再審査請求のいずれも行うことができます。

生活保護制度の見直し

▶ 社会保障審議会特別部会報告

　生活困窮者と生活保護受給者が増大する中、2012（平成24）年、社会保障制度改革推進法に、生活困窮者対策と生活保護制度の見直しに総合的に取り組むことが定められました。社会保障審議会内には、生活困窮者の生活支援の在り方に関する特別部会が設置され、2013（平成25）年1月にまとめられた報告書では、生活保護制度の自立助長機能を高めることとあわせ、生活保護受給に至る前の段階からの就労支援が緊急の課題であるとして、生活保護制度の改革

と生活困窮者支援制度の一体的な導入による新しい生活支援体系の構築を提言しました。

▶ 新たな生活困窮者支援制度の構築と生活保護法の改正

特別部会の提言を受けて、生活保護受給者以外の生活困窮者に対する「第2のセーフティネット」を拡充するものとして「生活困窮者自立支援法」が2013（平成25）年12月に成立、2015（平成27）年4月1日から施行され、あわせて、生活保護法についても次の5つのポイントを中心とした改正が行われました。

① 就労による自立を促進するための就労自立給付金の創設
② 被保護者就労支援事業の創設
③ 健康管理や生活面等に着目した支援の取り組みの強化
④ 不正・不適正受給対策の強化としての福祉事務所の調査権限の拡大
⑤ 後発医薬品の使用の促進など医療扶助の適正化

▶ 生活保護法改正後5年の見直し

2013（平成25）年の生活保護法改正においては施行後5年を目途に検討を行うことが定められており、2018（平成30）年6月、「生活困窮者等の自立を促進するための生活困窮者自立支援法等の一部を改正する法律」が成立。生活保護法の改正では、生活習慣病の発症予防・重症化予防を推進する「健康管理支援事業」の創設、単身生活が困難な被保護者を対象とする良質な無料低額宿泊所等での日常生活支援、「進学準備給付金」の創設、後発医薬品使用の原則化、などが定められました。

2 保護の種類と内容

扶助の種類

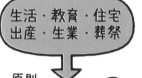

生活・教育・住宅
出産・生業・葬祭

原則
金銭給付

医療・介護

原則
現物給付

保護の種類　③31 ③32 ③33 ③34 ③35 ③36

　生活保護法では、8種類の扶助が定められており、それぞれの世帯の生活需要に応じた扶助を受けることになります。1種類の扶助を受けることを単給、2種類以上の扶助を受けることを併給と呼びます。

　8種類の扶助のうち医療扶助と介護扶助は現物給付が原則とされ、それ以外の扶助は金銭給付が原則となっています。

　また、居宅保護が原則とされ、それによりがたい場合に施設保護が行われます。

 ここは覚える！

各扶助について金銭給付か現物給付かが問われることが多いので、確実におさえておきましょう。

▶生活扶助

　生活扶助は、衣食その他日常生活の需要を満たすために必要な一般生活費に相当します。その内容は、飲食費、被服費など個人単位の費用：第1類、光熱水費や家具什器費など世帯単位の費用：第2類、障害者や母子世帯、病弱者など、特別に

費用が必要だと考えられる場合に積算される各種加算から構成されています。

　被保護者が入院している場合には入院患者日用品費が、介護施設に入所している場合には介護施設入所者基本生活費が、生活扶助として算定されます。また、一時的に特別な費用が必要な場合に給付される一時扶助があります。

 ここは覚える！

一時扶助には、入学準備金、就労活動促進費、被服費などが含まれます。入学準備金については、教育扶助と勘違いしやすいので注意しましょう。

　生活扶助の給付は、原則として金銭給付により行われ、1か月分を世帯主又はこれに準ずる者に交付されます。1か月を超えた前渡しも可能とされています。ただし、保護施設に入所している場合は現物給付によって行われます。

　要保護者の収入は、金銭あるいは現物のいずれの場合でも原則として収入として計算されます。その際、稼働収入がある場合は、就労に伴う特別な需要があることや自立を助長するという点を考慮して、一定額を収入から差し引くという勤労控除という制度が設けられています。

■ **勤労控除**：主な勤労控除は次の3つ。2013（平成25）年8月に「特別控除」は廃止された。
　①基礎控除…経常的職業経費
　②新規就労控除…中学校などを卒業した者が継続性のある職業に従事した場合など
　③未成年者控除…就労している未成年者に対し、就労収入の一部を手元に残す

落とせない！重要問題

生活扶助の第1類の経費は、世帯共通の費用とされている。 第36回

×：第1類の経費は個人単位で、第2類が世帯共通とされている。

▶ 教育扶助

　教育扶助は、義務教育を受けるために必要な教科書などの学用品、通学用品、学校給食の費用、そのほか義務教育に伴って必要なものの費用が支給されます。2009（平成21）年7月から、家庭学習やクラブ活動に要する経費として学習支援費が新設されました。原則として金銭給付により行われ、通常は生活扶助費と併せて支給されます。

被保護者、親権者、未成年後見人とならび、学校長に対しても金銭給付が行われます。

▶ 住宅扶助

住宅扶助は、被保護世帯が借家・借間の場合、家賃・間代などにあてる費用として、借地の場合には地代として、所在地域別に定められた基準額の範囲内の額が支給されます。転居に際し、必要と認められる場合には、敷金、礼金、不動産手数料等も対象となります。これらは金銭給付が原則です。

また、住宅維持費として、家屋、建具・水道設備などの修理費用が支給の対象となります。宿所提供施設を利用する場合は、現物給付となります。

▶ 医療扶助

医療扶助は、被保護者が病気やけがによって治療が必要な場合に、診察や薬剤、治療材料、医学的処置・手術などの治療・看護が、指定医療機関等により現物給付されます。また、柔道整復、はり・きゅう、マッサージなどの施術費用、入退院や通院に必要な移送費も対象となります。

医療扶助において医師が後発医薬品（ジェネリック医薬品）の使用が可能であると判断した場合は、可能な限り後発医薬品の使用を促すことにより給付を行うよう努めることが規定されました。

▶ 介護扶助

介護扶助は、要介護状態又は要支援状態にある65歳以上の者、加齢に伴う一定の範囲の病気（特定疾病）により同様の状態にある40歳以上65歳未満の者が対象となります。介護扶助の範囲は、基本的に介護保険と同一内容のサービス給付で、居宅介護、介護予防、福祉用具、住宅改修、施設介護などを都道府県知事などが指定した指定介護機関から受けることになります。現物給付が原則で、これが適当でないときは、金銭給付によって行われます。介護保険法は生活保護法に優先するため、介護保険の給付が行われる場合には、9割が介護保険で給付され、1割の自己負担相当分が介護扶助として給付されます。

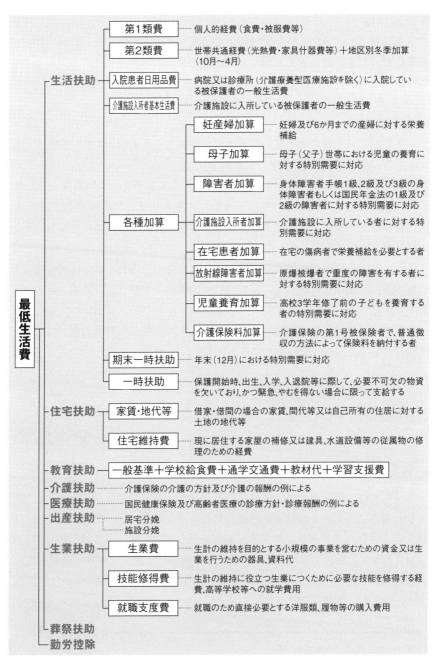

最低生活費	生活扶助	第1類費	個人的経費（食費・被服費等）
		第2類費	世帯共通経費（光熱費・家具什器費等）＋地区別冬季加算（10月〜4月）
		入院患者日用品費	病院又は診療所（介護療養型医療施設を除く）に入院している被保護者の一般生活費
		介護施設入所者基本生活費	介護施設に入所している被保護者の一般生活費
		各種加算	妊産婦加算：妊婦及び6か月までの産婦に対する栄養補給
			母子加算：母子（父子）世帯における児童の養育に対する特別需要に対応
			障害者加算：身体障害者手帳1級、2級及び3級の身体障害者もしくは国民年金法の1級及び2級の障害者に対する特別需要に対応
			介護施設入所者加算：介護施設に入所している者に対する特別需要に対応
			在宅患者加算：在宅の傷病者で栄養補給を必要とする者
			放射線障害者加算：原爆被爆者で重度の障害を有する者に対する特別需要に対応
			児童養育加算：高校3学年修了前の子どもを養育する者の特別需要に対応
			介護保険料加算：介護保険の第1号被保険者で、普通徴収の方法によって保険料を納付する者
		期末一時扶助	年末（12月）における特別需要に対応
		一時扶助	保護開始時、出生、入学、入退院等に際して、必要不可欠の物資を欠いており、かつ緊急、やむを得ない場合に限って支給する
	住宅扶助	家賃・地代等	借家・借間の場合の家賃、間代等又は自己所有の住居に対する土地の地代等
		住宅維持費	現に居住する家屋の補修又は建具、水道設備等の従属物の修理のための経費
	教育扶助	一般基準＋学校給食費＋通学交通費＋教材代＋学習支援費	
	介護扶助	介護保険の介護の方針及び介護の報酬の例による	
	医療扶助	国民健康保険及び高齢者医療の診療方針・診療報酬の例による	
	出産扶助	居宅分娩／施設分娩	
	生業扶助	生業費	生計の維持を目的とする小規模の事業を営むための資金又は生業を行うための器具、資料代
		技能修得費	生計の維持に役立つ生業につくために必要な技能を修得する経費、高等学校等への就学費用
		就職支度費	就職のため直接必要とする洋服類、履物等の購入費用
	葬祭扶助		
	勤労控除		

出典：厚生労働省 社会・援護局保護課「生活保護制度の概要等について 令和3年4月27日」をもとに作成

▶ 出産扶助

出産扶助は、分娩の介助、分娩前後の処置などの助産のほか、分娩に伴って必要なガーゼその他の衛生材料が一定の額の範囲内で対象とされ、原則として金銭給付によって行われます。

▶ 生業扶助

生業扶助は、要保護者の収入増又は自立を図ることを目的とし、**生業費、技能修得費、就職支度費**の3つからなります。

生業費は、生計を維持するために小規模な事業を営む場合の設備費、運営費、器具購入費などを対象とし、技能修得費は、就業するための授業料、教材費、交通費などが対象となっています。就職支度費は、就職のために必要な洋服類や身の回り品などを購入するための費用として給付されます。

また、世帯の自立助長に効果的であると認められる場合には、高等学校などの就学費用が技能修得費として認められ、授業料、教材代、交通費、学習支援費などが給付の対象となります。

生業費は原則として**金銭給付**とされていますが、授産施設への委託による現物給付という方法がとられる場合もあります。

ここは覚える！

高等学校等就学費は教育扶助ではなく、技能修得費であることに注意。

▶ 葬祭扶助

葬祭扶助は、死亡者の遺族又は扶養義務者が困窮のため葬祭を行うことができない場合に、遺族又は扶養義務者に対して給付されます。また、死亡者の葬祭を行う扶養義務者がなく第三者が葬祭を行う場合には、その第三者に対して給付されます。給付の範囲は、遺体の検案、運搬、火葬又は埋葬、納骨その他、葬祭のために最低限必要な経費とされています。**金銭給付**が原則とされ、**地域別、大人・小人別**に基準が設定されています。

遺体の検案費用は葬祭扶助に含まれます。

▶ その他の給付

就労自立給付金	被保護者の就労に対するインセンティブを高めるため、安定した職業についたことにより保護廃止となった者に、保護受給中に就労収入から積み立てた金額を支給
進学準備給付金	生活保護受給世帯の子どもが大学等に進学した際に、新生活の立ち上げ費用として一時金を給付

生活保護基準 ③1 ③4 ③5

▶ 保護基準の考え方と算定方式

　生活保護の基準は、憲法25条が保障する「健康で文化的な生活」を維持していくための最低限度の生活の水準として、ナショナル・ミニマムの機能を果たすものです。また、保護基準は、保護の要否を判定する機能と保護費の支給の程度を決定する機能の2つの性格をもっています。この基準は、生活保護法8条に基づいて厚生労働大臣が定めます。

　8種類の扶助ごとに基準が設けられていますが、最も基本的な**生活扶助基準**は、一般世帯の生活水準との関係を考慮しながら算定方法、基準額などが大きく変化し現在に至っています。

　1948（昭和23）年に採用された**マーケット・バスケット**方式から、**エンゲル**方式、**格差縮小**方式、現在採用されている**水準均衡**方式まで、算定方式の変遷は、以下の図の通りです。

■ 生活扶助基準の算定方式の変遷

マーケット・バスケット方式	
最低生活を維持するのに必要な飲食物費、被服費、光熱水費、家具什器費などにかかる個々の費目を買い物かごに入れるように積み上げて、最低生活費を算出する方式	1948(昭和23)～ 1960(昭和35)年度

エンゲル方式	
栄養標準所要量を満たすのに必要な飲食物費を理論的に計算し、これと同額の飲食物費を現実に支出している世帯のエンゲル係数から逆算して総生活費を算出する方式	1961(昭和36)～ 1964(昭和39)年度

格差縮小方式	
一般国民の消費水準の伸び率以上に生活扶助基準を引き上げ、結果的に一般国民と被保護世帯との消費水準の格差を縮小させようとする方式	1965(昭和40)～ 1983(昭和58)年度

水準均衡方式	
生活扶助基準は、一般国民の消費実態との均衡上ほぼ妥当との評価に基づき当該年度に想定される一般国民の消費動向を踏まえると同時に、前年度までの一般国民の消費実態との調整を図るという方式	1984(昭和59)年度 ～現在

落とせない！重要問題

マーケット・バスケット方式とは、最低生活を営むために必要な個々の費目を一つひとつ積み上げて最低生活費を算出する方式である。 第35回

○：エンゲル方式と混同しやすいので注意して覚えよう。

▶ 保護基準の見直し

　生活扶助基準については5年に1度の定期的な検証が必要とされており、社会保障審議会の中に生活保護基準部会が設置されています。2013（平成25）年1月の報告では、年齢階級別、世帯人員別、居住地域の3つの要素別に、生活扶助基準と一般低所得者世帯との消費実態の均衡について検証結果がまとめられ、この結果や物価動向を勘案するという考え方のもと、生活保護基準の見直しが進められました。具体的には、2013（平成25）年8月以降、生活扶助基準額の段階的な引き下げ、住宅扶助や冬季加算の見直しが実施されています。

　また、2017（平成29）年12月の報告では、生活扶助基準の検証とあわせ、有子世帯の扶助・加算についての検証の報告が行われ、2018（平成30）年10月から基準が見直されています。

　なお、2022（令和4）年11月14日、厚生労働省社会保障審議会の部会で、生活保護・生活困窮者支援制度の見直しに向けた報告書案が提出されました。見直しは5年に一度行うこととされています。報告書案によると、従来よりも保護受給世帯から大学へ進学しやすくするために、貯蓄の取り扱いを柔軟にすることが示されました。一方、保護を受けながら大学に通うことは引き続き認めない方針が示され、岸田内閣によって同案が決定されました。

▶ 最低生活費の算定

　生活保護基準の設定に当たっては、要保護者の所在地域を考慮した級地という考え方が導入されており、生活扶助、住宅扶助、葬祭扶助の基準額に地域差が設けられています。おおむね大都市とその周辺地域を1級地とし、1級地から3級地までをそれぞれ2区分して全国の市町村単位に6区分となっています。

　最低生活費の算定については、生活扶助基準における級地、年齢、性別、世帯構成などの要素に基づく額のほか、個人や世帯の特別な需要などに基づく各種加算、各種扶助の額などを合わせて算定されます。

出産扶助、生業扶助は、級地による基準額の差はありません。

保護施設　㉞

▶ 保護施設の種類

保護施設は、居宅において生活を営むことが困難な要保護者を入所又は利用させる生活保護法に基づく施設で、救護施設、更生施設、医療保護施設、授産施設、宿所提供施設の5種類があります。

救護施設	身体上又は精神上著しい障害があるために、日常生活を営むことが困難な要保護者を入所させて、生活扶助を行うことを目的とする施設
更生施設	身体上又は精神上の理由により養護及び生活指導を必要とする要保護者を入所させて、生活扶助を行うことを目的とする施設
医療保護施設	医療を必要とする要保護者に対して、医療の給付（医療扶助）を行うことを目的とする施設
授産施設	生業扶助を主な目的として、身体上もしくは精神上の理由又は世帯の事情により就業能力の限られている要保護者に就労又は技能の修得のために必要な機会及び便宜を与えて、その自立を助長することを目的とする施設
宿所提供施設	住居のない要保護者の世帯に対して住宅扶助を行うことを目的とする施設

▶ 保護施設の設置及び義務

保護施設の設置主体は、都道府県、市町村、地方独立行政法人、社会福祉法人及び日本赤十字社に限定されています。設備、運営については、厚生労働大臣の定める最低基準以上でなければならず、都道府県知事が指揮監督機関となっています。市町村及び地方独立行政法人が保護施設を設置する場合は、都道府県知事への届出と設置及び廃止に関する手続きなどを条例で定める必要があります。社会福祉法人や日本赤十字社による設置、休止、廃止は、都道府県知事の認可が必要です。

保護施設は、その義務として、次の4項目が生活保護法47条に規定されています。

15

貧困に対する支援　② 保護の種類と内容

① 保護の実施機関から保護の委託を受けた時は正当な理由なく拒んでは
　ならない
② 入所者の処遇について、人種、信条、社会的身分又は門地により、差
　別的又は優先的な取り扱いをしてはならない
③ 入所者に対して、宗教上の行為、祝典、儀式又は行事に参加すること
　を強制してはならない
④ 立ち入り検査を拒んではならない

保護施設設置数

施設	設置数
救護施設	186
更生施設	19
医療保護施設	57
授産施設	14
宿所提供施設	14

「令和4年 社会福祉施設等調査の概況」より作成

頻出度 | 🐾🐾🐾

3 保護の運営実施体制と費用

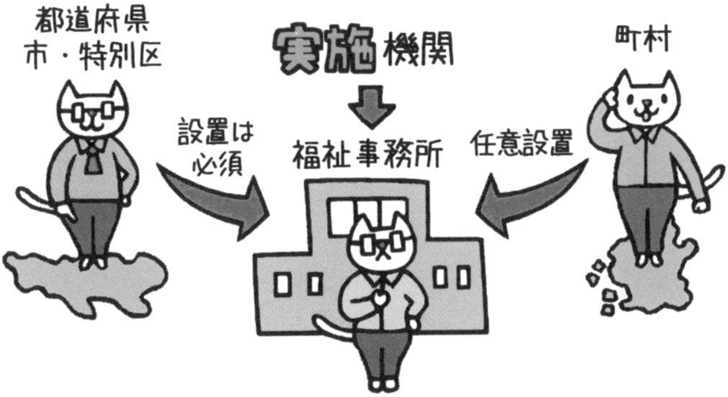

保護の運営実施体制 ㉝㉞㊱

▶生活保護事務の性格

現在、生活保護の事務のうち保護の決定・実施に関する事務は、都道府県、市及び福祉事務所を設置する町村の**法定受託事務**とされています。かつては、国からの通達や監査指導に基づく統一的な事務である**機関委任事務**として運営・実施されていましたが、「地方分権一括法」により機関委任事務が廃止され、地方自治体の事務が**法定受託事務**と**自治事務**の2つに区分されたことに伴って変更されたものです。

これに合わせて生活保護法の一部改正も行われ、国の指揮監督の廃止や「相談及び助言」の新設などが行われました。この「相談及び助言」については、自治事務となっています。

▶福祉事務所

生活保護の決定・実施に関する権限は、生活保護法19条により都道府県知事、市長及び福祉事務所を管理する町村長が有しています。実際には、これらの長が、その設置する福祉事務所の長に権限を委任しています。

福祉事務所は、社会福祉法14条で「福祉に関する事務所」として定められ、

住民に対して生活保護をはじめとする社会福祉全般に関する相談・指導や給付などの業務を行う第一線の現業機関です。都道府県及び市（特別区を含む）は、条例で福祉事務所を設置しなければならず、町村は任意で設置できることとなっています。また、都道府県及び市（特別区を含む）は、区域を設け、その区域を条例で定めたいずれかの福祉事務所の所管区域としなければならないと定められています。

ここは覚える！

自治体の福祉事務所設置義務について問われました。町村は任意設置です。

▶ 国の役割

　生活保護事務を所管する国の機関は厚生労働省であり、この内部部局の社会・援護局が生活保護にかかわる事務を所掌しています。同局内の保護課が生活困窮者その他保護を要するものの保護に関する事務を、自立推進・指導監査室が都道府県知事、市（特別区）長、町村長の行う生活保護法の施行に関する事務についての監査及びこれに伴う指導に関する事務を行っています。

▶ 都道府県、政令指定都市、中核市の役割

　都道府県知事は、保護の決定・実施に関する事務を行うとともに、市町村に対して生活保護の事務監査を行い、必要に応じて技術的助言、勧告、是正の指示を行うことになっています。そのほか、保護施設の運営指導、医療機関・介護機関の指定、医療費の審査、関係機関の立ち入り検査などの事務を行っています。政令指定都市・中核市もほぼ同様の権限に基づき事務を実施しています。

ここは覚える！

第34回、第36回では、都道府県知事はこの法律に定めるその職権の一部を、その管理に属する行政庁に委任することができる（生活保護法20条）ことが出題されました。

▶ 市町村の役割

● 市（特別区）の役割

　市、特別区は福祉事務所を設置して、生活保護をはじめとする福祉六法に定める援護、育成又は更生の事務を行っています。

● 町村の役割

　福祉事務所を設置している町村では、福祉事務所が生活保護の実施機関となります。設置していない町村では、生活保護の実施に関して次のような役割をもっています。

- 町村の区域内において、特に急迫した事情により放置できない状況にある要保護者に対する応急的処置としての必要な保護
- 要保護者の発見、被保護者の生活状況などの変動についての実施機関又は福祉事務所長への通報
- 保護の開始又は変更の申請を受け取った場合の保護の実施機関への申請書の送付（5日以内）
- 保護の実施機関又は福祉事務所長から求めがあった場合の被保護者に対する保護金品の交付
- 保護の実施機関又は福祉事務所長から求めがあった場合の要保護者の調査

▶ ハローワークの役割

　ハローワーク（公共職業安定所）は、職業安定法に基づき、職業紹介、指導などを行う国の機関です。被保護者の就労支援に関して、連携する機会が増えています。

▶ 民生委員の役割

　民生委員は、生活保護の運営・実施について、福祉事務所長又は社会福祉主事の事務の執行に協力する協力機関の位置づけとなっています。

福祉事務所の組織と所員　㉛ ㉜

▶ 福祉事務所の所員

　福祉事務所は、社会福祉法15条の規定により次の表に掲げる所員を置かなければならないことになっています。

このうち、査察指導員と現業員（ケースワーカーとも呼ばれる）は、**社会福祉主事**でなければなりません。また、生活保護の決定・実施に関し、社会福祉主事は実施機関の**補助機関**として位置づけられています。

　所員の定数は条例で定められ、現業員の数は、社会福祉法による**標準定数**を基準に配置されることとなっています。

ここは覚える！

福祉事務所職員の所長、事務員は社会福祉主事資格を要しません。また、現行生活保護法では、社会福祉主事は実施機関の補助機関であり、民生委員は協力機関です。

現業員の配置人数は、管内の被保護世帯数を算定基準とし、市町村福祉事務所は80世帯に1名、都道府県福祉事務所は65世帯に1名が標準定数となっています。

■ 福祉事務所の所員

福祉事務所の所員	職務内容
所長	都道府県知事又は市町村長の指揮監督を受けて、所務を掌理する
査察指導員 （指導監督を行う所員）	所長の指揮監督を受けて、現業事務の指導監督をつかさどる
現業員 （現業を行う所員）	所長の指揮監督を受けて、援護、育成又は更生の措置を要する者等の家庭訪問、面接、本人の資産・環境等の調査、保護その他の措置の判断、生活指導等の事務をつかさどる
事務員 （事務を行う所員）	所長の指揮監督を受けて、庶務をつかさどる

保護の実施と相談援助活動　㉛ ㉞ ㉟

▶ 保護の実施責任

　保護の実施機関が要保護者に対してもつ保護の決定・実施の責任を**実施責任**といいます。保護の実施に当たっては、要保護者が居住している地域の保護の実施機関が実施責任を負う、という**居住地保護**が原則となっています。住民登録の有無にかかわらず、要保護者の生活の本拠を居住地と考えます。

居住地がないなどの場合の例外規定として、**現在地保護、急迫保護、施設入所保護**などの特例があります。

 ここは覚える！

居住地保護、現在地保護の内容理解が問われました。居住地保護の原則とともに、現在地保護の具体例を確認しておきましょう。

■ 保護の実施責任

保護の種類	事項	実施責任の所在
居住地保護	福祉事務所の管轄区域内に居住地を有する要保護者に対する保護	居住地の福祉事務所
現在地保護	居住地がないか、又は明らかでない要保護者であって、福祉事務所管轄区域内に現在地を有する者に対する保護	現在地の福祉事務所
急迫保護	他管内に居住地があることが明らかであっても、要保護者が急迫した状況にあるとき、その急迫した事由が止むまでの保護	現在地の福祉事務所
施設入所保護等の特例	生活扶助を行うために救護施設・更生施設に要保護者を入所もしくは入所委託した場合、介護扶助を介護老人福祉施設に委託して行う場合などの特例	入所もしくは入所委託前の居住地又は現在地の福祉事務所

▶ 保護の申請・決定

保護の申請があったときは、保護の実施機関は、保護の要否、種類、程度及び方法を決定し、申請のあった日から14日以内に決定理由を記した書面で通知しなければなりません。ただし、資力調査などに日時を要するなど特別な理由がある場合は、理由を明記して30日まで延長することができます。保護の申請をした者は、30日以内に決定の通知がないときは、申請が却下されたとみなすことができます。

保護開始の際、民法の規定による扶養義務を履行していないと認められる扶養義務者に対して、書面で通知する旨の規定が追加されました。

▶ 指導・指示

保護の実施機関は、被保護者に対し、自立の助長のため、生活の維持、向上その他保護の目的達成に必要な最小限度の指導又は指示を行うことができます。ただし、その指導又は指示は、被保護者の意思に反して強制し得るものと解釈してはならないとされています。

■ 指導・指示の概要

保護申請時	保護の申請が行われた場合、保護の受給要件、保護を受ける権利、義務などについて十分に説明し、適切な指導を行う
	要保護者が利用できる資産・能力、他法などの活用を怠り又は忌避している場合は、適切な助言指導を行い、従わないときは保護の要件を欠くものとして申請を却下する
保護受給中	生活保護法27条による指導・指示は、直接被保護者に対して口頭により行うことを原則とするが、これによりがたい（「この方法を用いることが難しい」の意味）ときは、文書による指導・指示を行うこととする。文書による指導・指示に従わなかった場合には、同法62条により保護の変更、停止又は廃止を行うことがある。このときには弁明の機会を与えねばならない
保護停止中	保護停止中の被保護者について、生活状況の経過を把握し、必要な場合には、生活の維持向上に関する適切な助言指導などを行う

また、保護の実施機関は、保護の決定又は実施のために必要な場合には、要保護者の資産状況、健康状況などの事項を調査するため職員に住居への立ち入り調査をさせたり、要保護者に対して、指定する医師・歯科医師等への検診を受けるよう命令したりすることができます。

▶ 訪問調査

訪問調査は、要保護者の生活状況などを把握し、自立助長のための指導を行うことを目的として行われ、①申請時等の訪問、②訪問計画に基づく訪問、③臨時訪問（世帯の状況に変化がある場合など）に区分されます。

■ 訪問調査の概要

申請時等の訪問	保護の開始・変更の申請があった場合には、申請書等を受理した日から1週間以内に実地調査のため訪問
訪問計画に基づく訪問（定期訪問）	①家庭訪問 ………… 少なくとも1年に2回以上 ②入院入所者訪問 … 少なくとも1年に1回以上（本人及び担当主治医等への面接を行う）

| 臨時訪問 | 申請による保護の変更、生業扶助による就労助成、水道設備・電灯設備・家屋補修の経費の認定、保護停止中、その他指導、助成、調査が必要な場合 |

▶ 報告・調査・資料の提供等

法改正により、生活保護法28条及び29条に規定している福祉事務所の調査権限の拡大が図られました。これまで資産及び収入の状況に限定されていた調査事項は、健康状態やその他政令で定める事項なども含む内容となり、過去に保護を受給していた者についても調査できることになっています。また、同法28条には、要保護者の扶養義務者その他の同居の親族に報告を求めることができることも新たに規定されました。

● 資料の提供等

日本年金機構、共済組合等に対して必要な書類の閲覧や資料の提供を求めることや、銀行、信託会社及び被保護者（過去の受給者を含む）とその扶養義務者の雇主等に報告を求めることができると定められています。官公署等については回答が義務づけられています。

● 課税調査

被保護者の収入状況を客観的に把握するため、年1回、税務担当官署の協力を得て被保護者に対する課税状況を調査することとされています。

生活保護の財源・予算 ㉞

▶ 保護費の負担割合

生活保護制度は、国家責任による最低生活保障の制度であることから、保護に要する費用は全額公費負担となっています。現在は、国が4分の3を負担し、法定受託事務として生活保護を実施する地方自治体も4分の1を負担しています。

国の負担は、現行生活保護法が施行された時点では10分の8、1985（昭和60）年度〜1988（昭和63）年度は10分の7でしたが、1989（平成元）年から4分の3になっています。

■ 生活保護費の負担割合

経費	居住地区分	国	都道府県又は指定都市・中核市	市町村
保護費*¹（保護施設事務費*²及び委託事務費*³を含む）	市又は福祉事務所を設置している町村内居住者	3/4	―	1/4
	福祉事務所を設置していない町村内居住者	3/4	1/4	―
	指定都市・中核市内居住者	3/4	1/4	―
	居住地の明らかでない者	3/4	1/4	―

＊1　保護費：被保護者の給付に必要な費用で、8種類の各扶助費として支給される経費。
＊2　保護施設事務費：被保護者が保護施設に入所した際、施設運営に必要な事務費として施設に対して支払われる経費。
＊3　委託事務費：被保護者を保護施設以外の施設や私人に委託した際、支払われる経費。

ここは覚える！

都道府県が生活保護費を負担するのは、福祉事務所を設置していない町村居住者、及び、居住地の明らかでない者の場合と覚えておきましょう。

▶ 生活保護費の予算

　2021（令和3）年度の生活保護費は、当初予算で3兆7,625億円となっており、国の一般会計予算総額106兆6,097億円の3.5％、対社会保障関係費予算比で10.5％を占めています。

　また、2020（令和2）年度の生活保護負担金のうち、生活扶助が全体の約29.9％、医療扶助が約49.7％を占めており、両者で全体の約8割を占めています。

4 生活保護の動向

生活保護受給者は **2015**年をピークに減少

2020年度 被保護人員 約**205.2**万人

高齢者は約**5**割

単身世帯の割合が高い

貧困の実態

国民の所得格差を示す指標で、全国民の可処分所得の中央値の半分の額（貧困線）に満たない人の割合を相対的貧困率といいます。国民生活基礎調査における相対的貧困率は、OECD（経済協力開発機構）の作成基準に基づき算出されており、2021（令和3）年の我が国の相対的貧困率は15.4％（対2018年△0.3％）で、子どもの貧困率（17歳以下の子どものうち、貧困線に満たない17歳以下の子どもの割合）は11.5％（対2018年△2.5％）となっています。

■ 貧困線の年次推移

年	1988 昭和63	1994 平成6	1997 平成9	2000 平成12	2003 平成15	2006 平成18	2009 平成21	2012 平成24	2015 平成27	2018 平成30	2021 令和3
貧困線 （万円）	114	144	149	137	130	127	125	122	122	127	127

※2018年は旧基準（従来の基準）による貧困率と新基準によるもの、両方の数値が公表されたが、2021年からは新基準による貧困率のみ公表されている
出典：厚生労働省「2022（令和4）年 国民生活基礎調査」をもとに作成

被保護人員　③ ③ ③

▶ 被保護人員の推移

　生活保護を受給している人員数は、経済的情勢や他の社会保障制度など社会情勢の変動に影響を受けます。

　被保護人員の近年の推移をみると、1984（昭和59）年度の146.9万人をピークとして、好況期を反映して減少傾向が続き、1993（平成5）年度には88.3万人となってしばらく横ばい傾向が続いたのち、1996（平成8）年度からは増加傾向に転じました。2014（平成26）年度には約216.5万人と現行生活保護法のもとで過去最大となりましたが、2015（平成27）年3月をピークに減少に転じ、2020（令和2）年度は、205.2万人、保護率1.63‰となっています。

 ここは覚える！

被保護世帯・被保護人員数の推移は、ほぼ毎回出題されています。それぞれの項目の直近のデータとピークを確認しておきましょう。

■ 被保護世帯数・人員の推移

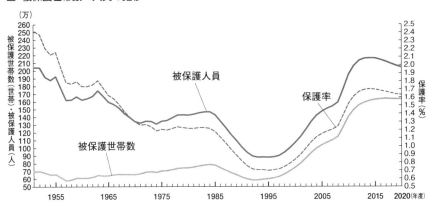

出典：厚生労働省 社会・援護局保護課「生活保護制度の概要等について 令和3年4月27日」
　　　（最新のデータを加えて改変）

▶ 市部・郡部別被保護人員の推移

　被保護人員を市部と郡部の地域別に見ると、市部が常に郡部を上回っている

とともに、その推移のあり方は大きく異なります。市部が増加している時期に、郡部は1998（平成10）年度からの微増の時期を除き、ほぼ一貫して減少しています。

▶ 年齢階級別被保護人員の推移

被保護人員を年齢階級別構成割合で見ると、1955（昭和30）年には60歳以上の高年齢層の割合は、全体の1割強程度に過ぎなかったものが、少子高齢化などの要因により、2022（令和4）年には、60.7％に達しています。65歳以上の高齢者の伸びも大きく、全体の52.7％を占めています。

▶ 扶助の種類別受給人員

生活保護受給者を扶助の種類別に見ると、基本的な扶助である生活扶助受給者が被保護人員の大部分を占めており、2022（令和4）年度平均で約177万人、被保護者の85.8％が受給しています。

次いで、住宅扶助85.8％、医療扶助84.3％、介護扶助20.8％となっています。

被保護世帯　㉛ ㉜

▶ 被保護世帯数の推移

被保護世帯数は、1985（昭和60）年度以降減少を続けていましたが、1993（平成5）年度からは増加が続いており、2005（平成17）年度には、初めて100万世帯を超えました。2022（令和4）年度には、約164万世帯となっています。

▶ 被保護世帯の人員構成

2022（令和4）年の被保護世帯の世帯人員構成を見ると、1人世帯が83.6％を占めており、単身世帯の割合が特に高くなっています。また、2人世帯の12.1％と合わせると少人数世帯は95.7％に達しており、平均世帯人員も1.23人と一般世帯の2.25人に比べ、被保護世帯の人員構成は大きく異なっています。

▶ 世帯類型別：被保護世帯の状況

被保護世帯の世帯類型別構成割合では、2022（令和4）年度は高齢者世帯が55.6％と半数を超え、傷病者・障害者世帯24.9％、その他の世帯15.0％、母子

世帯4.1％となっています。高齢者世帯の増加傾向が続く一方で、高齢者世帯以外の世帯は減少しています。

ここは覚える！

世帯類型別被保護世帯の構成比や伸び率について頻繁に出題されています。高齢者世帯が最も多く、増加傾向が続いています。

■ 被保護世帯の世帯類型別構成割合の推移

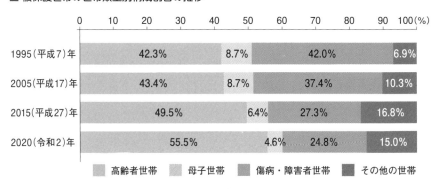

出典：厚生労働省「福祉行政報告例」「被保護者調査」

▶ 労働力類型別：被保護世帯の状況

　被保護世帯のうち「働いている者のいる世帯」は、2022（令和4）年度では14.6％で、このうち世帯主が働いている世帯が12.7％、世帯員が働いている世帯が1.9％となっており、「働いている者のいない世帯」が85.4％と大多数を占めています。「働いている者のいる世帯」の割合は、1965（昭和40）年度の47.4％、1975（昭和50）年度の22.8％から低下傾向にあります。

▶ 扶助別：被保護世帯の状況

　生活保護受給世帯を扶助の種類別に見ると、2022（令和4）年度では、被保護世帯の90.3％が医療扶助を受給し、生活扶助87.8％、住宅扶助85.5％となっています。2007（平成19）年度までは、医療扶助受給世帯が最も多い世帯でした。

▶ 保護受給期間の状況

2022（令和4）年の被保護世帯の保護受給期間をみると、「5年以上10年未満」が23.6％と最も多く、「10年以上15年未満」21.4％、「15年以上」19.2％、「1年以上3年未満」14.5％、「3年以上5年未満」が11.4％と続き、6割以上が5年以上の長期にわたって保護を受給しています。

ここは覚える！

保護の受給期間は「5年以上10年未満」が最も多くなっています。

保護の開始・廃止の動向　㉜ ㉝ ㉟

▶ 保護の開始・廃止世帯数と人員の推移

保護の開始・廃止世帯数は、経済的な情勢に影響されるという見方が一般的です。

開始件数については、1975（昭和50）年度を100とすると、1991（平成3）年度の57を底としてその後増加を続け、2004（平成16）年度からはやや減少傾向にありましたが、2008（平成20）年度、2009（平成21）年度には大幅に増加しました。2010（平成22）年度からは減少傾向が続いていましたが、2020（令和2）年は再び増加しています。

廃止件数については、1993（平成5）年度を底として上昇し、2004（平成16）年度から減少に転じた後、2008（平成20）年度から再び増加、2019（令和元）年は減少、2022（令和4）年は増加しています。

▶ 保護の開始理由

保護の開始理由は、2022（令和4）年では、「預金等の減少・喪失」が46.1％と最も多く、「傷病による」18.8％、「働きによる収入の減少・喪失」18.1％と続いています。2003（平成15）年と比べると「働きによる収入の減少・喪失」「預金等の減少・喪失」が増加していることが特徴的です。

▶ 保護の廃止理由

保護の廃止理由については、2022年（令和4）年では「死亡」が50.6％と最も多く、次いで「その他」「働きによる収入増」「親類・縁者等の引取り・施設入所」となっています。

ここは覚える！

第24・30・32回で保護開始及び保護廃止で最も多い理由や推移が問われました。

落とせない！重要問題

保護開始世帯の主な理由別構成割合をみると、「貯金等の減少・喪失」が最も多い。

第35回

○：保護開始世帯の主な理由別構成割合で最も多いのは「貯金等の減少・喪失」
である。廃止理由の１位（死亡）とともに覚えておこう。

医療扶助・介護扶助の動向　㉛ ㉜

▶ 医療扶助の状況

　生活保護受給者のうち医療扶助を受給する者は、2022（令和4）年度で182.0万
人、全体91.3％となっています。1975（昭和50）年度の58.2％から年々増加
してきており、生活保護において医療扶助が占める大きさを示しています。

　また、病類別医療扶助人員について入院患者で見ると、2022（令和4）年度
では精神疾患が40.2％ととなっており、半数近くを精神疾患患者が占めるとい
う傾向が続いています。

▶ 介護扶助の状況

　生活保護受給者のうち介護扶助を受給する者は、2022（令和4）年度では
45.6万人で全体の22.8％となっており、介護保険制度導入時の2000（平成12）
年度の6.2％から着実に増加してきています。

■ 保護開始の主な理由別の保護開始世帯数の構成割合

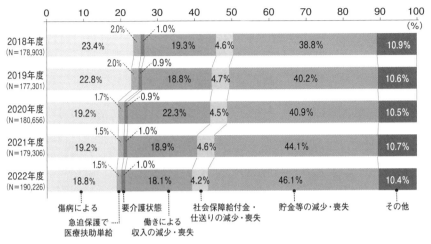

注1）年度累計
注2）転入による保護開始は除く。
出典：厚生労働省「被保護者調査」

■ 保護廃止の主な理由別の保護廃止世帯数の構成割合

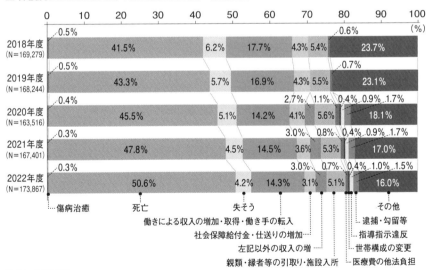

注1）年度累計
注2）転出による保護廃止及び一時的性格扶助のみを受給していたことによる保護廃止は除く。
注3）2020年度より「左記以外の収入の増」「世帯構成の変更」「指導指示違反」「逮捕・勾留等」を
　　追加した。
出典：厚生労働省「被保護者調査」

頻出度 | 🐾 🐾 🐾

5 自立支援プログラム

自立支援とは
経済的自立　日常生活自立　社会生活自立

利用しやすく自立しやすい制度への転換

▶ 専門委員会報告

　生活保護のあり方の見直しに関して様々な提起や指摘が出される中、2003（平成15）年に社会保障審議会内に生活保護制度の在り方に関する専門委員会が設置されました。同委員会では、利用しやすく自立しやすい制度へという制度見直しの基本的視点の下に検討が進められ、2004（平成16）年に最終報告が出されました。この最終報告では、生活保護制度の見直しに当たっては、最低生活保障の面だけではなく、被保護世帯が安定した生活を再建し、地域社会への参加や労働市場への「再挑戦」を可能とするための「バネ」としての機能をもたせることが重要であるとしています。

2000（平成12）年の社会福祉基礎構造改革関連法における付帯決議、「経済財政諮問会議の骨太方針2003」などで、生活保護のあり方の見直しの必要性が提起されました。

▶ 自立支援の定義と制度の実施体制

　報告書では、「自立支援」についての定義を行い、就労による経済的自立のための就労自立支援、自分で自分の健康・生活管理を行う日常生活自立支援、社会的なつながりを回復・維持する社会生活自立支援の3つを挙げています。

　そして、経済的な給付のみでは被保護者の抱える様々な問題への対応に限界があることや、保護の長期化を防ぐ必要性、担当職員の経験に依存している実施体制の問題などを指摘し、多様な対応、早期の対応、システム的な対応が可能となるよう自立支援プログラムの導入を提言しました。

自立支援プログラム

▶ 自立支援プログラムの作成過程

　上記の報告書の提起を受け、2005（平成17）年度から自立支援プログラムが導入されました。実施機関における自立支援プログラムの作成は、次の過程で行われます。

ここは覚える！

自立支援プログラム
出題頻度が高いため、導入の背景や自立支援の意義、プログラムの策定・実施のプロセス、本人の同意、プログラムの選択などについて理解しておくことが重要です。

■ 自立支援プログラムの作成過程

① 管内の被保護世帯全体の状況把握

② 被保護世帯の状況・自立阻害要因の類型化　●年齢別、世帯構成別、目的阻害要因別に類型化　●自立支援の方向性を明確化

③ 類型ごとの支援の内容・実施手順　●担当職員の培った経験、他の実施機関の取り組み例、活用できる地域の社会資源を踏まえる

④ 個別支援プログラムの整備 　　　　●他法他施策、関係機関、地域の社会資源の積極
　　　　　　　　　　　　　　　　　　　　　的活用、実施機関における事業の企画・実施
　　　　　　　　　　　　　　　　　　　●他の実施機関の取り組み例を参考

　　　　　　　　　　　　　　　　　　　●専門的知識を有する者の雇用、地域の社会資源
　　　　　　　　　　　　　　　　　　　　　への外部委託

⑤ 個別支援手順の策定・支援の組織的実施

　個別支援プログラムには、プログラムの目的、対象者の範囲及び選定手順、支援の具体的内容、支援の方法、関係機関との連絡手続きが定められます。プログラムの内容としては、次のようなものがあります。

▶ 自立支援プログラムの実際

　自立支援プログラムは、被保護者自身が積極的に参加するという主体的な側面を重視し、本人の同意の下、次のようなプロセスで実施されます。

■ 自立支援プログラムのプロセス

| アセスメント | ●被保護者の健康状態、日常生活及び社会生活の状況を把握し、自立に向けた課題を明らかにする |

| 自立支援計画策定 | ●自立に向けた課題に応じて支援方針、支援内容を決定する
●被保護者に支援計画を説明し、同意と参加の確認を得る |

| 支援の実施 | ●被保護者本人、世帯へ働きかける
●関係機関など環境へ働きかける |

| 評　価 | ●支援目標の達成状況を評価する
●被保護者の課題への取り組みや実施機関の支援を評価する |

| 終　結 | ●支援目標の達成
●支援が不要となった場合 |

⑥ 低所得者への就労支援制度

第二のセーフティネットによる支援 ㉜ ㉞

　雇用保険は「第一のセーフティネット」、生活保護は「最後のセーフティネット」といわれます。その間に位置する「第二のセーフティネット」には次のものがあります。

● **生活困窮者自立支援法（2015（平成27）年施行）**

　同法に関する詳しい説明及び内容は本章⑦「低所得者対策」を参照してください。

● **求職者支援制度（求職者支援法）**

　特定求職者が、職業訓練によるスキルアップを通じて早期就職を目指すための制度です。

ここは覚える！

第34回で求職者支援制度は雇用保険の被保険者を対象としていないことが問われました。また、申し込みは公共職業安定所で行うこと、職業訓練受講給付金の支給金額（20万円）、職業訓練に期間が設けられていることなどがが問われています。

■■ **特定求職者**：次の要件をすべて満たしている
①ハローワークに求職の申し込みをしている
②雇用保険被保険者や雇用保険受給者でないこと
③労働の意思と能力のあること
④職業訓練などの支援を行う必要があるとハローワーク所長が認めたこと

- 求職者支援訓練又は「公共職業訓練」を原則無料で受講できる
- 職業訓練受講給付金：ハローワークの支援指示を受け、職業訓練を受講した場合に訓練期間中支給（受講手当10万円＋通所手当）される

● **総合支援資金貸付（生活福祉資金貸付制度）**
この貸付制度に関する詳しい説明は本章⑦「低所得者対策」を参照してください。

生活保護制度における就労支援制度　㉜ ㉝ ㉞

　生活保護は、生活に困窮している人の最後のセーフティネットです。しかし、生活保護の要件として「その利用し得る資産、能力その他あらゆるものを、その最低限度の生活の維持のために活用」しなければなりません。そのために、ケースワーカーは就労の可能性のある被保護者に就労支援を行います。

ここは覚える！

第33回で、ワークフェアとは就労と福祉を完全に切り離す政策理念かが問われました。これは就労と福祉を結びつける政策理念です。

▶ **授産施設**
生活保護法の中で、就労を支援する施設として授産施設が挙げられています。

> **生活保護法38条5項**
> 授産施設は、身体上若しくは精神上の理由又は世帯の事情により就業能力の限られている要保護者に対して、就労又は技能の習得のために必要な機会及び便宜を与えて、その自立を助長することを目的とする施設とする。

■■ **授産**：失業者など生活困窮者に仕事を与え、生活を助けること。

▶ 生活保護受給者等就労自立促進事業

　生活保護受給者等就労自立促進事業は、生活保護受給者等の就労支援を目的とし、公共職業安定所（ハローワーク）や実施機関と連携して行われているものです。

　具体的には、生活保護受給者や、児童扶養手当受給者、生活困窮者等を対象として、自治体にハローワークの常設窓口を設置するなど**ワンストップ型**の支援体制を全国的に整備し、早期支援の徹底、求職活動状況の共有化など就労支援を根本的に強化し、就労による自立を促進します。

■ 生活保護受給者等就労自立促進事業

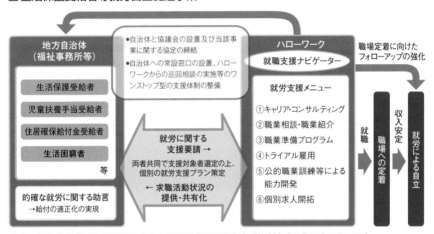

出典：厚生労働省「生活困窮者自立支援制度全国担当者会議資料」（平成27年9月14日）

● 事業の内容

- ● ハローワークと福祉事務所の連携
- ● 生活保護受給者等就労自立促進事業協議会の設置：関係機関の連携を図り、年間の支援対象者数、実施計画、スケジュールなどを含む生活保護受給者等就労支援事業年間計画の策定、実施手順などの調整を行う
- ● 就労支援チームの設置：ハローワークの支援事業担当責任者、就職支援ナビゲーター及び福祉事務所の就労支援コーディネーターで構成され、決定された支援メニューを実施する

● 支援対象者

　稼働能力があること、就労意欲があること、就労阻害要因がないこと、事業への参加に同意していることの4要件をすべて満たし、安定所との連携による支援が効果的であると判断された人

● 支援メニュー

- ナビゲーターによる支援
- トライアル雇用の活用
- 公共職業訓練の受講あっせん
- 生業扶助等の活用による民間の教育訓練講座の受講奨励
- 一般の職業相談・紹介の実施

トライアル雇用：事業主が就労に不安をもつ被保護者を短期間（原則として3か月以内）試行的に雇用し、その適性や業務遂行可能性を見極め、当該被保護者と事業主の相互理解を促進することなどを通じて、その後の常用雇用への移行を図ることを目的とするもの。

公共職業訓練：職業能力開発促進法による定義では、国や都道府県、市町村、独立行政法人等が設置又は運営する公共職業能力開発施設が行う職業訓練のこと。

ここは覚える！

第34回で、生活保護受給者等就労自立促進事業の内容に関する事例問題が出題されました。

ここは覚える！

生業扶助は、生活保護の8つある扶助の一つです。第34回で生業扶助では民間の教育訓練講座の受講はできないかが問われましたが、受講は可能です。

▶ **被保護者就労支援事業**

　福祉事務所に設置された就労支援員が被保護者の相談に応じ、必要な情報提供や助言、求職活動の支援、個別の求人開拓、就労後の定着支援等を行います。

ここは覚える！

第32回で、就労支援員の業務について問われました。公共職業安定所（ハローワーク）への同行支援は、業務の1つと考えられます。

ここは覚える！

第31回で、被保護者就労準備支援事業において日常生活自立に関する支援が含まれず、社会生活自立に関する支援が含まれているかが問われました。いずれも含まれるのでおさえておきましょう。また、公共職業安定所への求職申込みや公共職業訓練の受講、医師の診断書の提出が義務付けられているかが問われました。いずれも義務付けられていません。

■ 生活保護受給者に対する就労支援施策について

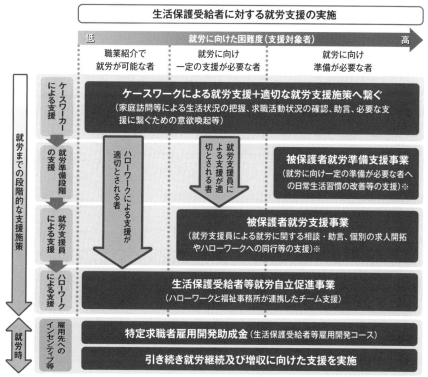

※就労体験等の場として認定就労訓練事業も利用可能

出典：厚生労働省「社会保障審議会生活困窮者自立支援及び生活保護部会（第2回）」資料2　平成29年6月8日

▶ 被保護者就労準備支援事業

就労意欲が低い者や基本的な生活習慣に課題を有する者など、就労に向けた課題を多く抱える被保護者に対し、就労意欲の喚起や一般就労に従事する準備としての日常生活習慣の改善を目的としています。

母子家庭等への就労支援

母子家庭（世帯）は、未婚や死別あるいは離別の母親と未婚の20歳未満の子どもの世帯です。全国ひとり親世帯等調査によれば、2016（平成28）年の母子世帯数は123.2万世帯であると推計されています。父子世帯数は18.7万世帯です。そして、母子世帯の平均所得金額は348万円となっており、その中には、児童扶養手当も含まれています。母親の81.8％が就労していますが、このうち正社員として働いているのは44.2％にとどまっています。子どもを抱えながら働く環境は厳しく、母子家庭の就労を支援するための様々な機関や相談員、プログラムがあります。

> 児童扶養手当は、ひとり親家庭の生活の安定と自立を促進するための制度です。

▶ ハローワークによる職業相談

ハローワークは、子育てをしながら就職を希望している女性に向けて、マザーズハローワークや、ハローワーク内にマザーズサロン、マザーズコーナーなどを設置し、個々の希望やニーズに応じたきめ細かな就職支援を行っています。子ども連れでも来所しやすい環境を整備し、就職支援を行っています。

▶ 母子家庭等就業・自立支援センター

母子家庭等就業・自立支援センターでは、母子家庭の母などに対する一貫した就業支援サービスを提供しています。また、生活の安定や児童の福祉の増進を図るため、養育費の取り決めなどに関する相談員などによる相談や、地域における継続的生活指導を必要としている母子家庭の母などへの支援を総合的に行います。実施主体は都道府県、指定都市、中核市です。この機関が行う事業には、次のものがあります。

- 就業支援事業（就業相談や就業促進活動）
- 就業支援講習会等事業（セミナーや講習会の実施、その際の託児サービスの実施）
- 就業情報提供事業
- 養育費等支援事業

▶ 母子・父子自立支援プログラム

　母子・父子自立支援プログラムは2005（平成17）年に新設されました。対象は、児童扶養手当受給者です。福祉事務所に配置された**母子・父子自立支援プログラム策定員**は、母子・父子自立支援員と連携し、個別に面接を行い、まず生活状況や就労意欲、資格取得の希望などを聞いてきめ細かな**自立支援プログラム**を策定します。そしてこれをもとに母子家庭等就業・自立支援事業や生活保護受給者等就労自立促進事業などを利用して就業に結びつけます。

● 策定するプログラムの内容

- 生活や子育て、健康、収入、就業状況など本人の現在の状況を理解するために必要な事項
- 本人の自立・就労を阻害している要因、課題
- 自立・就労阻害要因を克服するための支援方策の内容
- 自立目標
- 支援方策実施後の経過、自立・就業の進捗状況、支援内容などに対する評価
- 面接者の見解、面接者が本人に対して行った指導、助言、対応などの内容

▶ 職業能力開発

　働くために必要な技術や知識を学ぶためのプログラムや給付が用意されています。

● 委託訓練活用型デュアルシステム

　母子家庭の母などを含めた職業能力開発機会に恵まれなかった人を対象に、専門学校などの民間教育訓練機関での座学訓練と企業での実習を一体的に組み合わせた委託訓練を行います。

■ **デュアルシステム**：「働きながら学び、学びながら働く」ことにより、若年者を職業人に育てる新しい職業訓練システム（雇用・能力開発センター）。

● 準備講習付き職業訓練

2005(平成17)年より実施。母子・父子等自立支援プログラムに基づく就労支援を受ける母子家庭の母を対象に、就職の準備段階としての「準備講習」と、実際の就職に必要な技能・知識を習得するための「職業訓練」を行います。

ホームレスへの就労支援

経済・社会状況の変化で、ホームレス状態に陥った人たちがいます。就労は、ホームレスからの脱却に大きな力となります。

ホームレス支援については、ホームレス自立支援法に加え、2015(平成27)年に施行された生活困窮者自立支援法の枠組みの中で行われています。

▶ 就業機会の確保

ホームレスを対象とした就労支援の事業には次のものがあります。

● 日雇労働者等技能講習事業

国から委託を受けた民間団体が、日雇労働者及びホームレスに対して、技能労働者として必要な技能の習得、資格等の取得を目的として講習を実施します。

● トライアル雇用事業

自立支援センターに入所しているホームレスや常用雇用を希望する日雇労働者に、短期間で試行的に民間企業に雇用してもらうことによって、ホームレス等の新たな職場への円滑な適応を促進し常用雇用への移行につなげます。

● ホームレス就業支援事業

地方公共団体及び関係団体等で構成される協議会により、就業等に係る個別相談、臨時・軽易な仕事及び求人に関する情報の提供、求人の開拓、職場体験講習、就業支援セミナー等を行います。

▶ 生活困窮者・ホームレス自立支援センター

自立に向けた意欲を喚起させるとともに、職業相談等を行うことにより、就労による自立を支援することを目的とした施設です。生活困窮者自立支援法に基づく、生活困窮者の相談に応じ、助言等を行うとともに、個々人の状態にあった計画を作成し、就労支援など必要な支援を行う自立相談支援事業と、一定の

住居を持たない生活困窮者に対し、宿泊場所などの日常生活を営むのに必要な便宜を供与する形で、一時生活支援事業を一体的に提供しています。

組織、団体と専門職の役割

▶ 福祉事務所

　福祉事務所は「福祉に関する事務所」のことで、現在は福祉六法（生活保護法、児童福祉法、母子及び父子並びに寡婦福祉法、老人福祉法、身体障害者福祉法、知的障害者福祉法）が定めている援護や育成、更生の措置に関する事務を担当する第一線の社会福祉行政機関です。都道府県の福祉事務所は、老人福祉法、身体障害者福祉法、知的障害者福祉法を除く福祉三法を所管しています。

> 福祉事務所については、社会福祉法第3章（第14 ～ 17条）に設置や組織、所員の定数などが規定されています。

▶ 福祉事務所内の専門職

● コーディネーター

　生活保護受給者等就労自立促進事業対象者の支援状況を把握するため、各福祉事務所において、査察指導員、就労支援員などの中から選任された職員です。生活保護を受けている者の中から参加者の選定などを行うほか、ハローワークなどとの連絡調整を行います。参加者の選定は、各担当ケースワーカーが条件に合った候補者を挙げ、その中から選び、本人の同意を得ます。

■ **査察指導員**：社会福祉法15条に基づいて福祉事務所に配置され、福祉事務所長の指揮監督を受けて、現業事務の指導監督を行う。

● 母子・父子自立支援員

　都道府県や市、福祉事務所設置町村の職員として、母子・父子自立支援員が福祉事務所に配置されています。就労の問題も含めひとり親家庭の抱えている問題を把握して、その解決に必要な助言や情報提供を行うなどの総合的支援を行っています。

● 母子・父子自立支援プログラム策定員

　児童扶養手当受給者の状況やニーズに応じた自立支援計画書を策定し、母子家庭等就業・自立支援センター事業や生活保護受給者等就労自立促進事業等を活用することにより、きめ細かな自立・就労支援を実施します。

　策定員の条件は、ハローワークOB・OGや人事担当部局経験者など、就業相談の知識・経験がある者とされています。

被保護者健康管理支援事業

　生活保護法改正により、2021（令和3）年1月から、被保護者の生活習慣病の発症や重症化の予防等を推進する被保護者健康管理支援事業が、福祉事務所の必須事業として開始されました。

頻出度 🐾🐾🐾 🐾🐾 🐾🐾

7 低所得者対策

2018（平成30）年

~~生活困窮者自立支援法~~ 改正

・生活困窮者に対する
　包括的支援体制
・子どもの学習・生活支援事業
・居住支援

⟩ 強化！

生活困窮者自立支援法　　　　　31 32 35 36

▶ 制度の概要

　生活困窮者自立支援法では、生活困窮者について「就労の状況、心身の状況、地域社会との関係性その他の事情により、現に経済的に困窮し、最低限度の生活を維持することができなくなるおそれのある者」と定義しています。

　実施主体は福祉事務所設置自治体で、直営のほか社会福祉協議会や社会福祉法人、NPO等への委託も可能となっています。

> 生まれた環境で子どもの将来が左右されないよう、環境の整備と教育の機会均等を図るため、子どもの貧困対策の推進に関する法律が、2014（平成26）年に施行されました。あわせて「子供の貧困対策に関する大綱」も作成されましたが、「少子化社会対策大綱」などとともに、2023（令和5）年の「こども大綱」に一元化されています。

 ここは覚える！

自立相談支援事業、住居確保給付金、一時生活支援事業など各事業の内容や実施主体、相談支援員に関して出題されている。

■ 生活困窮者自立支援法による事業

		事業名	事業内容
必須事業		生活困窮者自立相談支援事業	就労その他の自立に関する相談支援、事業利用のための自立支援計画の作成などを行う
		生活困窮者住居確保給付金	離職により、住居を失ったか家賃の支払いが困難となった生活困窮者に対して、就職活動を容易にするために家賃相当の「住居確保給付金」を支給する
任意事業	努力義務	生活困窮者就労準備支援事業	直ちに就労が困難な生活困窮者に対して、就労に必要な知識・能力の向上のための訓練を一定期間行う
		生活困窮者家計改善支援事業	家計の状況を適切に把握することが難しい生活困窮者などに対して、家計に関する相談、家計管理に関する指導、貸付のあっせん等を行う
		生活困窮者一時生活支援事業	住居のない生活困窮者に対して一定期間宿泊場所や衣食の提供を行う
		子どもの学習・生活支援事業	生活困窮者の子どもに対して学習の支援、生活環境・育成環境に関する助言等を行う
		その他の事業	生活困窮者の自立の促進を図るために必要なその他の事業を行う

▶ 制度の見直し

　生活困窮者自立支援法は、施行3年後の見直しにより、2018（平成30）年に改正が行われました。主な改正内容は、基本理念として①生活困窮者の尊厳の保持、②就労の状況、心身の状況、地域社会からの孤立といった生活困窮者の状況に応じた、包括的・早期的な支援、③地域における関係機関、民間団体との緊密な連携等支援体制の整備、が定められるとともに、生活困窮者の定義の見直しが図られたことです。

　また、①自立相談支援事業・就労準備支援事業・家計改善支援事業の一体的実施（就労準備支援事業・家計改善支援事業の努力義務化）、②子どもの学習支援事業について生活支援なども含む「子どもの学習・生活支援事業」としての強化、③居住支援の強化（一時生活支援事業の拡充）などが定められています（②③は2019（平成31）年4月1日施行）。

生活福祉資金貸付制度　㉝ ㉞ ㉟ ㊱

▶ 生活福祉資金貸付制度の概要

　生活福祉資金貸付制度は、低所得世帯、障害者又は高齢者のいる世帯に対して、必要な資金の貸付と援助指導を行う制度です。この制度は、経済的自立と生活意欲の助長促進、在宅福祉や社会参加の促進を図り、安定した生活を送れるようにすることを目的にしています。

　もとは1955（昭和30）年から世帯更生資金貸付制度として始まった制度で、1990（平成2）年に利用者のニーズに対応するための見直しが行われ、名称も現在のものに変更されました。

　また、2015（平成27）年4月から生活困窮者自立支援法が施行されたことに伴い、一部資金について、利用要件などの見直しが行われました。

▶ 貸付対象世帯

　貸付対象世帯は、①低所得者世帯（必要な資金を他から借り受けるのが困難な世帯）、②障害者世帯（身体障害者手帳、療育手帳、精神障害者保健福祉手帳等の交付を受けた人の属する世帯）、③高齢者世帯（日常生活上、療養又は介護を必要とするおおむね65歳以上の高齢者の属する世帯）です。

ここは覚える！

生活福祉資金貸付制度の実施主体、申込み先、貸付対象者、資金の種類・内容、連帯保証人や利率などについて出題されていますので、基本をおさえておきましょう。

▶ 制度の実施主体と運営

　制度の実施主体は都道府県社会福祉協議会ですが、資金の交付や償還金の受け入れなど直接利用者にかかわる業務は、市町村社会福祉協議会に委託されています。財源は、国が3分の2、各都道府県が3分の1を負担しています。

▶ 資金の種類・内容と対象

　貸付資金の種類は、2009（平成21）年10月にそれまでの10種類から、①福祉資金、②教育支援資金、③総合支援資金、④不動産担保型生活支援資金の4種類に再編成されました。

緊急小口資金と不動産担保型生活支援資金を除き、連帯保証人は原則として必要ですが、連帯保証人を立てない場合も貸付は可能とされました。

　福祉資金、総合支援資金の貸付利子は、連帯保証人を立てる場合は**無利子**、連帯保証人を立てない場合は年1.5％となっています。緊急小口資金、教育支援資金は**無利子**です。

▶ 利用手続きと償還

　貸付を希望する者は、申込書に記入して**市町村社会福祉協議会**に提出します。その後、市町村社会福祉協議会は民生委員（場合により調査委員会）の意見を添えて**都道府県社会福祉協議会**に送付します。都道府県社会福祉協議会では、運営委員会の意見を聞いた上で貸付の決定が行われます。

　なお、生活困窮者自立支援法の施行に伴い、総合支援資金と緊急小口資金の貸付については、原則として同法の**自立相談支援事業**の利用が要件とされたことから、まず管轄の自立相談支援機関に相談することになります。

　貸付金の償還は年賦・半年賦・月賦のいずれかで行うことになります。償還が著しく困難となった場合は、1年以内に限り猶予されることがあります。また、死亡などやむを得ないと認められるときは、免除されることもあります。

　生活保護受給世帯については、貸付などに関して市町村社会福祉協議会が管轄の福祉事務所の意見を聞かなければならないとされています。

　この制度では、**民生委員**が重要な役割を果たしており、貸付の申し込みから返済の完了まで、継続的な相談援助活動が行われることになります。

> 生活保護を受けている場合は、自立更正のために必要があると認められた場合に限って、必要な資金の貸付を受けることができます。外国人については、確実な永住見込があることを条件に貸付の対象となります。

 ここは覚える！

生活福祉資金貸付制度の申し込みを民生委員を介さなくても行えるかどうかが出題されました。民生委員は相談や調査などの役割を担っていますが、申し込みは社会福祉協議会に直接行います。

資金種類		資金の内容	貸付利子
総合支援資金	生活支援費	生活再建までに必要な生活費用	・保証人あり 無利子 ・保証人なし 年1.5%
	住宅入居費	敷金・礼金等住宅の賃貸契約に必要な費用	
	一時生活再建費	生活を再建するために一時的に必要かつ日常生活費で賄うことが困難な費用 （就職・転職を前提とした技能習得に要する経費、滞納している公共料金等の立て替え費用、債務整理をするために必要な経費等）	
福祉資金	福祉費	・生業を営むために必要な経費 ・技能習得に必要な経費およびその期間中の生計を維持するために必要な経費 ・住宅の増改築、補修等および公営住宅の譲受に必要な経費 ・福祉用具等の購入に必要な経費 ・障害者用の自動車の購入に必要な経費 ・中国在留邦人等に係る国民年金保険料の追納に必要な経費 ・負傷または疾病の療養に必要な経費およびその療養期間中の生計を維持するために必要な経費 ・介護サービス、障害者サービス等を受けるのに必要な経費およびその期間中の生計を維持するために必要な経費 ・災害を受けたことにより臨時に必要となる経費 ・冠婚葬祭に必要な経費 ・住居の移転等、給排水設備等の設置に必要な経費 ・就職、技能習得等の支度に必要な経費 ・その他日常生活上一時的に必要な経費	・保証人あり 無利子 ・保証人なし 年1.5%
	緊急小口資金	緊急かつ一時的に生計の維持が困難となった場合に貸し付ける少額の費用	無利子
教育支援資金	教育支援費	低所得世帯に属する者が高等学校、大学または高等専門学校に就学するのに必要な経費	無利子
	就学支度費	上記の学校の入学に必要な経費	
不動産担保型生活資金	不動産担保型生活資金	低所得の高齢者世帯に対する居住用不動産を担保とした生活資金の貸付	年3%、または長期プライムレートのいずれか低い利率
	要保護世帯向け不動産担保型生活資金	要保護の高齢者に対する居住用不動産を担保とした生活資金の貸付	

15

貧困に対する支援 ⑦ 低所得者対策

社会手当制度

　社会手当は、広義の公的扶助として、低所得の世帯などに対して現金を給付することによって、生活を保障する機能をもっています。主な社会手当としては、次のものがあります。

■ 主な社会手当の概要

手当	目的	対象
児童扶養手当	父母の離婚などにより、父又は母と生活を同じくしていない児童を養育している家庭の生活の安定と自立を助け、児童の福祉の増進を図る	18歳に達する日以後最初の3月31日までの間にあって、父又は母と生活を同じくしていない児童（障害児の場合は20歳未満）を監護し、養育している父又は母、養育者
特別児童扶養手当	精神又は身体に重度の障害を有する児童について手当を支給することにより、これらの児童の福祉の増進を図る	20歳未満で精神又は身体に中程度以上の障害を有する児童を養育している父母又は養育者
児童手当	家庭等における生活の安定に寄与するとともに、次代の社会を担う児童の健やかな成長に資する	15歳到達後の最初の3月31日までの間にある児童（中学校修了前の児童）を養育している者

その他の低所得者対策　㉛ ㉜ ㉟

▶ 公営住宅制度

　公営住宅制度は、1951（昭和26）年に公営住宅法として制定され、国の施策として憲法25条に規定されている「健康で文化的な生活」を住宅面から保障することを目的としています。実体的には地方公共団体が住宅を整備し、住宅に困窮する低所得者に低廉な家賃で供給する制度です。経費については、国の負担が2分の1とされています。このうち、**特定目的住宅**は、母子世帯、高齢者世帯、心身障害者など、特に住宅に困窮している世帯が限定して入居できるもので、優先入居や家賃の減免などの制度を備えています。

ここは覚える！

公営住宅の入居対象や条件、家賃・敷金などについて出題されました。

▶ 無料低額診療制度

　無料低額診療制度は、社会福祉法による第二種社会福祉事業として「生活困難者のために、無料又は低額な料金で診療を行う事業」（社会福祉法2条3項9号）と規定されています。対象者は、低所得者、要保護者、行旅病人、ホームレスなどです。

　この事業を行う医療機関は、全患者の総のべ数に対して被保護者や低所得者が一定割合以上なくてはならず、また、固定資産税や不動産取得税の非課税など、税法上の優遇措置が講じられています。

▶ 無料低額宿泊所

　無料低額宿泊所は、社会福祉法による第二種社会福祉事業として「生活困難者のために、無料又は低額な料金で、簡易住宅を貸し付け、又は宿泊所その他の施設を利用させる事業」（社会福祉法2条3項8号）と規定されています。

　無料低額宿泊所については、「貧困ビジネス」と呼ばれる施設の存在などが課題として指摘される一方、単独での居住が困難な人に生活支援を提供する仕組みの必要性があることから、2018（平成30）年に社会福祉法及び生活保護法が改正され、見直しが図られました。

ここは覚える！

無料低額宿泊所について事業の根拠、運営主体、サービス内容、生活保護との関係などについて出題されました。

- ● **社会福祉法の改正内容**
  　第二種社会福祉事業として、「社会福祉住居施設」を定義し、事前届出制の導入、設備や運営等の最低基準の創設、改善命令など
- ● **生活保護法の改正内容**
  　一定の要件を満たす施設を「日常生活支援住居施設」と位置づけ、単独での居住が困難と判断された生活保護受給者の日常生活支援を、福祉事務所が当該施設に委託して費用を支弁できる仕組みを創設

▶ ホームレスの自立支援対策

　ホームレスの増加が社会的問題となる中、厚生省（現厚生労働省）の「ホームレスの自立支援方策に関する研究会」報告を受けて、2000（平成12）年度から、宿所及び食事の提供、健康診断や就労相談、あっせんを主な内容とするホームレス自立支援事業が始まり、2002（平成14）年に**ホームレスの自立の支援等に関する特別措置法**（ホームレス自立支援法）が制定されました。

▶ ホームレス自立支援法の基本的内容

　ホームレス自立支援法の目的は、ホームレスの自立支援に関する国と地方公共団体の責務を明らかにし、ホームレスの人権への配慮と地域社会の理解・協力を得て必要な施策を行うこととされています。この法律では、ホームレスを「都市公園、河川、道路、駅舎その他の施設を故なく起居の場所とし、日常生活を営んでいる者」と定義しています。

　同法は、自立支援に関する施策目標を明らかにするとともに、国による基本方針の策定、都道府県・市町村の実施計画の策定、**民間団体**との連携と能力の活用、ホームレスの実態に関する調査の実施などを内容としています。10年間の**時限立法**で2012（平成24）年8月を期限としていましたが、2012（平成24）年に5年間の延長、2017（平成29）年に10年間の再延長が行われました。

▶ ホームレスの自立の支援等に関する基本方針

　ホームレス自立支援法制定以降、ホームレス問題への対応については、雇用、住宅、保健医療、福祉などの各分野にわたる総合的な取り組みの必要性が強調されるようになりました。2003（平成15）年1〜2月には、**ホームレスの実態に関する全国調査**が実施され、これを踏まえ同年7月に**ホームレスの自立の支援等に関する基本方針**が策定されました。

　そこでは、ホームレス状態にある人の要件として、①就労意欲はあるが仕事がなく失業状態にあること、②医療や福祉等の援護が必要なこと、③社会生活から逃避していることの3つを挙げ、これに対応する12の課題と取り組み方針を示しています。

　基本方針は、5年ごとに実施される全国調査の結果等を踏まえた見直しが行

われ、2023（令和5）年に新たな基本方針が策定されています。また、生活困窮者自立支援法の施行に伴って一部改正が行われ、今後のホームレス自立支援対策は、基本的に生活困窮者自立支援法に基づく事業として実施されることとなりました。

基本方針における各課題の取り組み方針
① 就業機会の確保
② 安定した居住場所の確保
③ 保健及び医療の確保
④ 生活に関する相談・指導
⑤ ホームレス自立支援事業及び個々のホームレスの事情に対応した自立を総合的に支援する事業の展開
⑥ ホームレスとなるおそれのある者に対する生活支援
⑦ 緊急に行うべき援助及び生活保護の適用
⑧ ホームレスの人権の擁護
⑨ 地域における生活環境の改善
⑩ 地域における安全確保
⑪ 民間団体との連携
⑫ その他の自立支援

 ここは覚える！

「ホームレス総合相談推進事業」は自立相談支援事業で、「ホームレス自立支援事業」は自立相談支援事業・一時生活支援事業等で、「ホームレス緊急一時宿泊事業（シェルター事業）」は一時生活支援事業において実施することになっています。

▶ ホームレスの実態に関する全国調査

　厚生労働省は、ホームレスの数と生活実態の把握のため、2003（平成15）年に全国調査を初めて実施し、2007（平成19）年には再度の全国調査を行いました。2008（平成20）年以降は、毎年概数調査のみでしたが、2012（平成24）年、2016（平成28）年には、生活実態調査を含む全国調査が実施されました。

　ホームレスの数は、概数調査によると、2003（平成15）年調査の25,296人から2010（平成22）年調査では12,253人、2019（平成31）年調査では4,555人、2021（令和3）年調査では3,824人となっており、徐々に減少しています。都道府県別でみると、2021（令和3）年調査では大阪府が最も多く、次いで東京都

となっており、これまでの調査でもこの両都府で全国の過半数を占めています。生活の場所としては、2003（平成15）年調査以降、「都市公園」の割合が最も高く、「河川」「道路」と続いていました。2010（平成22）年調査からは「河川」「都市公園」「道路」の順となっていましたが、2021（令和3）年調査では「都市公園」が1位になっています。

　2016（平成28）年実態調査によると、ホームレスの平均年齢は61.5歳で、65歳以上が42.8％となっており、高齢化が一層進んでいます。また、路上生活期間では「10年以上」が34.6％と最も多く、5年以上を含めると65.1％を占めており、高齢化・長期化が進んでいます。仕事をしている者は55.6％で、前回調査より減少しています。路上生活直前の雇用形態は、「常勤職員・従業員（正社員）」が約4割で最も多くなっています。路上生活の要因は「仕事が減った」「倒産・失業」「人間関係がうまくいかなくて、仕事を辞めた」「病気・けが・高齢で仕事ができなくなった」の順となっています。健康状態が悪いと回答した者は3割弱で、この約6割が治療を受けていないと回答しています。

　また、今後の生活の希望については、「いまのままで良い」と回答した者が35.3％となっており、前回、前々回の調査から毎回増加しています。

Q — A

☐ **1** 急迫の場合等において資力があるにもかかわらず保護を受けた場合、被保護者は受けた保護金品に相当する金額の範囲内において保護の実施機関の定める額を返還しなければならない。 第34回　〇

☐ **2** 被保護世帯の子どもがアルバイトをした場合、世帯の収入として認定される。 第34回　〇

☐ **3** 非保護世帯の別居の親族から仕送りを受けた場合、世帯の収入としては認定されない。 第34回　✕

☐ **4** 保護は、世帯を単位としてその要否及び程度を定めるものとする。 第32回　〇

☐ **5** 保護が実施機関の職権によって開始されることはない。 第36回　✕

☐ **6** 公的扶助は貧困予防のための給付であるが、公的年金保険は貧困救済のための給付である。 第29回　✕

☐ **7** 生活保護法の保護施設は、救護施設、更生施設、宿所提供施設の3種類に分類される。 第34回　✕

☐ **8** 住宅扶助は、家賃等のほか、補修その他住宅の維持に必要なものを給付する。 第36回　〇

☐ **9** 医療扶助は、原則として金銭給付によって行うものとする。 第32回　✕

☐ **10** 生業扶助には、高等学校就学費が含まれる。 第35回　〇

☐ **11** 生活困窮者就労訓練事業は、自治体から認定を受けた事業者が、生活困窮者に就労の機会を提供するものである。 第36回　〇

☐ **12** 都道府県知事は，地域の実情を踏まえて生活保護法上の保護基準を変更することができる。 第36回　✕

解説

3 仕送り等の援助も世帯収入として認定される。

5 要保護者が急迫した状況にあるときは、すみやかに、職権をもつて保護の種類、程度及び方法を決定し、保護を開始しなければならない（生活保護法5条1項）。

6 公的年金保険は、貧困状態に陥ることを予防する効果をもつ。

7 救護施設、更生施設、医療保護施設、授産施設、宿所提供施設の5種類に分類される。

9 原則として現物給付によって行う。

12 生活保護基準は、厚生労働大臣が定める。

Q ━━━━━━━━━━━━━━━━━━━━━━━━━━━━━▷　**A**

☐ **13** 人口5万人未満の市は、福祉事務所を設置しなくてもよい。 第29回 　×

☐ **14** 国は、居住地がないか、又は明らかでない被保護者の保護に要する費用の全額を負担する。 第36回 　×

☐ **15** 市が設置する福祉事務所の社会福祉主事は、生活保護法の施行について、市町の事務の執行を補助する。 第34回 　○

☐ **16** 「ホームレスの実態に関する全国調査（概数調査）」（2023年（令和5年））によると、全国のホームレス数は2022年に比べて増加している。 第36回 　×

☐ **17** 保護廃止世帯の主な理由別構成割合では、「働きによる収入の増加・取得・働き手の転入」が最も多い。 第35回 　×

☐ **18** 生活保護の自立支援プログラムにおいて、民間事業者等への外部委託は想定されていない。 第30回 　×

☐ **19** 生活保護の自立支援プログラムは、就労による経済的自立のみならず、日常生活自立、社会生活自立など多様な課題に対応するものである。 第30回 　○

☐ **20** 生活福祉資金の借入の申込みは、民生委員を介して行わなければならない。 第36回改変 　×

☐ **21** 総合支援資金は、連帯保証人を立てないと貸付を受けることができない。 第36回 　×

解説

13 人口規模とは関係なく、都道府県及び市（特別区を含む）は、福祉事務所を設置しなければならない。

14 国の負担は4分の3に固定されており、都道府県が残りの4分の1を負担する。

16 確認されたホームレス数は3,065人であった。前年度より383人減少している。

17 最も多い理由は死亡である。

18 自立支援プログラムは、地域の適切な社会資源への外部委託等によって充実を図るとされている。

20 市区町村社会福祉協議会が窓口となっており、民生委員を介さなくてもよい。

21 連帯保証人がない場合、利息が高くなるが、貸付は受けられる。

Q ──────────────────────────────── A

☐ **22** 生活困窮者就労準備支援事業は、雇用による就業が著しく困難な生活困窮者に対し，就労に必要な知識及び能力の向上のために必要な訓練を行うものである。 第35回　　　〇

☐ **23** 生活困窮者一時生活支援事業は、生活困窮者に対し、生活に必要な資金の貸付けのあっせんを行うものである。 第35回　　　✕

解説

23 住居のない生活困窮者で所得が一定水準以下の者に対して、宿泊場所や食事など　を提供する事業である。

第 16 章

保健医療と福祉

この科目のよく出るテーマ5

❶ 医療保険制度

医療保険制度は十分に理解しておきましょう。制度の仕組みを全体的に把握し、日頃から厚生労働省のホームページや『厚生労働白書』『国民衛生の動向』などで、国民医療費の内訳や動向も押さえておく必要があります。

❷ 診療報酬

診療報酬制度の仕組み、診療報酬の改定事項について理解しておく必要があります。診療報酬は2年に1回改定しているため、最新の改定事項は、必ず確認・把握しておきましょう。

❸ 保健医療サービスの概要

医療法に基づく医療提供施設の定義、承認基準や設置基準、医療計画の概要を確認しましょう。また、診療報酬上の施設基準についてもあわせて確認しておくとよいでしょう。

❹ 保健医療サービスにおける専門職の役割と実際

保健医療サービスにかかわる各専門職の業務や役割については、根拠法を確認しておきましょう。また近年、頻出の「医療ソーシャルワーカー業務指針」も正確に理解しておく必要があります。

❺ 保健医療サービス関係者との連携と実際

「連携」をキーワードに、多職種連携としての「チームアプローチ」、地域連携クリティカルパスの作成、医療と介護の連携も含めた「地域医療の連携」のあり方、様々な関連機関の役割を押さえておきましょう。クライエントの「意思決定支援」についてもガイドライン等を確認しておくとよいでしょう。

攻略のポイント

ここ数年、医療保険制度の仕組みや医療提供施設の概要、診療報酬等バランスよく出題され、出題傾向や難易度に大きな変化はありません。保険給付の内容や国民医療費の内訳や動向についても、厚生労働省のホームページ等で最新のデータを日頃から確認する必要があります。一方で、医療ソーシャルワーカーの役割や状況に応じた判断のあり方といった実践力を問う出題もされており、出題基準に示される幅広い知識としての複数の制度や法律を横断的に理解・整理しておく必要があります。

1 医療保険制度

健康保険

7割給付

月々の保険料
＝
標準報酬
×
保険料率

国民健康保険

7割給付

保険料は市町村で異なる

後期高齢者医療制度

9割給付

保険料は都道府県ごとに決まる

医療保険制度の概要　㉛ ㉜ ㉝ ㉞ ㉟ ㊱

▶ 医療保険制度の保険料負担と保険給付

　我が国では1961（昭和36）年に国民皆保険が制定され、画一的で平等な医療が社会保険方式として提供されるようになりました。我々は、どの保険医療機関にもフリーアクセスすることができます。これまで医療保険は「職業別」の制度体系を維持してきましたが、2008（平成20）年に後期高齢者医療制度が創設されたのに伴い、「職業別・年齢別」の制度に変わりました。いわゆる会社員が加入する被用者保険（職域保険）と自営業者や会社員OB・OGなどを含めたその他の全ての人が加入する国民健康保険（地域保険）、75歳以上のすべての人が加入する後期高齢者医療制度（65歳以上75歳未満で一定の障害があり広域連合の認定を受けた人も含む）の3つに大別されます。

📖 **社会保険方式**：保険料を財源として給付する仕組みのこと。国や地方公共団体が保険者となり、被保険者は強制加入が原則。これに対して、租税を財源にするのが、社会扶助方式。

■ 医療保険の種類と加入者（2023（令和5）年4月時点）

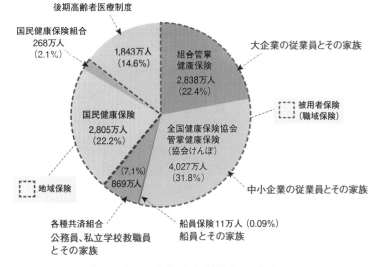

出典：厚生労働省「令和5年版 厚生労働白書 資料編」より作成

詳細は厚生労働白書「医療保険制度の概要」でポイントを確認しましょう。

　保健医療サービスの審査、支払い関係は、**被保険者（患者）、医療機関、審査支払機関、保険者**の四者で行われます。

　次ページの「保険診療の概念図」で見てみると、例えば、会社員の被保険者が医療機関に受診し、①診察を受けた場合、②医療機関の窓口で3割分の一部負担金を支払います。残りは、医療機関が保険者に請求します。

　その過程として、③医療機関が医療行為の内容を記した診療報酬明細書（レセプト）を審査支払機関に送り、④内容が審査され、誤りがなければ保険者に送られます。さらに、⑤保険者でもレセプトの点検が行われ、誤りがなければ審査支払機関に請求金額を支払います。そして、⑥審査支払機関は、保険者から支払われた診療報酬を医療機関に支払う、という流れです。

　被保険者が加入している保険者に毎月支払う⑦健康保険料は、保険者が医療機関に支払う診療報酬（7割分）の財源となっています。

■ 保険診療の概念図

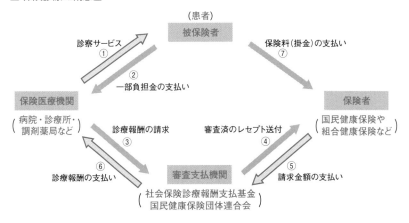

▶ 被用者保険の保険料

　健康保険に加入すると、保険料を納めます。保険料には、一般保険料、調整保険料、介護保険料があります。

■ 保険料の区分

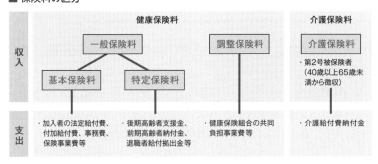

　被用者保険の保険料は、被用者の給与水準によって決まり、金額は次のように算出されます。

> 月々の保険料＝標準報酬月額×保険料率
> 賞与の保険料＝標準賞与額×保険料率

協会けんぽのような小規模の事業所が集まったけんぽでは、保険料は一律ではなく、1,000分の30〜120の範囲があり、都道府県支部の財政状況に応じて決まります。

標準報酬とは、時間外（残業代）などを含む労働の対価として支払われるすべての報酬のことです（寄宿舎などの現物給与は現金に換算する）。社会保障の保険料や保険給付を算定する基礎となります。報酬の決め方には定時決定と随時決定があります。定時決定は、被保険者ごとに毎年4・5・6月の3か月分の平均給与をもとに、それを標準報酬月額等級区分に当てはめて決定します。随時決定とは、昇給や減給が頻回にあるなどの場合に定時決定以外の時期に標準報酬月額等級を見直すことです。いずれも標準報酬等級を決定しますが、この格付けは休業補償給付（傷病手当金・出産手当金）と関係するため注意が必要です。

標準賞与とは、保険料の対象となる「ボーナス」のことです。その上限額は年間通算で573万円です。オーバーした分は保険料の対象外となります。

保険料は通常、事業主（＝企業）と被保険者（＝従業員）で半分ずつ負担しますが、これを労使負担といいます。組合健保にあっては「健康保険組合規約」に定めれば事業主の負担割合を大きくすることができます。

定時決定には、労働日が17日未満の月は用いません。その月を除いて標準報酬月額の決定を行います。

▶ 地域保険の保険料（税）

国民健康保険（以下、国保）は地域保険であるため、保険料の算定方法も市町村条例で決まります。在住の市町村によって保険料は異なります。被用者保険の算定の基礎が標準報酬（収入）であるのに対して、国保の算定の基礎は「市町村民税課税対象所得」です。また世帯単位で算定されます。

さらに、国保保険料は応益割と応能割を合算して決定されます。応益割とは、加入者の収入や資産に関係なく、加入している人数等によって一律に計算され、応能割とは、加入者の収入や資産に応じて計算されます。応益割が増せば、低所得者への負担は高まりますが、厚生労働省は、応能割と応益割が概ね50：50になるよう、基準を設定しています。

所得と収入の違いは、経費を含むか含まないかです。所得は勤労から
得た収入から経費を控除した純収入のことで、収入は勤労から得た実
際の収入のことです。
国民健康保険の算定は市町村民税課税対象所得をもとに計算されます。

■ 国民健康保険事業に係る財源

保険料		市繰入金	国・県からの支出金等

| 50%
応能割 | 50%
応益割 | | |

　そこで市町村によっては、低所得世帯に対して応益割部分を減額する措置が
あります。減額された分は市町村の一般会計から繰り入れます。
　このほか、特定の職種（医師、弁護士、理美容師、土木建築業など）ごとに設立さ
れた国民健康保険組合もあります（199ページ「医療保険の種類と加入者」参照）。

▶ 医療保険の保険給付

　健康保険の給付には、給付額や負担割合が定められ必ず支給しなければなら
ないとされている法定給付と、保険者が独自の規約に基づき法定給付に加えて
給付する付加給付があります。

■ 医療保険の保険給付

内容	保険給付		被用者保険 （職域保険）	国民健康保険 （地域保険）	後期高齢者 医療制度
法定給付	医療給付	療養の給付 家族療養費	7割給付	7割給付	9割給付*1 現役並みの所得の 場合は7割給付
		療養費	①療養費 ②入院時食事療養費 ③入院時生活療養費 ④高額療養費 ⑤訪問看護療養費 ⑥保険外併用療養費 ⑦移送費 ⑧高額介護合算療養費	同左	同左

法定給付	現金給付	①傷病手当金*2 ②出産手当金*3 ③出産育児一時金*4 ④埋葬料（費）	③出産育児一時金 ④埋葬料	④埋葬料
付加給付		健保組合や共済組合・ 国保組合一部で実施	一部で実施	なし

*1　2022（令和4）年10月から、一定の所得がある人は8割給付になりました。
*2　傷病手当金：支給を開始した日から数えて最長1年6か月支給される。
*3　出産手当金：出産日以前に42日、出産後56日の休暇を取った際の所得補償。
*4　出産育児一時金：産科医療補償制度加入医療機関は50万円支給。現物給付も可能。

　法定給付には、大きく病気やけがをした場合に医療そのものを給付する方法と、治療にかかった費用を給付する方法があります。医療を給付する方法を**現物給付**、現金を給付する方法を**現金給付**と呼びます。

　現物給付とは、保険証を医療機関に提示し、診療や検査、投薬、入院などの医療行為を直接患者に提供することです。加入者に「医療サービス」という「現物」を給付するので、**現物給付**という呼び方をします。また、やむを得ない事情で現物給付を受けることができないときや、治療のためにコルセット等の装具が必要になったときなどは、かかった医療費の全額を一時立替払いし、あとで請求して療養費（被扶養者の場合は家族療養費）として、払い戻しを受けることができます（償還払い）。

　「現金給付」は、出産育児一時金や傷病手当金、埋葬料等、お金（現金）で支給されるものをいいます。

落とせない！重要問題

医療保険の保険給付は、現物給付に限られる。 第33回

　×：医療保険の保険給付は、医療そのものを給付する現物給付、傷病手当金や出産育児一時金といった現金を給付する現金給付がある。

▶ 医療保険における世帯とは

　医療保険では実質的な扶養関係が世帯の単位となります。戸籍上の世帯ではなく、属する健康保険組合によって世帯としてみなされます。

戸籍上の世帯： 住居及び生計を同じくする者の集まりをいう。

> **例（一家7人のケース）**
>
> 父はA健康保険組合の被保険者
>
> 長男はB健康保険組合の被保険者
>
> 次男はC健康保険組合の被保険者
>
> 長女はD健康保険組合の被保険者
>
> 母と祖母・祖父は父の被扶養者
>
> ➡家族の属する健康保険組合が4つあれば、合計4世帯となる

高額療養費制度の概要　㉛ ㉜ ㉝ ㉞

▶ 高額療養費制度とは

　高額療養費制度は、医療費の自己負担額が、ひと月（1日〜末日）で一定額を超えた場合に、その超えた金額を申請すると償還（払い戻し）を受けられる制度です。支給の申請は、診療を受けた月の翌月1日から**2年**以内とされており、申請後3か月程度の期間で払い戻されます。入院時の食事、保険外医薬品代、差額ベッド代、おむつ代、診断書代、歯科の自由診療費などは対象になりません。自己負担額は世帯で合算（世帯合算）できます。

 ここは覚える！

基本的な内容が何度も出題されていますので、対象（公的医療保険の加入者）、適用範囲、自己負担限度額など高額療養費制度の概要を確実におさえておきましょう。

落とせない！重要問題

入院時の食費、居住費、差額ベッド代は高額療養費制度の支給の対象とはならない。 第32回

○：希望して有料個室を使用した際（差額ベッド代）など、高額療養費の支給とならないものがある。

ここは覚える！

第32回で、世帯合算に関する出題があり、医療保険加入者を対象としていること、年齢や所得に応じて算定方法が異なる点の理解が問われました。

▶ 高額療養費の自己負担限度額

高額療養費は基本的に現金給付です。保険者から限度額適用認定証の交付を受けて、これを保険医療機関に提示することで窓口支払いは自己負担限度額にとどめられます。

自己負担限度額は年齢や世帯所得に応じた計算式を算出します。70歳未満は、標準報酬月額（国保では基礎控除後の総所得金額）に応じて、上位所得者（2類型）、一般所得者（2類型）、住民税非課税世帯の5段階に分けられます。

70歳以上は、所得水準ごとに現役並み所得者（3類型）、一般所得者、低所得者Ⅰ、低所得者Ⅱの6類型に分けられます。また、直近12か月間に同じ世帯で3回以上高額療養費の支給を受けた場合は、4回目から自己負担限度額がさらに引き下げられます。これを**多数該当**といいます。

📖 **限度額適用認定証**：医療機関で保険証と併せて「限度額適用認定証」を提示すると、一医療機関ごとの窓口での支払いを自己負担限度額までにとどめることができる。入院のほか外来や保険薬局、指定訪問看護事業においても限度額適用認定証は使うことができる。

■ 高額療養費制度の自己負担限度額の改正

70歳未満

適用区分	自己負担限度額
標準報酬月額83万円以上 （報酬月額81万円以上）	252,600円＋（総医療費−842,000円）×1% ＜多数回140,100円＞
標準報酬月額53万〜79万円 （報酬月額51.5万円以上〜81万円未満）	167,400円＋（総医療費−558,000円）×1% ＜多数回93,000円＞
標準報酬月額28万〜50万円 （報酬月額27万円以上〜51.5万円未満）	80,100円＋（総医療費−267,000円）×1% ＜多数回44,400円＞
標準報酬月額26万円以下 （報酬月額27万円未満）	57,600円 ＜多数回44,400円＞
被保険者が市区町村民税の非課税者等	35,400円 ＜多数回24,600円＞

70歳以上

適用区分		外来（個人ごと）	ひと月の上限額（世帯ごと）
現役並み	年収約1160万円〜 標報83万円以上 課税所得690万円以上	252,600円＋(総医療費−842,000円)×1％ <多数回 140,100円 >	
	年収約770万円〜約1160万円 標報53〜79万円以上 課税所得380万円以上	167,400円＋(総医療費−558,000円)×1％ <多数回 93,000円 >	
	年収約370万円〜約770万円 標報28〜50万円以上 課税所得145万円以上	80,100円＋(総医療費−267,000円)×1％ <多数回 44,400円 >	
一般	年収156万〜約370万円 標報26万円以下 課税所得145万円未満	18,000円 （年間上限14万4,000円）	57,600円 <多数回44,400円 >
低所得者	Ⅱ 住民税非課税世帯	8,000円	24,600円
	Ⅰ 住民税非課税世帯 （年金収入80万円以下など）		15,000円

▶ 高額医療・高額介護合算療養費制度

　同一世帯内に介護保険の受給者がいる場合で、1年間（毎年8月1日〜翌年7月31日）にかかった医療保険と介護保険の自己負担額の合算額が著しく高額になる場合に、申請により負担を軽減するために自己負担限度額を超えた額が医療保険、介護保険の自己負担額の比率に応じて支給されます。ただし、高額療養費制度と同様に、保険外併用療養費の差額部分や入院時食事療養費、入院時生活療養費の自己負担額は対象にはなりません。

■ 高額介護合算療養費制度のイメージ

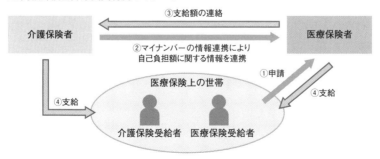

出典：厚生労働省「令和5年版厚生労働白書　資料編」をもとに作成

▶ 高額長期疾病の負担軽減

高額長期疾病とは、著しく高額かつ長期治療を必要とする厚生労働大臣が定める疾患です。医療機関の窓口に健康保険証と併せて「特定疾病療養受療証」を提示することにより、自己負担限度額は1万円となります。ただし、標準報酬額が53万円以上ある高所得の70歳未満の被保険者又は被扶養者の自己負担は2万円となります。

> 高額長期疾病の対象は血友病、慢性腎不全による人工透析、抗ウイルス剤を投与している後天性免疫不全症候群（血液製剤に起因するHIV）などがあります。2つの疾患重複時も適用されます。

後期高齢者医療制度 ㉛ ㉜ ㉝ ㉟

2008（平成20）年施行の「高齢者の医療の確保に関する法律」に基づく制度です。高齢化に伴う医療費の増大が見込まれる中で、高齢者と若年世代の負担の明確化を図る観点から制度化されました。75歳以上の後期高齢者全員（65〜74歳の前期高齢者のうち障害のある者も含む）を対象としており、職域保険、地域保険に並ぶ独立した別の保険システムとなっています。75歳になった段階で、これまで加入していた医療保険から、自動的に後期高齢者医療制度に移行する方式をとり、これまで被扶養者として保険料負担のなかった者も、新たに保険料を負担するなど個人単位で加入する仕組みです。

制度の概要は、第5章「社会保障」で解説しています。なお、後期高齢者医療制度の運営主体である**後期高齢者医療広域連合**は、**特別地方公共団体**です。

■ 医療保険制度の年齢別給付率

年齢	給付率
75歳以上	9割（現役並み所得者7割）
70歳以上75歳未満	8割（現役並み所得者7割）
就学後〜70歳未満	7割
誕生〜就学直前	8割

75歳以上の給付率については、2022（令和4）年10月から、一定の所得がある人は8割給付になり9割、8割、7割の三段階とました。

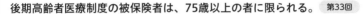

落とせない！重要問題

後期高齢者医療制度の被保険者は、75歳以上の者に限られる。 第33回

×：後期高齢者医療制度の被保険者は、75歳以上の者及び65歳以上75歳未満の者で一定の障害があると各都道府県の後期高齢者医療広域連合に認定を受けた者である。保険料は、条例により後期高齢者医療広域連合が決定し、毎年度個人単位で策定・賦課される。

落とせない！重要問題

国民健康保険は、後期高齢者医療制度の被保険者も適用となる。 第35回

×：後期高齢者医療制度は、健康保険や国民健康保険から独立した制度であり、75歳に達すると、それまで加入していた健康保険や国民健康保険を脱退し、新たに後期高齢者医療制度に加入することになる。

2 診療報酬

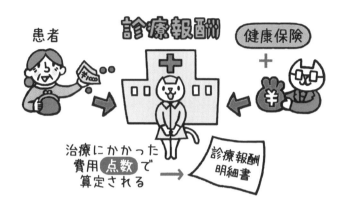

診療報酬制度の概要　㉛㉞㉟㊱

▶ 保健医療の国民医療費

　国民医療費とは、当該年度内の医療機関等における保険診療の対象となり得る傷病の治療に要した費用を推計したものです。医療保険制度等による給付、後期高齢者医療制度や公費負担医療制度による給付、患者の一部負担で支払われた医療費を合算したものです。

　国民医療費の範囲は傷病の治療に限っており、正常な妊娠・分娩、健康診断・予防接種等に要する費用や義肢等の費用は含みません。

● 国民医療費（2021（令和3）年度）

　国民医療費は年々増加し、2000（平成12）年に30兆円を超え、2021（令和3）年度には45兆359億円となりました。人口一人当たりの医療費も35万8,800円で最高を更新しています。

　財源別国民医療費では、公費17兆1,025億円（38.0％）、そのうち国庫は11兆4,027億円（25.3％）、地方は5兆6,998億円（12.7％）となっています。保険料

は22兆4,957億円（50.0%）、そのうち事業主は9兆7,376億円（21.6%）、被保険者は12兆7,581億円（28.3%）です。また、その他は5兆4,378億円（12.1%）、そのうち患者負担は5兆2,094億円（11.6%）となっています。財源別に見ると、保険料、公費、患者負担の順に割合を占めているといえます。

制度区分別国民医療費では、医療保険等給付分20兆5,706億円（45.7%）、後期高齢者医療給付分15兆7,246億円（34.9%）、公費負担医療給付分3兆3,136億円（7.4%）の順となっています。

年齢階級別国民医療費では、0〜14歳は2兆4,178億円（5.4%）、15〜44歳は5兆3,725億円（11.9%）、45〜64歳は9兆9,421億円（22.1%）、65歳以上は27兆3,036億円（60.6%）と年齢を追うごとに割合が高くなっています。これらの統計より、医療費の増加の要因として、高齢人口の増加、医療の高度化、生活習慣病の増加などによる疾病構造や対象の変化が挙げられますが、我が国特有の要因としては病床数の多さ、平均在院日数の長さ、検査や受診回数の多さ、薬剤価格が高い上に使用量も多いことが挙げられます。

 ここは覚える！

国民医療費については、ほぼ毎回出題されます。厚生労働省は毎年「国民医療費の概況」という資料を公開しているため財源別・制度別国民医療費の他、年齢別・診療種類別・傷病分類別について整理しましょう。

● 診療報酬（社会保険診療報酬）

診療報酬の決定は厚生労働大臣の権限と規定され、中央社会保険医療協議会（中医協）の議論を踏まえ2年に1回改定されます。

病院や診療所といった保険医療機関及び保険薬局で提供される保健医療サービスに対して医療保険の保険者が支払うのが診療報酬であり、これは公定価格です。診療報酬は医科・歯科・調剤報酬に分類され実施したすべての項目ごと（回数）に点数が加算・計算される出来高払い制です。1点は10円です。

📖 **公定価格**：経済統制の必要上、政府が決定する最高・最低又は標準価格。

■ 診療報酬改定の流れ

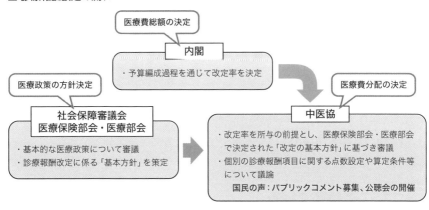

　保険医療機関は、被保険者への診療行為の費用を、診療報酬点数表をもとに算定し、レセプト（診療報酬明細書）として審査支払機関に請求します。審査支払機関は都道府県単位で設置されています（200ページ「保険診療の概念図」を参照）。

　患者一人ひとりの医療費算定には**出来高払い方式**と**包括払い方式**があります。従来は、出来高払いが基本でしたが、現在は過剰診療を防ぎ、医療費を抑制する観点から、特定機能病院をはじめ、急性期医療に取り組む病院では**DPC**（Diagnosis Procedure Combination：診断群分類）が適用されるようになりました。DPC制度では診療内容にかかわらず疾病別に**入院1日当たりの金額**が定められています。DPCはアメリカの**DRG**（Diagnosis Related Group）を参考にしたものであり、日本では2003（平成15）年に82病院で導入が開始されましたが、2022（令和4）年度は1,764病院、約48万床となり、全一般病床の約6割を占めるまでに拡大しました。

　📖 **包括払い**：実施した医療行為に関係なく、医療費が定額となる計算方法。いわゆる「まるめ」方式。

　　DPC制度（DPC/PDPS）：厚生労働省が定めた入院1日当たりの包括部分（投薬・注射・処置・入院料等）に、出来高部分（手術・麻酔・リハビリ・指導料等）を上積みして計算する方式。

● 入院基本料とは

　入院基本料とは、基本的な入院医療の体制を評価したもので、医学的管理、看護、寝具類等を所定点数の中で包括的に評価しています。患者が医療機関に入院した場合は、原則として入院基本料もしくは特定入院基本料を算定します。一般病棟、療養病棟、結核病棟、精神病棟、特定機能病院（一般病棟、結核病棟、精神病棟）、専門病院、障害者施設等、診療所は有床診療所、有床診療所療養病床の各入院基本料では、看護職員の配置数、平均在院日数等によって点数が区分されており、療養病棟の各入院基本料では、患者の医療区分とADL区分によって点数が区分されています。

ここは覚える！

第30回で病棟や施設の入院基本料の算定要件について問われました。

● 薬価基準とは

　保険診療に使用できる医薬品銘柄と、その価格が薬価基準に記載されています。高額な医薬品や大衆薬は除外されています。厚生労働省は毎年薬価調査を行い、改定しています。医薬品名の収載については、医薬品の主成分を指定した一般名収載ではなく、販売名である銘柄別収載が主となっています。なお、薬局調剤医療費は近年、一貫して増加しています。

落とせない！重要問題

診療報酬点数表には、医科、歯科、高齢の点数表がある。 第36回

×：医科、歯科、調剤の3種類が設けられている。

診療報酬制度と社会福祉士

▶ 近年の診療報酬改定のポイント

● 2018（平成30）年の診療報酬改定

　2018（平成30）年度の診療報酬改定は、団塊の世代が全て75歳以上の高齢者となる2025年に向けた道筋を示す6年に1度の介護報酬との実質的な最後の同時改定となり、医療・介護両制度によって重要な節目となりました。そして、「人生100年時代を見据えた社会の実現」のため、質が高く効率的な医療提供体制の整備とともに、新しいニーズにも対応できる質の高い医療の実現を目指すとされました（第7次医療計画と第7期介護保険事業計画がスタート）。

　そのため、「どこに住んでいても適切な医療・介護を安心して受けられる社会の実現（地域包括ケアシステムの構築）」や「制度の安定性・持続可能性の確保と医療・介護現場の新たな働き方の推進」の基本認識もあわせて示されました。改定のポイントは以下の通りです。

> ① 地域包括ケアシステムの構築と医療機能の分化・強化、連携の推進
> ② 新しいニーズにも対応でき、安心・安全で納得できる質の高い医療の実現・充実
> ③ 医療従事者の負担軽減、働き方改革の推進
> ④ 効率化・適正化を通じた制度の安定性・持続可能性の向上

　その他、障害福祉サービス等報酬改定、介護保険法改正、第3期医療費適正化計画、国民健康保険の都道府県化などもあり「トリプル改定」などといわれています。

● 2020（令和2）年の診療報酬改定

　2020（令和2）年度診療報酬改定では、健康寿命の延伸、人生100年時代に向け2040年の医療提供体制の展望を見据えた全世代型社会保障の実現といった基本認識のもと、次の4つが改定の基本的視点、具体的方向性として示されました。

① 医療従事者の負担軽減、医師等の働き方改革の推進【重点課題】
② 患者・国民にとって身近であって、安心・安全で質の高い医療の実現
③ 医療機能の分化・強化、連携と地域包括ケアシステムの推進
④ 効率化・適正化を通じた制度の安定性・持続可能性の向上

　この改定では、働き方改革を後押しする内容が盛り込まれたのが特徴といえます。医療従事者の負担軽減、医師等の働き方改革の推進を重点課題とし、働き方改革が大きなテーマとなりました。地域の救急医療を担う医療機関を支援するため、「救急車の受け入れ件数が一定以上」といった要件を満たす医療機関が算定できる地域医療体制確保加算が新設されました。

　そのほか、タスク・シェアリング／タスク・シフティングのためのチーム医療等の推進として、救急搬送看護体制加算（夜間休日救急搬送医学管理料の加算）や救急医療管理加算の点数が引き上げられました。さらに、救急医療以外でも、医師事務作業補助体制加算の算定対象の拡大、看護職員夜間配置加算や急性期看護補助体制加算の引き上げなどが行われました。

📖　**タスク・シェアリング**：ある業務に関して、他者あるいは他職種と共同で行うこと。
　　タスク・シフティング：他者あるいは他職種（主に他職種）に業務そのものを移管すること。

● 2024（令和6）年の診療報酬改定

　2024（令和6）年4月に行われる診療報酬改定は、6年に1度のタイミングで3制度（医療・介護・障害福祉）の報酬が改定されるトリプル改定となります。2024（令和6）年のトリプル改定では、医療・介護・障害福祉の連携強化や、DX化の推進、各報酬の適正化が重要なポイントとなります。

① 医療・介護・福祉の連携が強化
② 医療・介護のDX化をさらに推進
③ 報酬の適正化

　トリプル改定に関連する改革として、2024（令和6）年度は、第8期医療計画のスタートや医師の働き方改革なども同時に行われる年にもあたります。

3 保健医療サービスの概要

医療法

医療法とは、医療を受ける側の利益を保護しつつ、提供する側も良質で適切な医療を行えるよう、病院や診療所、助産所の管理・整備・機能分担・連携などについて規定した法律です。

▶ 医療施設に関する規定

医療法では、病床種別の定義、人員配置、構造設備基準や、病院、診療所、助産所など施設の開設・管理に関する事項を規定しています。医療施設については1条の2第2項に規定されています。また患者の視点に立った医療提供のあり方や、どのような医療を受けるかを選択するための情報提供のあり方も規定しています。

医療法6条の2第1項では、国及び地方公共団体は医療を受ける者が必要な情報を得られるよう必要な措置を講ずるよう努めるとあります。これは同時に医療機関で働く人の職務となります。

過去に、都道府県が医療機関に関する医療機能情報を集約し住民に提供する役割を果たすことが出題されましたので、覚えておきましょう。

▶ 医療と福祉の連携

医療法1条の2において、医療は福祉サービスとその他関連サービスとの有機的な連携を図る必要性が明記されています。特に高齢者や重症患者など入院時と退院時の状況が大きく変化している場合には、切れ目・継ぎ目のない医療の提供が必要になってきます。

📖 **シームレスケア**：急性期から在宅まで切れ目のないケアを地域全体で実現するために、他機関、多職種が情報を共有し、検討すること。

医療法による医療施設　㉜ ㉞ ㉟

医療法では、医業を行う医療提供施設として、病院と診療所を規定しています。

■ 医療法による医療提供施設の定義

病院	医師又は歯科医師が医業又は歯科医業を行う場所であって、病床数20床以上の入院施設を有するものをいう
一般診療所	医師又は歯科医師が医業又は歯科医業を行う場所（歯科医業のみは除く。）であって、患者の入院施設を有しないもの又は病床数19床以下の入院施設を有するものをいう
歯科診療所	歯科医師が歯科医業を行う場所であって、患者の入院施設を有しないもの又は病床数19床以下の入院施設を有するものをいう

次の「病院」「その他の医療施設」のうち、助産所以外は、医療法で規定されている医療提供施設です。

▶ 病院

病院には、一般病院、特定機能病院、地域医療支援病院、臨床研究中核病院、精神病院、結核病院があり、病床の種類には、精神病床、感染症病床、結核病床、療養病床、一般病床の5つがあります。

医療法に基づく義務として、**1年に1回（10月1日～31日）**病院の管理者は、**病床機能報告**を行います。病床機能の報告は、一般病床・療養病床を有する病院・有床診療所が対象となります。

病院の開設には都道府県知事の許可が必要です。

▶ その他の医療施設

特定機能病院	・1993（平成5）年、第二次医療法改正により制度化された病院で、**厚生労働大臣が個別に承認する** ・高度の医療の提供、高度の医療技術の開発・評価、高度な医療安全管理体制、高度の医療に関する研修を行う機能があり、診療科目が原則定められた16の診療科を標榜、400床以上の患者を入院させる施設を有する ・来院患者の紹介率が50％以上		
地域医療支援病院	・1998（平成10）年に第三次医療法改正によって制度化された病院で、都道府県知事により承認される ・地域の医療機関の支援を目的とする		
	役割	・地域の他の医療機関や第一線にいるかかりつけ医（かかりつけ歯科医）の支援 ・紹介患者に対する医療の提供と、紹介した「かかりつけ医」への逆紹介 ・医療機器の共同利用の実施 ・救急医療の提供 ・地域の医療従事者に対する研修の実施	
	管理者の義務	・医療提供施設・訪問看護事業所など在宅医療の提供者に関する情報提供 ・地域における医療の確保を図るために特に必要であるものとして都道府県知事が定める事項 ・在宅医療の提供の推進に関して必要な支援	
	承認の条件	・主として長期にわたり療養が必要である者に対し、施設サービス計画に基づいて、療養上の管理、看護、医学的管理の下における介護および機能訓練その他必要な医療並びに日常生活上の世話を行うことを目的とする施設 ・紹介患者中心（紹介率80％以上等）の医療をしている ・建物、設備、機器等を地域の医療の医師等が利用できる体制をとっている ・地域医療従事者に対する研修を年間12回以上行っている ・原則として200床以上の病床、地域医療支援病院としてふさわしい施設を有する ・救急医療を提供する能力を有する	

診療所	・19人以下の患者の入院施設を有する（有床診療所）、又は入院する施設を有しない施設（無床診療所） ・有床診療所は地域において、外来・入院・在宅介護を多機能に発揮できることから、地域包括ケアシステムにおいて期待されている ・普段から住民の健康管理をする身近な医師と、病院がそれぞれの役割・機能を分担し、患者の治療のために連携していく方策（病診連携）は、地域医療にとって効率的であり、医療費の削減にもつながる ・臨床研修後、医師又は歯科医師が開設する場合、開設後、10日以内に所在地の都道府県知事に届出が必要となる
助産所	・助産師が分娩を助けたり指導やケアを行う場所 ・10人以上の入所施設を有することができないなど、小規模であることが定められている ・助産師が個人名義で助産所を開設する場合は、開設後10日以内に開設届を保健所へ届け出る必要があり、助産師以外の開設には都道府県知事の許可が必要
老人保健施設	・要介護認定を受けた高齢者に対して、看護・介護・リハビリテーション及び日常生活のサービスを提供し、家庭復帰を目指す施設 ・2000（平成12）年施行の介護保険制度では入所者30人以上の条件を満たすものを介護老人保健施設と規定 ・設置許可は都道府県知事が行う。地方公共団体、医療法人、社会福祉法人、その他厚生労働大臣が定める者が開設できる（営利を目的とする株式会社は経営できない） ・高齢者の医療の確保に関する法律（旧老人保健法）、医療法、介護保険法の3つの法律で規定されている ・施設の管理は医師が行う（老人保健施設の開設者として都道府県知事が承認した場合は、医師以外の者に管理をさせることができる）
調剤薬局（保険薬局と調剤薬局）	・2006（平成18）年の改正医療法1条の2第2項により、調剤をする薬局は医療提供施設となった ・保険薬局とは、薬局の中で特に指定を受けた薬局のことで、健康保険を使った処方箋の受付を行う（保険調剤）ことができる ・調剤薬局とは、医療機関で発行された処方箋をもとに薬剤を調剤し、患者に適切な薬剤を提供する医療機関 ・保険薬局で保険調剤を行うためには、薬剤師が保険薬剤師でなければならない

ここは覚える！

特定機能病院、地域医療支援病院

第29・30回で設置基準等が問われました。
・特定機能病院数（88施設）　※2022（令和4）年12月1日現在
・地域医療支援病院数（685施設）　※2022（令和4）年9月現在
新たな承認や取り消し・再承認により、施設数は変動します。

2022（令和4）年度の診療報酬改定で、特定機能病院及び一般病床200床以上の地域医療支援病院に紹介状を持たずに受診すると、初診料とは別に自費負担で7,000円以上を支払うことになりました。

落とせない！重要問題

診療所は、最大30人の患者を入院させる施設であることとされている。 第35回

×：医療法においては、医業を行うための場所を病院と診療所とに限定し、病院は20床以上の病床を有するものとし、診療所は病床を有さないものまたは19床以下の病床を有するものとしている。

保健医療政策による医療施設 ㉝ ㉞

　政策医療とは、国民の健康に重大な影響のある疾患に関する医療を、国が国立病院機構や国立療養所において担うことです。政策医療は19分野あります。

■ **政策医療の19分野：**がん、循環器病、精神疾患、神経筋疾患、成育医療、腎疾患、重症心身障害、骨・運動器疾患、呼吸器疾患（結核を含む）、免疫異常、内分泌代謝性疾患、感覚器疾患、血液造血器疾患、肝疾患、エイズ、長寿医療、災害医療、国際医療協力、国際的感染症

▶ 国立高度専門医療研究センター

　国立高度専門医療研究センターは、「高度専門医療に関する研究等を行う国立研究開発法人に関する法律」に基づき、国の政策医療としての疾患に関する調査、研究及び技術の開発とともに医療の提供、技術者の研修を行い、高度かつ専門的な医療の向上を図ることを目的にしている施設です。同法及び独立行政法人通則法2条1項に基づき、①国立がん研究センター、②国立循環器病研究センター、③国立精神・神経医療研究センター、④国立国際医療研究センター、⑤国立成育医療研究センター、⑥国立長寿医療研究センターの6法人が設置されています。

▶ がん診療連携拠点病院

　がん対策基本法に基づき、全国どこでも質の高いがん医療を提供することができるよう、全国にがん診療連携拠点病院（都道府県がん診療連携拠点病院、地域がん診療連携拠点病院）を指定しています。また、2014（平成26）年度より、特定のがんに高い診療実績を持ち、都道府県内で拠点的役割を果たす**特定領域がん診療連携拠点病院**と拠点病院のない二次医療圏で基本的がん診療を行う**地域がん診療病院**が新設されました。療養生活について相談できる、がん専門相談員（MSW）が配置されています。

> 地域がん診療連携拠点病院の要件として、患者や家族に対し、必要に応じてアドバンス・ケア・プランニング（ACP）を含めた意思決定支援を提供できる体制を整備することが求められています。

▶ 救命救急センター

　日本の救急医療体制は、重症度・緊急度に応じた初期（一次）、二次、三次の3階層になっています。初期救急医療は休日夜間急患センターと在宅当番医が行い、二次救急医療は病院群輪番制病院と共同利用型病院等が行います。そして、救命救急センターが担うのは三次救急医療です。原則として重症及び複数の診療科領域にわたるすべての重篤な患者について24時間体制で高度な救急医療を提供します。

▶ へき地医療拠点病院

　へき地医療拠点病院の指定は、**都道府県知事**が行い、無医地区等への巡回診療、へき地診療所への代診医派遣、へき地医療従事者に対する研修、遠隔診療支援等の診療支援事業を行いながら、へき地地域からの入院患者の受け入れ等を行う病院です。無医地区、無医地区に準ずる地区を対象としています。過疎地域の中核病院であることが多く、救急医療、専門医療を担いつつへき地の支援も行うといった幅広い役割が求められますが、医師や診療科の偏在の余波を受け、へき地医療拠点病院においても医師不足が問題となっています。

▶ 災害拠点病院

　災害拠点病院は、次の機能を持つ病院です。

① 24時間緊急対応し、災害発生時に被災地内の傷病者等の受入れ及び搬出を行うことが可能な体制を有する
② 災害発生時に、被災地からの傷病者の受入れ拠点にもなる。なお、「広域災害・救急医療情報システム（EMIS）」が機能していない場合には、被災地からとりあえずの重症傷病者の搬送先として傷病者を受け入れる。また、例えば、被災地の災害拠点病院と被災地外の災害拠点病院とのヘリコプターによる傷病者、医療物資等のピストン輸送を行える機能を有している
③ 災害派遣医療チーム（DMAT）を保有し、その派遣体制がある。また、災害発生時に他の医療機関のDMATや医療チームの支援を受け入れる際の待機場所や対応の担当者を定めておく等の体制を整えている
④ 救命救急センター又は第二次救急医療機関である
⑤ 被災後、早期に診療機能を回復できるよう、業務継続計画の整備を行っている
⑥ 整備された業務継続計画に基づき、被災した状況を想定した研修及び訓練を実施する
⑦ 地域の第二次救急医療機関及び地域医師会、日本赤十字社等の医療関係団体とともに定期的な訓練を実施する。また、災害時に地域の医療機関への支援を行うための体制を整えている
⑧ ヘリコプター搬送の際には、同乗する医師を派遣できることが望ましい

　1995（平成7）年の阪神・淡路大震災を受け、翌年1996（平成8）年の厚生労働省健康政策局長通知「災害発生時における初期救急医療体制の充実強化について」に基づいて整備されてきました。災害拠点病院の中核として、独立行政法人国立病院機構災害医療センターがあります。
　基幹災害拠点病院は各都道府県に原則1か所以上、地域災害拠点病院は二次医療圏ごとに原則1か所以上整備されています。

▶ エイズ診療拠点病院
　エイズ診療拠点病院は、1993（平成5）年に当時の厚生省により通知された病院で、エイズに関する総合的かつ高度な医療を提供します。日本では1996（平成8）年のエイズ訴訟和解を踏まえ、翌年、国立研究開発法人国立国際医療研究センターにエイズ治療・研究開発センターが設置されました。この病院は次の機能を持ちます。

- 総合的なエイズ診療の実施
- 必要な医療機器及び個室の準備
- カウンセリング体制の整備
- 地域の他の医療機関との連携
- 院内感染防止体制の整備
- 職員の教育・健康管理（最先端の医療情報の提供）

▶ （行政組織としての）保健所

保健所の設置は、地域保健法に基づき都道府県、地方自治体の指定都市、中核市その他の政令で定める市又は特別区が設置します。保健所の管轄地域は地域保健法5条で医療法に規定する二次医療圏及び介護保険法に規定する区域を考慮して行われています。保健所の役割は多岐にわたり、業務は大別すると対人保健と対物保健に分けられます。

> 保健所は、地域保健に関する思想普及から、栄養改善、エイズや感染症の予防、地域住民の健康保持増進に関することの企画・調整・指導・事業などを行います（地域保健法6条）。

診療報酬による医療施設 ㉜ ㉞

医療施設の機能は、診療報酬においても規定されています。特に在宅における医療・介護との連携が重視され、医療施設も急性期医療の提供だけではなく様々に機能分化しています。次の条件を満たすことで診療報酬が算定されます。

▶ 回復期リハビリテーション病棟

回復期リハビリテーション病棟は、急性期の治療後、リハビリテーションの必要性の高い人を常時8割以上入院させて、集中的・効果的にリハビリテーションを行い、ADL（日常生活動作）の改善、在宅復帰と寝たきりの防止を図る病棟です。厚生労働大臣により承認されます。リハビリテーション科の医師、理学療法士、作業療法士、言語聴覚士、社会福祉士などが適切に配置されていることが条件で、脳血管疾患、骨折、治療時の安静による廃用症候群など疾患別に入院までの日数の限度と算定上限日数が決まっています。

2014（平成26）年度の診療報酬改定により回復期リハビリテーション病棟入院料1（体制強化加算）の算定要件に、選任社会福祉士が組み込まれました。主な施設基準と人員配置は次の通りです。

- 専任医師が1名以上、専従理学療法士3名以上、作業療法士2名、言語聴覚士1名、選任社会福祉士1名以上の常勤配置
- 病室の床面積は患者1人につき6.4m²以上
- 利用に適した浴室・便所設置
- 在宅復帰率7割以上　など

回復期リハビリテーション病棟入院料1の算定要件は、退院調整に関する3年以上の経験を有する社会福祉士の専任という条件が付けられています。

▶ 地域包括ケア病棟

2014（平成26）年度の診療報酬改定により、亜急性期病棟が廃止され、新たに地域包括ケア病棟が新設されました。治療に軸を置いた従来型の医療から、「生活支援型医療」を目指したものです。

機能は、①急性期病床からの受け入れ、②緊急時の受け入れ、③在宅生活復帰支援が特徴で、一定期間の療養とリハビリテーションを行い医療と介護の架け橋になる病棟です。入退院支援及び地域連携業務を担う部門が設置されていることや入退院支援及び地域連携に係る業務に関する十分な経験を有する専従の看護師または専従の社会福祉士が配置されていることが求められています。在宅復帰率は7割以上、入院期間は最大60日となっていますが、2016（平成28）年度の診療報酬改定で在宅復帰率の評価対象となる退院先に有床診療所（届出施設に限る）が追加されました。

2018（平成30）年度の診療報酬改定において、在宅医療や介護サービスの提供等の地域で求められる多様な役割・機能を果たしている医療機関が評価されるようになりました。

地域包括ケアの施設基準等には、①特定機能病院以外の保険医療機関である、②専任の在宅復帰担当者が1名以上配置されている、などがあります。

▶ 障害者施設等一般病棟

障害者施設等一般病棟は、重度の障害や難病等を持つ人を対象に治療を行う病棟です。児童福祉法に規定する、

- 医療型障害児入所施設
- 指定発達支援医療機関

に係る一般病棟、あるいは、次のいずれにも該当する病棟を指します。

- 重度の肢体不自由児（者）（脳卒中の後遺症の患者及び認知症の患者を除く）、脊髄損傷等の重度障害者（脳卒中の後遺症の患者及び認知症の患者を除く）、重度の意識障害者、筋ジストロフィー患者、難病患者等をおおむね7割以上入院させている病棟
- 1日に看護を行う看護職員及び看護補助を行う看護補助者の数は、常時、当該病棟の入院患者の数が10又はその端数を増すごとに1以上

▶ 緩和ケア病棟

緩和ケア病棟は、主として悪性腫瘍の患者又は後天性免疫不全症候群になった患者を入院させて緩和ケアを図る病棟です。入院にかかる医療費は包括払い方式が採用されています。病棟の条件は次の通りです。

- （研修を修了している）緩和ケアを担当する常勤の医師が1名以上配置
- 病棟床面積は、患者1人につき30m²以上、病室床面積は8m²以上
- 病棟に、患者家族の控え室、患者専用の台所、面談室、一定の広さを有する談話室を備えている
- 入退棟に関する基準が作成されている
- 緩和ケアの内容に関する患者向けの案内が作成され、患者・家族に対する説明が行われている

> 緩和ケアとは、終末期に提供されるターミナルケアを指すだけでなく、がんの初期から患者やその家族が抱える身体的、心理的、社会的な痛みや苦しみを和らげ、QOLを改善するケアをいいます。

▶ 在宅療養支援診療所

2006（平成18）年の診療報酬改定によって設置された在宅療養支援診療所は、24時間在宅医療を提供している患者からの連絡を受けることにより、いつでも

往診・訪問看護できる診療所・病院です。住み慣れた自宅や福祉施設での終末期医療の対応も行います。

診療所の主な要件は、以下7項目です。

16

① 保険医療機関たる診療所であること

② 24時間連絡を受ける保険医や看護師等をあらかじめ指定し、連絡先を文書で患家に提供していること

③ 当該診療所において、または他の保険医療機関の保険医との連携により、24時間往診が可能な体制を確保し、往診担当医の氏名、担当日等を文書で患家に提供していること

④ 当該診療所において、または他の保険医療機関、訪問看護ステーション等の看護師等との連携により、患家の求めに応じて、当該診療所の保険医の指示に基づき、24時間訪問看護の提供が可能な体制を確保し、訪問看護の担当者の氏名、担当日等を文書で患家に提供していること

⑤ 連携する保険医療機関または訪問看護ステーションにおいて緊急時に円滑な対応ができるよう、あらかじめ患家の同意を得て、その療養等に必要な情報を文書で当該保険医療機関または訪問看護ステーションに提供できる体制をとっていること

⑥ 当該地域において、他の保険医療サービスや福祉サービスとの連携調整を担当する介護支援専門員（ケアマネジャー）等と連携していること

⑦ 定期的に、在宅看取り数等を地方厚生局長等に報告していること

📖 **往診**：患者の求めに応じて不定期に診療を行うことをいう。例えば急変時に医師の判断で診療した場合には、往診料を請求できない。訪問診療とは、診療計画に基づき定期診療を行うこと。

▶ 在宅療養支援病院

2008（平成20）年の診療報酬改定によって設置された在宅療養支援病院は、診療所のない地域において、在宅療養支援診療所と同様に在宅医療の主たる担い手となっている病院をいいます。主な要件は次の通りです。

① 許可病床数が200床未満の病院であることまたは当該病院を中心とした半径4km以内に診療所が存在しないこと（半径4km以内に他の病院があっても差し支えない）

② 在宅医療を担当する常勤の医師が3名以上配置されていること

③ 往診担当医は、当該保険医療機関の当直体制を担う医師とは別の者であること

④ 当該病院において、24時間連絡を受ける担当者をあらかじめ指定し、その連絡先を文書で患家に提供していること

⑤ 当該病院において、患家の求めに応じて、24時間往診が可能な体制を確保し、往診担当医の氏名、担当日等を文書により患家に提供していること

⑥ 当該病院において、または訪問看護ステーションとの連携により、患家の求めに応じて、当該病院の保険医の指示に基づき、24時間訪問看護の提供が可能な体制を確保し、訪問看護の担当者の氏名、担当日等を文書により患家に提供していること

⑦ 訪問看護ステーションと連携する場合にあっては、当該訪問看護ステーションが緊急時に円滑な対応ができるよう、あらかじめ患家の同意を得て、その療養等に必要な情報を文書で当該訪問看護ステーションに提供できる体制をとっていること

⑧ 当該病院において、緊急時に在宅での療養を行っている患者が入院できる病床を常に確保していること

⑨ 当該地域において、他の保健医療サービスおよび福祉サービスとの連携調整を担当する者と連携していること

⑩ 定期的に、在宅看取り数等を地方厚生局長等に報告していること

⑪ 緊急の往診及び在宅における看取り等について、当該連携体制を構成する他の保険医療機関と合わせて、相当の実績を有していること

医療法と保健医療サービス ㉛ ㉝ ㉞ ㉟ ㊱

▶医療法改正

医療法は、1948（昭和23）年制定以降、これまで7回の改正を重ねてきました。

直近の2021（令和3）年度の改正法では、以下が柱となっています。

① 医師の働き方改革

② 医療関連職種の業務範囲の見直し

③ 医師養成課程の見直し

④ 新興感染症対策の医療計画への追加

⑤ 地域医療構想の実現に向けた医療機関の取組の支援

⑥ 外来医療の機能の明確化・連携（外来機能報告制度の創設等）

⑦ 持ち分の定めのない医療法人への移行計画認定制度の延長

ここは覚える！

2014（平成26）年に成立した医療介護総合確保推進法により制度化された地域医療構想は、将来人口推計をもとに2025（令和7）年に必要となる病床数（病床の必要量）を4つの医療機能ごとに推計した上で、地域の医療関係者の協議を通じて病床の機能分化と連携を進め、効率的な医療提供体制を実現する取組みです。第33回でも出題されています。

▶ 医療計画による医療機能

　医療計画制度は、医療法で規定されています。各都道府県は、厚生労働大臣が定める基本方針に即して、かつ地域の実情に応じて医療資源の効果的活用と医療施設間の機能的連携を確保する目的で医療計画を策定します。

　1985（昭和60）年の医療法第一次改正で医療計画制度が創設されて以来、6年ごとに見直しされています（中間見直しは3年ごと）。

落とせない！重要問題

医療法に基づく医療計画は、医療提供体制の確保を図るために、都道府県が地域の実情に合わせて策定することになっている。　第36回改

○：医療計画は、医療機関の適正配置と医療資源の効率的な活用を目的として、1985（昭和60）年の第一次医療法改正において導入された。

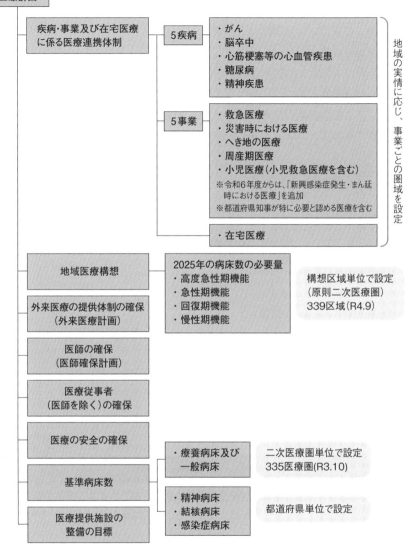

医療計画

疾病・事業及び在宅医療に係る医療連携体制

5疾病
- がん
- 脳卒中
- 心筋梗塞等の心血管疾患
- 糖尿病
- 精神疾患

5事業
- 救急医療
- 災害時における医療
- へき地の医療
- 周産期医療
- 小児医療（小児救急医療を含む）
※令和6年度からは、「新興感染症発生・まん延時における医療」を追加
※都道府県知事が特に必要と認める医療を含む

- 在宅医療

地域の実情に応じ、事業ごとの圏域を設定

地域医療構想

外来医療の提供体制の確保（外来医療計画）

2025年の病床数の必要量
- 高度急性期機能
- 急性期機能
- 回復期機能
- 慢性期機能

構想区域単位で設定（原則二次医療圏）339区域（R4.9）

医師の確保（医師確保計画）

医療従事者（医師を除く）の確保

医療の安全の確保

基準病床数

- 療養病床及び一般病床

二次医療圏単位で設定335医療圏(R3.10)

- 精神病床
- 結核病床
- 感染症病床

都道府県単位で設定

医療提供施設の整備の目標

出典：厚生労働省「令和5年版厚生労働白書　資料編」

228

4 保健医療サービスにおける専門職の役割と実際

頻出度

医師の役割 ㉝

▶ 医師・歯科医師とは

医師は、医師国家試験に合格し、厚生労働大臣の免許を受けなければなりません。また、歯科医師も同様に、歯科医師国家試験に合格し、厚生労働大臣の免許を受ける必要があります。こうした免許や業務については、それぞれ医師法・歯科医師法によって規定されています。さらに、医師については「医師でなければ、医師又はこれにまぎらわしい名称を用いてはならない」（名称独占）と規定されています（医師法18条）。

▶ 医業・歯科医業

医業・歯科医業とも業務独占の規定が設けられています。医師法上では、医行為である診療は医師が行います。看護やリハビリテーション、検査や調剤といった医療行為は、医師の指示の下、それぞれの専門職が行います。医師の役割は法律上、医師にのみ任された診療（医行為）を行うことであり、患者から情報を収集し、治療方針を立てて各専門職に指示します。

▶ 医師の業務規定　医師法19条1項、20条、22条、23条、24条

医師の業務は、医師法によって規定されています。

医師法19条1項

診療に従事する医師は、診察治療の求があった場合には、正当な事由がなければ、これを拒んではならない。

同法20条

医師は、自ら診察しないで治療をし、若しくは診断書若しくは処方せんを交付し、自ら出産に立ち会わないで出生証明書若しくは死産証書を交付し、又は自ら検案をしないで検案書を交付してはならない。但し、診療中の患者が受診後二十四時間以内に死亡した場合に交付する死亡診断書については、この限りでない。

同法22条

医師は、患者に対し治療上薬剤を調剤して投与する必要があると認めた場合には、患者又は現にその看護に当っている者に対して処方せんを交付しなければならない。ただし、患者又は現にその看護に当っている者が処方せんの交付を必要としない旨を申し出た場合及び次の各号のいずれかに該当する場合においては、この限りでない。

同法23条

医師は、診療をしたときは、本人又はその保護者に対し、療養の方法その他保健の向上に必要な事項の指導をしなければならない。

同法24条

医師は、診療をしたときは、遅滞なく診療に関する事項を診療録に記載しなければならない。

（2項）前項の診療録であって、病院又は診療所に勤務する医師のした診療に関するものは、その病院又は診療所の管理者において、その他の診療に関するものは、その医師において、五年間これを保存しなければならない。

▶ 2016（平成28）年「医師の職業倫理指針（第3版）」

医師には圧倒的な権能が与えられているため、職業倫理が求められます。日本医師会は職業倫理向上のため、1951（昭和26）年に「医師の倫理」を定め

ました。その後、社会状況の変化に応じて見直しを行い、2004（平成16）年に「医師の職業倫理指針」を作成しました。さらに2016（平成28）年に医師や看護師、法律関係者などが集まり、広く学会や一般から意見を求めて指針の修正を行い、第3版を出しました。

この指針では医師の責務として、**患者の権利を尊重する**ことが重要視されていますが、改定では、近年の遺伝医療の急速な発展を踏まえ、遺伝子をめぐる課題に関する記述が拡充されました。また、虐待が疑われる患者を発見した場合の対応として、公的機関に積極的に通報することを推奨し、「**守秘義務は適用されず、医師の責任が問われることはない**」と明記されました。さらに、障害者や認知症患者が入院・入所する医療機関や施設では、身体拘束が発生することにも言及し、患者や入所者に説明ができない外傷があった場合には「原因調査と再発防止に協力すべき」としています。

インフォームドコンセントの意義と実際 ㉞

▶ インフォームドコンセント

インフォームドコンセントとは、患者が医療行為を受ける前に、医師および看護師から治療の目的や方針など医療行為について、わかりやすく十分な説明を受け、それに対して疑問があれば解消し、内容について十分納得した上で、その医療行為に同意することです。

患者の生命・身体の最終決定権は患者自身にあるという考え方が根底にあり、患者や被験者が持つ権利を守ることを目的にしています。この考え方は、1964年世界医師会のヘルシンキ宣言でまとめられました。

医師と患者の間には、**情報の非対称性**が存在しているため、古くから医療は**パターナリズム**に基づく治療が行われてきました。それは、医師が意思決定権を持ち、患者は治療の内容や方針などすべて医師にゆだねるというものです。これに対して1960年代に始まったのがインフォームドコンセントの流れで、日本では2000（平成12）年の「医師の倫理綱領」、2004（平成16）年の「医師の職業倫理指針」、2016（平成28）年の第3版と職業倫理が見直され、医療を受ける際の患者の自己決定権が重視されつつあります。

ここは覚える！

インフォームドコンセントに関連して、**インフォームドチョイス**（医師が患者に十分な説明を行った上で、患者が自らの意思で選ぶこと）や**インフォームドアセント**（治療を受ける小児患者に対し、子どもの理解度に応じて治療についてわかりやすく説明し、その内容について子ども本人の納得（同意）を得ること）が出題されたこともあるので、用語の意味をおさえておきましょう。

情報の非対称性：二者の間で、一方が他方よりも多くの情報を持っていること。
パターナリズム：父権主義。父と子の関係のように、強い立場にある者が弱い立場にある者の利益になるようにと、本人に代わって意思決定をすること。

▶ 医師と患者の関係

　医師は患者に情報を伝えるだけではなく、患者が理解したことを確認する必要があります。そのために医師はわかりやすい言葉で説明し、情報を適切に伝えた上で患者の同意に基づいて治療や処置を行います。こうしたことは、医療法に「努力義務」として示されており、医師の責務にもつながっています。

▶ 説明と同意の具体的な内容

　これには、次のものがあります。
- 診断の結果に基づいて現在の病状を患者に正しく伝える
- 治療に必要な検査の目的と内容を患者にわかりやすい言葉で説明する
- 治療の危険性やリスクを説明する
- 成功の確率を説明する
- 行う治療の処置以外の方法があれば説明する
- あらゆる治療法を拒否した場合はどうなるかを伝える

▶ インフォームドコンセントと関連事項

● コンプライアンスとアドヒアランス

　医療におけるコンプライアンスは、服薬遵守という意味です。医師の指示に従って忠実（受動的）に服薬する態度を「コンプライアンスがよい」と表現します。一方、患者自身が自分の治療に積極的にかかわり、自分が責任を持って服薬を（能動的に）遵守する態度をアドヒアランスといいます。インフォームドコンセ

ントの概念の登場とともに、後者の考え方が推進されるようになってきました。

📖 **コンプライアンス**：一般的には法令順守の意味。

● セカンドオピニオン

セカンドオピニオンは、患者がよりよい治療を選択できるように、主治医以外の専門医に治療の内容を確認することです。確認できる内容として、次の3つがあります。

- 主治医の診断や方針を確認する
- 治療の妥当性を確認する
- 主治医の示した方法以外の選択肢を聞く

セカンドオピニオンは主治医の変更を目的とするものではなく、患者が納得して治療を受けることができるようにするためのものです。つまり、患者の権利を守ることを目的にしたものであり、「医師の職業倫理指針」の中にも「患者に対する責務」として記されています。

● リビングウィル

リビングウィルは生前の意思という意味です。多くは延命措置を拒否する意思表示を指します。法制化はされていませんが、患者の権利としての尊厳死は重視されています。また、日本には尊厳死協会があり、年々会員になる人が増えてきています。

保健師、助産師、看護師の役割　㉜ ㉞ ㉟

各専門職の役割や機能、業務の範囲などについては、根拠法を確認しておく必要があります。

▶ 保健師

保健師は、保健指導に従事することを業とする者です。就業している保健師の7割以上が、保健所や市町村などの公的機関に属していることが特徴であるほか、地域包括支援センターにも配置義務があります。保健師は、保健師国家

試験及び看護師国家試験に合格し、厚生労働大臣の免許を受ける必要があります。こうした免許や業務は、保健師助産師看護師法で規定されています。

▶ 助産師

　助産師は、「厚生労働大臣の免許を受けて、助産又は妊婦、じょく婦もしくは新生児の保健指導を行うことを業とする女子」のことです。助産師以外はこうした業務を行うことができません（業務独占）。助産院の管理・開設は、原則助産師が行いますが、開設地の都道府県知事の許可があれば、助産師以外でも開設ができます（医療法7条）。

📖 **じょく婦**：出産後間もない産婦のこと。

▶ 看護師

　看護師は、保健師助産師看護師法により、看護師国家試験に合格して厚生労働大臣の免許を受ける必要があります。ただし、准看護師は准看護師国家試験に合格して都道府県知事の免許を受けます。

　看護師は医師を補助して療養を遂行する役割を持ちます。保健師助産師看護師法では、看護師は「傷病者若しくはじょく婦に対する療養上の世話又は診療の補助を行うことを業とする者」と規定されていますが、看護の独自性は後者にあり、看護師も分化されてきて専門性が出ています。このため、認定看護管理者、認定看護師、専門看護師の資格認定者が増えてきました。

　また、看護師は、医師・歯科医師の指示がなければ行えない業務がありますが、医師・歯科医師の指示の下でなくとも臨時応急の手当てを行うことは可能です。

診療の補助は、看護師の業務独占に規定されていますが、保健師や助産師も看護業務が実施できるよう「業務禁止行為規定を免除する規定」が設けられています（第27回で出題）。

「臨時応急の手当てをし、又は助産師がへその緒を切り、浣腸を施しその他助産師の業務に付随する行為をする場合は、この限りではない」とされています（保健師助産師看護師法37条）。

理学療法士、作業療法士、言語聴覚士の役割　㉛ ㉜ ㉞ ㉟

▶ 理学療法士（PT）・作業療法士（OT）

　二職種とも名称独占の国家資格で、病院や老人保健施設で必置義務の職種です。理学療法士は、医師の指示の下で理学療法を行うリハビリテーション専門職です。理学療法とは、主に身体に障害のある人に対して基本的動作能力の回復を図るために体操や運動、電気刺激、マッサージ、温熱などの物理的な療法を行うことです。最近では、治療の対象が障害認定や介護認定を受けている者にとどまらず、介護予防や健康増進、スポーツ領域にも拡大されてきています。作業療法士も同様に、医師の指示の下で作業療法を行う専門職です。身体又は精神に障害のある人に対して、主として応用的動作能力や社会的適応能力を回復するために手芸、工作などの作業療法を行います。

　理学療法士と作業療法士は、それぞれ理学療法士国家試験又は作業療法士国家試験に合格し、厚生労働大臣の免許を受けます。どちらも理学療法士及び作業療法士法によって規定されます。

落とせない！重要問題

理学療法士が、脳梗塞後遺症の患者に歩行訓練を行う。 第34回

○：理学療法士の業務範囲である。

▶ 言語聴覚士（ST）

　言語聴覚士も同様に、医師の指示の下で言語療法を行い、音声機能、言語機能又は聴覚に障害のある人に対して、機能の維持を図るために言語訓練や必要な検査及び助言や指導を行います。言語聴覚士は、言語聴覚士国家試験に合格

して、厚生労働大臣の免許を受けます。これも言語聴覚士法で規定されています。

▶ 臨床工学技士（CE）

臨床工学技士は名称独占の国家資格であり、臨床工学技士の名称を用いて医師の指示の下に、血液浄化装置、人工心肺装置、人工呼吸器等の生命維持管理装置の操作（生命維持管理装置の先端部の身体への接続又は身体からの除去であって政令で定めるものを含む）及び保守点検を行う医学と工学の両面を兼ね備えた医療機器の専門職です。近年の医療機器の目覚ましい進歩に伴い、医学的、工学的な知識を必要とする専門技術者として、医療の重要な一翼を担っています。臨床工学技士は、臨床工学技士法に規定されているように、臨床工学技士国家試験に合格し、厚生労働大臣の免許を受けます。

落とせない！重要問題

理学療法士が、入院患者の生命維持管理装置を操作する。 第34回

×：生命維持管理装置の操作は医師の指示の下、臨床工学技士が行う。

医療ソーシャルワーカーの役割 ㉜ ㉝ ㊱

医療ソーシャルワーカー（MSW）は、保健医療分野におけるソーシャルワーカーであり、疾病を有する患者等が、地域や家庭において自立した生活を送ることができるよう、社会福祉の立場から患者や家族の抱える心理・社会的問題や経済的問題の解決、調整を援助し、社会復帰の促進を図る専門職です。特に専門の免許はありませんが、主に社会福祉士や精神保健福祉士がこの任に就きます。

 ここは覚える！

事例問題として、医療ソーシャルワーカーの役割や対応について問われることがあります。次ページからの医療ソーシャルワーカー業務指針「業務の範囲」を把握できれば、正解にたどり着くことは難しくありません。

▶ 医療ソーシャルワーカーの歴史と人物

医療ソーシャルワーカーの先駆者は以下です。

年	国	病院名	人物
1885年	イギリス	ロイヤル・フリー・ホスピタル（王立施療病院）	メアリー・スチュアート
1905年	アメリカ	マサチューセッツ総合病院	リチャード・キャボット
1929年	日本	聖路加国際病院	浅賀ふさ

その後、日本では戦後のGHQの主導の下、保健所法により、1948（昭和23）年に杉並保健所に初代医療社会事業係が配置されました。そして1953（昭和28）年には、日本医療社会事業協会（現：日本医療福祉協会）が設立された経緯があります。

▶ 医療ソーシャルワーカーの業務の役割

新たな役割として、これまでの病院ソーシャルワーカーから、地域医療ソーシャルワーカーへと、活動する場が拡大しつつあります。これは医療政策の改定による影響があります。医療ソーシャルワーカーの役割として医療ニーズのある人を病院以外の支援につなげる必要性が高まってきています。

▶ 医療ソーシャルワーカー業務指針の概要

趣旨	医療ソーシャルワーカー全体の業務の範囲、方法等について指針を定め、資質の向上を図るとともに、医療ソーシャルワーカーが社会福祉学を基にした専門性を十分発揮し業務を適正に行うことができるよう、関係者の理解の促進に資することを目的とするものである。
業務の範囲	（1）療養中の心理的・社会的問題の解決、調整援助 （2）退院援助 （3）社会復帰援助 （4）受診・受療援助 （5）経済的問題の解決、調整援助 （6）地域活動
業務の方法等	（1）個別援助に係る業務の具体的展開 （2）患者の主体性の尊重 （3）プライバシーの保護 （4）他の保健医療スタッフ及び地域の関係機関との連携 （5）受診・受療援助と医師の指示 （6）問題の予測と計画的対応 （7）記録の作成等

その他	(1) 組織上の位置付け (2) 患者、家族等からの理解 (3) 研修等

*医療ソーシャルワーカーの業務指針：近年、2002（平成14）年改訂の医療ソーシャルワーカーの業務指針に関連した問題が多く出題されている。業務指針の内容は最大限の業務ではなく、MSWが行う業務の標準となっている。

● 医療ソーシャルワーカー業務指針「業務の範囲」抜粋

医療ソーシャルワーカーは、病院等において管理者の監督の下に次のような業務を行う。

(1) 療養中の心理的・社会的問題の解決、調整援助

入院、入院外を問わず、生活と傷病の状況から生ずる心理的・社会的問題の予防や早期の対応を行うため、社会福祉の専門的知識及び技術に基づき、これらの諸問題を予測し、患者やその家族からの相談に応じ、次のような解決、調整に必要な援助を行う。

① 受診や入院、在宅医療に伴う不安等の問題の解決を援助し、心理的に支援すること

② 患者が安心して療養できるよう、多様な社会資源の活用を念頭に置いて、療養中の家事、育児、教育就労等の問題の解決を援助すること

③ 高齢者等の在宅療養環境を整備するため、在宅ケア諸サービス、介護保険給付等についての情報を整備し、関係機関、関係職種等との連携の下に患者の生活と傷病の状況に応じたサービスの活用を援助すること

④ 傷病や療養に伴って生じる家族関係の葛藤や家族内の暴力に対応し、その緩和を図るなど家族関係の調整を援助すること

⑤ 患者同士や職員との人間関係の調整を援助すること

⑥ 学校、職場、近隣等地域での人間関係の調整を援助すること

⑦ がん、エイズ、難病等傷病の受容が困難な場合に、その問題の解決を援助すること

⑧ 患者の死による家族の精神的苦痛の軽減・克服、生活の再設計を援助すること

⑨ 療養中の患者や家族の心理的・社会的問題の解決援助のために患者会、家族会等を育成、支援すること

(2) 退院援助

生活と傷病や障害の状況から退院・退所に伴い生ずる心理的・社会的問題の

予防や早期の対応を行うため、社会福祉の専門的知識及び技術に基づき、これらの諸問題を予測し、退院・退所後の選択肢を説明し、相談に応じ、次のような解決、調整に必要な援助を行う。

① 地域における在宅ケア諸サービス等についての情報を整備し、関係機関、関係職種等との連携の下に、退院・退所する患者の生活及び療養の場の確保について話し合いを行うとともに、傷病や障害の状況に応じたサービスの利用の方向性を検討し、これに基づいた援助を行うこと

② 介護保険制度の利用が予想される場合、制度の説明を行い、その利用の支援を行うこと。また、この場合、介護支援専門員等と連携を図り、患者、家族の了解を得た上で入院中に訪問調査を依頼するなど、退院準備について関係者に相談・協議すること

③ 退院・退所後においても引き続き必要な医療を受け、地域の中で生活をすることができるよう、患者の多様なニーズを把握し、転院のための医療機関、退院・退所後の介護保険施設、社会福祉施設等利用可能な地域の社会資源の選定を援助すること。なお、その際には、患者の傷病・障害の状況に十分留意すること

④ 転院、在宅医療等に伴う患者、家族の不安等の問題の解決を援助すること

⑤ 住居の確保、傷病や障害に適した改修等住居問題の解決を援助すること

（3）社会復帰援助

退院・退所後において、社会復帰が円滑に進むように、社会福祉の専門的知識及び技術に基づき、次のような援助を行う。

① 患者の職場や学校と調整を行い、復職、復学を援助すること

② 関係機関、関係職種との連携や訪問活動等により、社会復帰が円滑に進むように転院、退院・退所後の心理的・社会的問題の解決を援助すること

（4）受診・受療援助

入院、入院外を問わず、患者やその家族等に対する次のような受診、受療の援助を行う。

① 生活と傷病の状況に適切に対応した医療の受け方、病院・診療所の機能等の情報提供等を行うこと

② 診断、治療を拒否するなど医師等の医療上の指導を受け入れない場合に、その理由となっている心理的・社会的問題について情報を収集し、問題の解決を援助すること

③ 診断、治療内容に関する不安がある場合に、患者、家族の心理的・社会的状況を踏まえて、その理解を援助すること

④ 心理的・社会的原因で症状の出る患者について情報を収集し、医師等へ提供するとともに、人間関係の調整、社会資源の活用等による問題の解決を援助すること

⑤ 入退院・入退所の判定に関する委員会が設けられている場合には、これに参加し、経済的、心理的・社会的観点から必要な情報の提供を行うこと

⑥ その他診療に参考となる情報を収集し、医師、看護師等へ提供すること

⑦ 通所リハビリテーション等の支援、集団療法のためのアルコール依存症者の会等の育成、支援を行うこと

過去に医療ソーシャルワーカーが家族に対して治療内容を説明するかが問われたことがありますが、治療内容の説明は医師が行うものであり、医療ソーシャルワーカーが行うことはありません。

(5) 経済的問題の解決、調整援助

入院、入院外を問わず、患者が医療費、生活費に困っている場合に、社会福祉、社会保険等の機関と連携を図りながら、福祉、保険等関係諸制度を活用できるように援助する。

(6) 地域活動

患者のニーズに合致したサービスが地域において提供されるよう、関係機関、関係職種等と連携し、地域の保健医療福祉システムづくりに次のような参画を行う。

① 他の保健医療機関、保健所、市町村等と連携して地域の患者会、家族会等を育成、支援すること

② 他の保健医療機関、福祉関係機関等と連携し、保健・医療・福祉に係る地域のボランティアを育成、支援すること

③ 地域ケア会議等を通じて保健医療の場から患者の在宅ケアを支援し、地域ケアシステムづくりへ参画するなど、地域におけるネットワークづくりに貢献すること

④ 関係機関、関係職種等と連携し、高齢者、精神障害者等の在宅ケアや社会復帰について地域の理解を求め、普及を進めること

5 保健医療サービス専門職と地域連携と実践

頻出度

医師、保健師、看護師などとの連携 ㉜ ㉞ ㉟

　従来の医療は医師が中心でしたが、近年ではそれらが見直され、当事者（患者）を中心としたチームアプローチ（チーム医療）へと移り変わっています。いわゆる多職種によるチームアプローチで、医師や保健師、看護師、理学療法士、作業療法士、社会福祉士など当事者を取り囲む全てのスタッフが当事者を中心としてチームを作り、医療を行う方法です。

　チームアプローチでは、全てのスタッフは公平な立場にあり、それぞれの意見を自由に交換しながら治療を展開していきます。そのため、あらゆる角度からの情報収集や治療方針の検討が可能となり、より質の高い医療の提供につながります。なお、当事者だけではなく、その家族もチームの一員としての立場を担っています。

▶ ヘルスケアチームにおける連携

　保健医療サービスを提供するチームにおいて連携する意味とは、異なる専門性に基づく情報交換・討論・マネジメントをもとに、保健医療サービスを統合的に提供できるところにあります。

● 多職種チームワークのタイプ

マルチディシプリナリーモデル	治療に貢献するように医師を中心とした各専門職がそれぞれの専門分野の範疇で治療や援助計画を立て、個別に実践し、最終的に医師に集約していく階層性の強い形態をとる
インターディシプリナリーモデル	当事者や家族の生活実態を中心に、各専門職がお互いの目標をすり合わせ、専門性を発揮していく。専門職同士の相互作用のプロセスが重視される形態をとるが、役割の重複や見解の相違により目標がずれて摩擦を生みやすい状態となり、チームコンフリクトが高まることがある
トランスディシプリナリーモデル	専門職の役割の交代や開放を伴うチームワーク。専門職間の階層や垣根を低くして、各自が自由に動くことができる形態をとる。例えば、精神科医療において、SST（Social Skill Training：生活技能訓練）を実践する場合、職種が異なっても同じ業務を果たすことができる

デイケアにおけるSSTでは、看護師・精神保健福祉士・作業療法士にも役割開放がされています。

落とせない！重要問題

次の記述は、トランスディシプリナリモデルの事例として適切である。「Hさんの食事摂取の自立の希望を達成するため、理学療法士は座位保持、作業療法士は用具の選定、管理栄養士は食事形態、看護師は食事介助の工夫を行った。」 第35回

×：チームを構成する専門職間に役割固定性が読み取れることからトランスディシプリナリモデルには該当しない。インターディシプリナリーモデルが該当する。

● チームのコンピテンシー

　多職種連携には、チームメンバーやチーム全体を動かす能力（コンピテンシー）が求められます。

タスク機能	多職種の参加によって設定したチームの目標達成を指向し、活動を推進する機能
メンテナンス機能	集団としてチームを維持する機能。互いにチームの雰囲気を良好に保ち、チームの関係性を維持、強化、補修しようとする機能

多職種連携を良好に進めるため、この2つの機能をチームで発揮することが期待されます。

▶ 保健医療サービス関係者との連携の実際

医療や福祉の現場では多職種連携が必要です。社会福祉士や介護支援専門員が"扇の要"となり、つなぎの役割をしていくことで連携が成り立っているといえます。連携をスムーズに行うために、クリティカルパスという手法が用いられています。

● クリティカルパス

クリティカルパスは治療や検査ごとに作られた診療スケジュールのことです。

クリティカルパスは入院から退院まで、チームの誰がいつ何を行うかを示した一覧表であり、これを用いることで医療の質の向上、医療費の抑制、患者の安心、チーム医療の確立など多くの効果が期待できます。しかし、クリティカルパスに該当しないケースもあり、患者の状態に合わせて、クリティカルパスから外れた対処を行うこともあります。これをバリアンス (variance) といいます。

バリアンス：バリアンスとはゆらぎやずれを意味する。クリティカルパスで想定されたプロセスと異なる経過や結果が生じたことをいう。

● 院内パス

病院への入院から退院までのクリティカルパスをいいます。疾患別・検査別など院内パスには多くの種類があり、全国的にコンセンサスのある治療をもとにその施設、人員、地域性を考えて作成されます。

● 地域連携クリティカルパス

退院後の他の病院や施設への転院、在宅復帰など、地域を想定したクリティカルパスをいいます。病院での集中的な治療の後にリハビリテーションや継続した長期間の治療が必要な場合や、地域全体での連携が必要な場合に作成されます。地域連携クリティカルパスにより、病院は管理料や指導料などを算定できます。

■ がん地域連携クリティカルパスの概念図

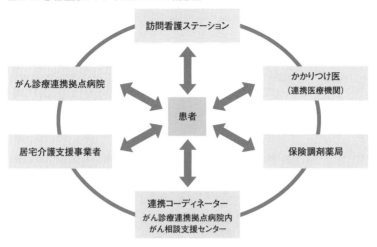

地域の社会資源（連携機関・団体）　㉛ ㉝ ㊱

▶ 行政（市町村）

　行政は地域福祉計画を作成します。行政は地域福祉の要であり主体です。地域における福祉サービスの適切な利用促進のためにニーズの調査や提供されているサービスの点検などを行い、地域福祉の目標を定めます。さらに、地域に必要な民間の福祉サービス事業所を育成し、公的福祉サービスの充実、地域住民による社会福祉活動への支援を行います。

▶ 保健所

　保健所は疾病の予防、健康増進、環境衛生など公衆衛生活動の中心機関として重要な役割を持ち、対人保健分野サービスと対物保健分野サービスを提供します。

　保健所には多種の職員が置かれています。医師、歯科医師、薬剤師、獣医師、保健師、診療放射線技師・栄養士などです。

　保健所は、地域保健法によって規定され、2023（令和5）年4月時点で全国に468か所設置されています。

対人保健分野サービス：感染症対策・エイズ・難病対策・精神保健対策・母子保健対策など。

対物保健分野サービス：食品衛生保健分野（飲食店営業の許可など）、生活衛生関係（営業の許可・届出・立ち入り検査）など。

地域保健法：「地域保健対策の推進に関する基本指針，保健所の設置その他地域保健対策の推進に関し基本となる事項を定めることにより、母子保健法その他の地域保健対策に関する法律による対策が地域において総合的に推進されることを確保し、もつて地域住民の健康の保持及び増進に寄与することを目的」として制定された法律（1条）。

▶ 市町村保健センター

　市町村保健センターは、地域保健法18条に規定されています。「住民に対し、健康相談、保健指導及び健康診査その他地域保健に関し必要な事業を行う」ための機関であり、健康づくりの推進の拠点といえます。2024（令和6）年4月時点で全国に2,422か所設置されています。

● 市町村保健センターと保健所の違い

　市町村保健センターと保健所の違いは、主には医師がいるかいないかです。また次の点が挙げられます。

市町村保健センター

- 地域における母子保健・老人保健の拠点。あくまでも、市町村レベルでの健康づくりの場である
- 対人サービスが基本となる
- 地域における保健・医療・福祉にかかわる様々な施設が効果的に機能できるように、各施設との連携の拠点としての機能が求められる
- 保健師がその中心となっている
- センター長は医師である必要はない

保健所

- 都道府県・東京都23特別区・指定都市・中核市・政令で定める市が設置する
- 人口動態統計、栄養改善、医療監視、公共医療事業の向上・改善、精神保健、感染症の予防を行う
- 保健所所長は原則として医師であること

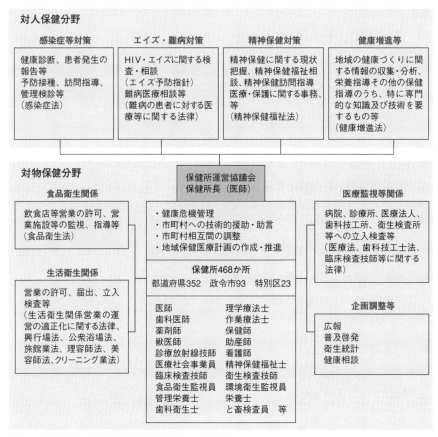

対人保健分野

感染症等対策

健康診断、患者発生の報告等
予防接種、訪問指導、管理検診等
（感染症法）

エイズ・難病対策

HIV・エイズに関する検査・相談
（エイズ予防指針）
難病医療相談等
（難病の患者に対する医療等に関する法律）

精神保健対策

精神保健に関する現状把握、精神保健福祉相談、精神保健訪問指導医療・保護に関する事務、等
（精神保健福祉法）

健康増進等

地域の健康づくりに関する情報の収集・分析、栄養指導その他の保健指導のうち、特に専門的な知識及び技術を要するもの等
（健康増進法）

対物保健分野

食品衛生関係

飲食店等営業の許可、営業施設等の監視、指導等
（食品衛生法）

生活衛生関係

営業の許可、届出、立入検査等
（生活衛生関係営業の運営の適正化に関する法律、興行場法、公衆浴場法、旅館業法、理容師法、美容師法、クリーニング業法）

保健所運営協議会
保健所長（医師）

・健康危機管理
・市町村への技術的援助・助言
・市町村相互間の調整
・地域保健医療計画の作成・推進

保健所468か所
都道府県352　政令市93　特別区23

医師	理学療法士
歯科医師	作業療法士
薬剤師	保健師
獣医師	助産師
診療放射線技師	看護師
医療社会事業員	精神保健福祉士
臨床検査技師	衛生検査技師
食品衛生監視員	環境衛生監視員
管理栄養士	栄養士
歯科衛生士	と畜検査員　等

医療監視等関係

病院、診療所、医療法人、歯科技工所、衛生検査所等への立入検査
（医療法、歯科技工士法、臨床検査技師等に関する法律）

企画調整等

広報
普及啓発
衛生統計
健康相談

出典：厚生労働省「令和5年版厚生労働白書　資料編」

▶ 保健医療福祉専門職の職能団体

　医師会、歯科医師会、薬剤師会、看護師協会などがあります。

　医師会は医師の医療活動を支援する民間の学術団体であり、加入は任意です。全国組織であり日本医師会・都道府県医師会・群市区医師会があります。

　歯科医師会も任意加入です。地域医療で歯科医師の役割は大きく、特に通院困難な要介護者に対する訪問診療の意義は大きいものとなっています。

　薬剤師会も任意加入です。在宅医療では地域の調剤薬局の役割は大きく、休日、夜間対応などの協力も欠かせないものです。介護保険制度でも居宅療養管理指導の一部を薬剤師が担っており、訪問による服薬指導は重要です。

看護協会は保健師、助産師、看護師、准看護師の有資格者による団体です。日本看護協会本部と都道府県看護協会があります。主たる活動は、看護職の専門技能の研修、雇用、労働条件の改善、訪問看護や在宅看護の推進から、災害時の救援活動、国際的な協力、支援活動などのほか、看護職の地位向上、活動領域の拡大とPRなどです。また看護師資格をもちながら、家庭に入った人のための再就職のあっせんや専門技能の向上、認定看護師、専門看護師の養成なども行っています。

> 職能団体は、それぞれ医師や歯科医師、薬剤師、看護師を会員とし、啓蒙活動など社会的な活動を行っています。

▶ 訪問看護ステーション

　訪問看護ステーションは、自宅で療養を希望する人のために、看護師が訪問し、主治医から交付される訪問看護指示書に基づいて看護サービスを提供する機関です。なお、管理者は保健師、または看護師です。1992（平成4）年に老人保健法（現高齢者の医療の確保に関する法律）改正により老人訪問看護制度が創設されましたが、1994（平成6）年の健康保険法改正で在宅の難病患者・障害者など、在宅で医療・療養を受けるすべての人を対象とする「訪問看護制度」として拡大しました。

落とせない！重要問題

訪問看護ステーションの訪問看護の対象は65歳以上の高齢者である。 第33回

×：疾病や障害などにより、居宅等において療養を必要とする状態にあり、訪問看護が必要と主治医が認めた（訪問看護指示書の交付を受けた）小児から高齢者までを対象としている。

▶ 地域包括支援センター

　地域包括支援センターは医療と介護の機能分担と連携強化のために、2006（平成18）年に介護保険法改正時に設置されました。在宅介護支援センターの拡充と強化を図るものです。この機関の主な目的は、多職種連携・協働によるチー

ムケアや、連携・協働を支える主治医と介護支援専門員による長期継続フォローアップ、相談から評価までの包括的支援、地域資源の活用・参加などです。詳しくは、第7章「地域福祉と包括的支援体制」、第13章「高齢者福祉」にあります。

▶ 介護保険サービス事業所

介護保険サービス事業所には、大きく居宅介護支援事業所、居宅サービス事業所、介護保険施設があります。

居宅介護支援事業所では、在宅で要介護者が適切な介護サービスを受けられるよう、所属する居宅介護支援専門員（ケアマネジャー）がケアプランを作成します。居宅サービス事業所は、要介護者に対して、実際に訪問介護や訪問入浴介護などの介護サービスを提供します。介護保険施設は、要介護者を入所させて介護サービスを提供します。

▶ 介護医療院

介護医療院とは、「要介護者であって、主として長期にわたり療養が必要である者に対し、施設サービス計画に基づいて、療養上の管理、看護、医学的管理の下における介護及び機能訓練その他必要な医療並びに日常生活上の世話を行うことを目的とする施設」です。2017（平成29）年度末で廃止となった「介護療養型医療施設」に代わり、2018（平成30）年4月の第7期介護保険事業計画に則り、新たに法定化されました。

▶ 社会福祉協議会

社会福祉協議会は、各都道府県・市区町村で、地域住民をはじめ、民生委員・児童委員、社会福祉法人などの社会福祉関係者や、保健・医療・教育など関係機関の協力の下、地域の人が住み慣れた町で安心して生活することのできる「福祉のまちづくり」の実現を目指した様々な活動を行っています。全国的な取り組みから地域の特性に応じた活動まで、様々な場面で地域の福祉増進に取り組んでいます。詳しくは、第7章にあります。

📖 **社会福祉協議会:** 地域福祉の推進を目的とする営利目的ではない民間組織。1951（昭和26）年に制定された社会福祉事業法（現在の「社会福祉法」）に基づき、設置された。

Q　　　　　　　　　　　　　　　　　　　　　　　　　　　　　　**A**

☐ **1**　差額ベッド代は、公的医療保険からの給付の対象外となる。　第34回　　　○

☐ **2**　正常な分娩による出産費用の一部負担金の割合は、3割である。　第36回　　　×

☐ **3**　傷病手当金は、被保険者が業務上のケガで労務不能となった場合に給付される。　第31回　　　×

☐ **4**　国民医療費の財源に占める公費の割合は、保険料の割合よりも高い。　第36回　　　×

☐ **5**　国民医療費に占める薬局調剤医療費の割合は、入院医療費の割合よりも高い。　第36回　　　×

☐ **6**　国民医療費の国民所得に占める比率は、減少している。　第30回　　　×

☐ **7**　請求された診療報酬は、中央社会保険医療協議会が審査する。　第36回　　　×

☐ **8**　ＤＰＣ対象病院の入院医療にかかる費用は、包括医療費支払い制度が適用される。　第28回　　　○

☐ **9**　診療報酬の点数は、通常3年に1度改定される。　第35回　　　×

☐ **10**　診療報酬改定により、初めて社会福祉士が診療報酬点数上に位置づけられるようになったのは、2006（平成18）年度である。　第27回改変　　　○

☐ **11**　在宅療養支援病院の要件の一つは、その病院を中心とした半径4km以内に診療所が存在しないことである。　予想問題　　　○

☐ **12**　国民医療費の医科診療医療費の傷病分類別の割合をみると、「呼吸器系の疾患」が最も多い。　第29回　　　×

☐ **13**　医療提供者は、患者の入院時の入院診療計画書の作成や患者又は家族へ説明を行うよう医療法で求められている。　第24回　　　○

16
保健医療と福祉

解説

2　正常分娩の場合、公的医療保険が適用されないため、出産費用は全額自己負担となる。

3　業務外の疾病または負傷により業務に就くことができない場合に給付される。業務上や通勤途上での疾病や負傷は、労働災害保険の給付対象である。

4　保険料のほうが公費よりも高い。

5　入院医療費のほうが薬局調剤医療費よりも高い。

6　増加傾向にある。

7　審査支払機関は、診療報酬明細書（レセプト）を審査の上、保険者へ診療報酬を請求し、保険者から支払われた診療報酬を保険医療機関等へ支払う。

9　診療報酬は2年に1度、介護報酬は3年に1度、6年に1度同時改定が行われている。

12　循環器系の疾患が最も多く、次いで「新生物」である。

Q ──────────────────────────────── **A**

☐ **14** 処方箋の交付は薬剤師に委任できない。 第30回 　　　○

☐ **15** 市町村は、地域における現在の医療提供体制の把握と将来の医療需要の推計を勘案し、地域医療構想を策定することができる。 第30回 　　　×

☐ **16** 病床機能報告制度に規定された病床の機能は、急性期機能、回復期機能、慢性期機能の3つである。 第30回 　　　×

☐ **17** 病院、診療所又は助産所の管理者は、医療事故が発生した場合には、医療事故調査・支援センターに報告しなければならない。 第30回 　　　○

☐ **18** 在宅医療専門の診療所は、訪問診療に特化しているため、外来応需体制を有していなくてもよい。 第30回 　　　×

☐ **19** 医療計画における医療の確保に必要な事業の中に、災害時における医療は含まれていない。 第28回 　　　×

☐ **20** がん診療連携拠点病院では、相談支援を行う部門としてがん相談支援センターが設置されている。 第33回 　　　○

☐ **21** 地域がん診療連携拠点病院では、患者や家族に対して、必要に応じて、アドバンス・ケア・プランニング（ACP）を含めた意思決定支援を提供できる体制の整備が行われている。 第33回 　　　○

☐ **22** 災害拠点病院は、災害派遣医療チーム（DMAT）を保有することになっている。 第34回 　　　○

☐ **23** 医療計画は、市町村が策定義務を負っている。 第35回 　　　×

☐ **24** 地域医療構想では、地域における病床の機能分化と連携の推進が目指される。 第33回 　　　○

☐ **25** へき地医療拠点病院の指定要件には、薬剤師の派遣が含まれている。 第31回 　　　×

解説

15 医療計画の一部として都道府県が策定することと定められている。

16 高度急性期、急性期、回復期、慢性期の4区分を都道府県に報告する。

18 外来応需の体制がないまま在宅医療のみを行う保険医療機関は認められていない。

19 「5疾病・5事業及び在宅医療」の中に、災害時における医療も含まれている。

23 都道府県が策定義務を負っている。

25 要件に薬剤師の派遣は含まれない。へき地診療所等への代診医等の派遣（継続的な医師派遣も含む）が含まれている。

Q ────────────────────────────── A

□ **26** 地域医療支援病院は、高度の医療に関する研修実施能力を有していな　×
ければならない。　第25回改変

□ **27** 在宅療養支援診療所は、24時間連絡を受ける医師又は看護職員をあら　○
かじめ指定しなければならない。　第27回改変

□ **28** 特定機能病院は、都道府県知事の承認を受けることとされている。　×
第29回

□ **29** 診療録の記載は義務となるが、その保存は義務とはならない。　第30回　×

□ **30** 訪問看護は、看護師の指示で訪問看護サービスを開始する。　第36回　×

□ **31** 多職種連携チームのタイプには、マルチ型とインター型がある。　×
第28回改変

□ **32** インフォームドコンセントに関して、医療法には、患者が病気と治療　×
法について十分な説明を受け、検査や治療の選択と同意を行う患者の
権利を規定した文言が、明確に記されている。　第24回

□ **33** 終末期にあるクライエントの家族は、インフォームドチョイスとして、　×
本人に気付かれないように主治医と治療方針を決定した。　第34回改変

□ **34** クリティカルパスは病院での医療をスムーズに行う看護計画表のこと　×
である。　予想問題

□ **35** 地域連携クリティカルパスは、病院内のチーム医療の推進が目的であ　×
る。　第29回

解説

26 地域医療支援病院は「地域の医療従事者の資質の向上を図る」ための研修を行わせる能力を有することが要件である。「高度の医療に関する研修」の実施能力が必要なのは、特定機能病院。

28 厚生労働大臣が個別に承認する。

29 医師は、診療録の記載の義務とともに、記録後最低5年間は保存することが義務付けられている。

30 医師からの指示（訪問看護指示書）を受けて、訪問看護計画に基づいて実施する。

31 マルチ型、インター型、トランス型の3タイプがある。

32 医療法には、適切な説明を行い、また患者の理解を得るよう、医師等の「努力義務」が示されている。

33 インフォームドチョイスとは、患者が医師に十分な説明を受けた上で自らの意思で治療方針を選ぶことである。

34 看護計画表ではなく、診療計画表のことである。

35 病院内ではなく、地域における連携が目的である。

第 **17** 章

ソーシャルワークの
基盤と専門職（専門）

この科目のよく出るテーマ5

❶ ソーシャルワークのマクロ・メゾ・ミクロ

ソーシャルワーク実践では、クライエントに対してミクロ・メゾ・マクロの視点で援助技術を用いた支援を行います。ミクロは個人、家族を、メゾは主に集団、公的組織をマクロは主に地域、国、国際システム等の社会全体を対象とした支援を行います。この3つの実践レベルは連続体であり、一体的なシステムです。

❷ ピンカスとミハナンの4つのシステム

新しい出題傾向として出題されやすいです。4つのシステムは、チェンジ・エージェント・システム（ワーカー・システム）、クライエント・システム、ターゲット・システム、アクション・システムとなります。ソーシャルワークにおける「ワーカー」「クライエント」「関係機関」の相互関係性を理論化したものです。

❸ 利用者の気持ちの尊重、自立支援

毎年数題出題される事例問題のテーマは、「利用者の気持ちの尊重」「自立支援」の傾向が強くなっています。これらのテーマの意味を理解することが、解法の近道でしょう。

攻略のポイント

その他の出題傾向としては、多職種チームの特性、専門職の成立条件、ジェネラリスト・ソーシャルワークの視点に関する出題も目につきます。

1 ミクロ・メゾ・マクロにおけるソーシャルワーク

ミクロレベル | メゾレベル | マクロレベル

個人、家族への直接の支援

学校・職場など、クライエントに直接影響する組織などの変容

国家、国際システム等の社会全体の変革や向上

3つのシステムは相互に影響を及ぼす
一体的に捉えて支援を実施することが大切

個人、地域、社会を一体的なシステムとして実践 ㉞ ㉟ ㊱

　社会福祉士は、課題を抱える個人に対応するとともに、地域において住民が福祉課題に協働して取り組めるように支援し、地域内の関係機関に対して福祉ネットワーク形成のための働きかけも行います。さらには、福祉計画の策定への参画、ソーシャルアクションや政策提言を行うといった実践も期待されています。

　ソーシャルワークでは、人間社会を構成する様々なシステムをその規模により、ミクロ・メゾ・マクロのレベルで表現することがあります。

　例えば、個々の高齢者の生活問題への対応はミクロレベルの支援ですが、地域の高齢者の自助支援グループの組織化等の支援はメゾレベルとなります。高齢者が増えている一方で、他地域よりも福祉サービスの量や質に課題があるという場合は、その背景にある条例・法律の見直しに向けた住民の意識変革、住民運動の組織化、他地域との連携、新しい社会資源の創出など、マクロレベルで不特定多数の人に影響を及ぼす社会変革へとつながっていく可能性があります。

　3つのレベルのシステムは重複し、相互につながり、影響を及ぼし合っているため、社会福祉士には、各レベルで独立・乖離した支援を行うのではなく、**一体的なシステム**と捉えて実践していくことが必要となります。

ここは覚える！

第34回、第36回では、事例問題として出題されました。どのような介入の対象がミクロ、メゾ、マクロに該当するのかをおさえておきましょう。第36回では、福祉事務所に勤務の社会福祉士の取り組み対応として、事例問題が出題されました。

■ ソーシャルワークのミクロ・メゾ・マクロの実践レベル

ミクロレベル	
課題を抱える個人、家族への**直接の支援**	
介入の対象	人権侵害、自己実現の機会侵害、QOLの向上、社会的不利等
支援の展開	クライエント自身の生活問題の解決に取り組む。クライエントが**パワーレス**な場合は**エンパワメント**していく
機能	①側面的援助、②代弁、③直接支援、④教育・指導、⑤保護、⑥仲介、⑦調停、⑧ケアマネジメント

メゾレベル	
集団、組織、地域住民、団体等で、対人関係がありクライエントに直接に影響するシステムの変容を目指す	
介入の対象	各種の自助グループ、治療グループ、仲間、学校、職場、近隣等
支援の展開	直接、クライエントに影響を与えている家族、グループ、学校、職場等の**システムの変容を目指す**。状況により、ソーシャルワーカー自身の所属する組織・機関に対して働きかける
機能	①管理・運営、②スーパービジョン、③ネットワーキング（連携）

マクロレベル	
社会問題に対応するために、社会計画や地域組織化等、国家、国際システム等の社会全体の変革や向上を目指す	
介入の対象	不特定多数で広域な領域。偏見、差別、抑圧、治安、貧困、排除等の社会不正義、雇用問題、法律や制度の社会構造の歪み等
支援の展開	社会的・政治的・経済的に困難な状況にある多くの人々の、様々な資源へのアクセス、生活の質に影響を与えている政策・制度等への働きかけを行う。ソーシャルワーカーは課題を抱える人々の意見を代弁して、政策等の改善を提案し、**社会の構造の変化**を促していく
機能	①代弁・社会変革、②組織化、③調査・計画

参考文献：日本ソーシャルワーク教育学校連盟「ソーシャルワーク演習のための教育ガイドライン」「「社会福祉士養成課程の見直しを踏まえた教育内容及び教育体制等に関する調査研究事業」実施報告書」2020年、「社会を動かすマクロソーシャルワークの理論と実践」公益法人日本社会福祉士会編（中央法規出版）より筆者作成

ソーシャルワークのミクロ・メゾ・マクロの各レベルが一体として実践されることをより明確的に表現したものとして、**ピンカスとミハナンの4つのシステム**があります。

　4つのシステムをミクロ・メゾ・マクロレベルからの実践としてまとめると、以下のようになります。

■ 4つのシステムから見た3つの実践レベル

	ミクロレベル	メゾレベル	マクロレベル
チェンジ・エージェント・システム（ワーカー・システム）	ワーカー個人、ワーカー仲間（個人レベルでの専門職知識や技術の向上等）	ワーカーが属する組織、専門職団体等の働きかけ等（専門職の会議も含む）	専門職団体のあり方、国家資格化、国際ソーシャルワーク等
クライエント・システム	利用者・家族へのアプローチ（従来のクライエントとその家族に対する支援、援助）	利用者の自助グループや同様の課題をもつ団体の組織化等	患者・利用者の全国団体の組織化等
ターゲット・システム	ターゲットとなる利用者以外の友人、知人、隣人、他専門職への働きかけ等	ターゲットとなるグループ、専門職団体や組織、地域の自治体等への働きかけ等	ターゲットとなる制度・政策、政党、専門職団体、国民の意識への働きかけ等
アクション・システム	アクションを起こす利用者以外の友人、知人、近隣、他専門職への働きかけ等	アクションを起こすグループ、専門職団体や組織、地域社会への働きかけ等	アクションを起こす政党、政治家、専門職団体への働きかけ、国民の意識改革のためのSNSの利用等

出典：石川久展「わが国におけるミクロ・メゾ・マクロソーシャルワーク実践の理論的枠組みに関する一考察：ピンカスとミハナンの4つのシステムを用いてのミクロ・メゾ・マクロ実践モデルの体系化の試み」『Human Welfare』第11巻第1号　2019年

ここは覚える！

第35回で、4つのシステムに関する事例問題が出題されました。

② 総合的かつ包括的な支援と多職種によるチームアプローチ

ジェネラリスト・ソーシャルワーク

点と面の融合　本人主体　ストレングス・パースペクティヴ

エコシステム　マルチシステム

総合的かつ包括的な支援　㉜ ㉞

▶ 総合的かつ包括的な支援とは

　日本は少子・高齢化が急速に進み、それに付随して人口減少、家族形態の多様化、産業構造の変化と非正規雇用や低所得による貧困、地震や自然災害、難民を含む外国人生活者の増加、LGBTQの権利や差別等、新たな課題が増えています。

　例えば、要介護の高齢者と不登校の小学生がいる家庭、失業し経済困窮にある一人暮らしの精神障害者、外国にルーツを持つ家族など、一人の個人や一つの家庭に複数の課題が存在するケースがあります。こうした多様化、複雑化、複合化、長期化した課題は、既存の福祉サービス提供だけでは解決が難しいため、求められるのが「総合的かつ包括的な支援」です。

　ソーシャルワーカーが、地域のフォーマルなサービスとインフォーマルなサービスを組み合わせ、継続的な支援を行う手法をケアマネジメントといいます。総合的かつ包括的な支援では、所属の異なる専門職が職種・機関・業種を問わず、連携してネットワークを組み、問題となる社会環境の改善、社会構造への働きかけ、新しいサービスの資源の創出等に対応します。こうした支援は「地域を基盤としたソーシャルワーク」といわれます。

「高齢者」「障害者」「児童」などの縦割りとなっている従来の福祉制度の枠を超え、できるだけ早期に柔軟な対応を実施して、多様で複雑な諸課題の支援を行う必要があります。それには課題のある個人、家族はもとより、その人たちが生活する地域を支援する視点が欠かせません。課題を抱える本人が生活する場を拠点に、クライエントとそれを取り巻く環境をまとめて援助する点が、総合的かつ包括的な支援の特徴です。

多職種と連携するといっても、他の専門職を統括するわけではありません。

ここは覚える！

第32回で、「アセスメント」「モニタリング」「ターミネーション」などケアマネジメントの過程に関する用語の意味を問う事例問題がで出題されました。ケアマネジメントの詳細についても共通科目第11章「ソーシャルワークの理論と方法」でおさえておきましょう。

▶ 社会福祉基礎構造改革

　2000（平成12）年に実施された社会福祉基礎構造改革では、「自己決定」が強調され、ソーシャルワーカーにも自己決定支援機能が求められました。この改革は、「措置」から「契約」への変革となり、多様なサービス提供事業体が参入しました。競争原理を市場に導入して、サービスの質を一定以上に保つ意図がありました。

　また、社会福祉基礎構造改革は、住民に「地域」を中心とした生活を強く意識させました。サービスを受ける側の「主体」が重要になり、住民が自己の生活課題に主体的に取り組むことが期待されます。ソーシャルワーカーには住民の主体化促進機能が望まれています。

　今日の地域福祉には個人がもつ生活課題を特定の住民に限定せず、地域の課題として地域全体で共有することが大切になってきました。

▶ 多職種連携とチームアプローチ

　今日の多様化、複雑化、複合化したクライエントの問題解決には、多岐にわたる視点での問題の整理、要因の分析等が求められます。様々な立場の専門職の知識や経験をいかすことで課題の概要が明らかになり、解決のためのアプロー

チにつながります。

　多職種、多機関がチームとなって問題解決に向けて連携・協働することを**チームアプローチ**といい、次の3つのモデル概念があります。チームアプローチの中で、ソーシャルワーカーは**コーディネート**や**ファシリテーション**の役目を担う場合があります。

■ 多職種チームの特性

- 指揮命令型のチームよりも、対等に話し合いができるチームによる対応が有効
- **クライエント・チーム**は、個々のクライエントに対して介護支援専門員が担当
- **パーマネント・チーム**は、施設内支援のようにニーズのあるクライエントについて固定された支援者チームが恒常的に支援
- 計画作成、問題解決、目標達成をする機能を**タスク機能**、人間関係の調整、コミュニケーション等を図り、チームを維持する機能を**メンテナンス機能**という
- 多職種内に生じた葛藤は、オープンに話し合い、解決につなげることで、チームの力をより発揮できる
- 利用者参加型のチームカンファレンスでは「**最小限の基本的協働の原則**」により、支援者の人数、面会の時間、頻度を必要最小限にしてコミュニケーションをとることが重要である

■ チームの機能を表す3つのモデル概念

マルチディシプリナリー・モデル	緊急な課題に対して、1人の専門職（医師など）が中心となって指示し、各専門職がそれぞれの専門分野で役割を果たすことでチームに貢献する。階層性が強い形態
インターディシプリナリー・モデル	複雑だが緊急性が少ない課題に対して、各専門職が連携・協働して役割を分担しながら目標を達成する。専門職同士の相互作用を重視した形態だが、チーム内の葛藤が高まることもある
トランスディシプリナリー・モデル	各専門職の役割の交代や開放を伴いながら横断的にチームの課題に取り組む。専門職間の階層や垣根が低く、各自が自由に動きやすい形態

ここは覚える！

第34回で、多職種チームの支援の特性について出題されました。下記の5つの特性について、覚えておきましょう。
①チーム内の他職種の文化や価値観の違いを理解する、②メンバーに利用者を含める、③所属する施設・機関を超えてメンバーを組むことがある、④メンバー間でヒエラルキーを構成しない、⑤チームの方針・目標が策定される、など

落とせない！重要問題

多職種チームを機能させるために、社会福祉士がリーダーとなりヒエラルヒーを構成する。 第34回

×：多職種チームでは、ヒエラルキーのもとでチーム運営をするのではなく、各メンバーが相互に尊重し合い、協働したチーム運営をするのが望ましい。したがって、リーダーを社会福祉士に限定することもない。

ジェネラリスト・ソーシャルワーク

▶ ジェネラリスト・ソーシャルワークの背景

　ジェネラリスト・ソーシャルワークは、主として1990年代以降に確立した現代ソーシャルワーク理論の構造と機能の体系のことで、統合化以降のソーシャルワークを構成する知識・技術・価値を一体的かつ体系的に構造化したものです。

　ケースワーク、グループワーク、コミュニティ・オーガニゼーション（コミュニティワーク）の共通基盤を確立した上で、各々の方法を用いる統合形態をジェネラリスト・アプローチといいます。ケアマネジメントとの類似点も多く、高齢者、障害者、児童等、広く福祉各分野でとり入れられています。ジェネラリスト・アプローチに生態学やシステム理論を導入したものが、ジェネラリスト・ソーシャルワークです。

　ジェネラリスト・ソーシャルワークは、クライエント本人を主体とした援助のあり方を強調しており、人と環境をシステムとして一体的にとらえ、援助の視点と方法を導いています。ソーシャルワークの統合化の到達点ともいえます。

ストレングス・パースペクティヴ
・クライエントの強みや強さ、できることなどの長所に焦点をあて、短所や限界には着目せず、人と環境の肯定的な面の発見に導くもの ・クライエントの環境における資源を掘り起こすことを重視しており、それらの資源は実際には家族や地域の公私のグループであることが多い

マルチシステム
・援助の対象を**マルチパーソンクライエントシステム**としてとらえる ・援助する側も**マルチパーソン援助システム**としてとらえる ・つまり、一人のワーカーと一人のクライエントとの一対一の対応ではなく、家族、グループ（小集団）、施設、組織、地域などの複数の人で構成されるのが「マルチパーソンクライエントシステム」となる ・**自然発生的援助システム**の存在がある ・「マルチパーソン援助システム」の形態は多様。スーパービジョン、コンサルテーション、協働、送致、ケースカンファレンスなどがある

　さらに支援の展開の先にはコーズアドボカシーやソーシャルアクションを明確に位置づけており、それらと個人へのアプローチの間に密接なつながりがあることも見られます。

▶ ジェネラリストの視点とそれに基づくソーシャルワークのあり方

　日本では2000年以降、**エビデンス・ベースド・プラクティス（EBP）**、つまりエビデンスに基づくソーシャルワークのあり方が重視されるようになりました。これは、欧米では1990年代後半に導入された考え方です。

　ジェネラリストの視点を表す枠組みと、それぞれのソーシャルワークの特徴を表すキーワードは以下の通りです。

①「環境のなかの人」とミクロ・メゾ・マクロレベルの一体的な把握
・システム理論、エコロジカル理論、BPS理論等に基づく「環境のなかの人」の理解 ・**ミクロ・メゾ・マクロレベルを一体的に捉えた総合的かつ包括的なかかわり**と変化に向けたアプローチ ・人と環境の交互作用

②社会正義と多様性
・多様な文化や価値を学び理解しようとする態度 ・一人ひとりを多様な存在として尊重し、誰も排除されたり、搾取されたりしない社会 ・社会的・経済的な不正義への気づきと社会の仕組み・システムの変化に向けたアクション

③科学的根拠に基づく実践（EBP）
・問題解決に向けた介入やアクションに対する説明責任 ・根拠に基づいた変化への介入や予防のアプローチ ・実践に対する評価の必要性

④クリティカル・シンキング
・複数の情報源による客観的データや科学的研究の成果、実践知を弁別、評価、統合 ・問題を多面的に検証 ・現状の社会の仕組み・システムを批判的視点から検討

⑤ストレングスとレジリエンシー
・ストレングスは、強みの側面に焦点を当ててクライエント及びクライエントシステムを理解し、その内外にもち得る力を見つけ、高め、また、作り出す見方 ・レジリエンシーはクライエント及びクライエントシステムに備わっている大きなストレスかかる出来事や傷つく出来事からの回復力 ・クライエント及びクライエントシステムを主体としたもち得る力や機能による問題解決を志向

出典：『最新社会福祉士養成講座精神保健福祉士養成講座　ソーシャルワークの基盤と専門職［共通・社会専門]』中央法規出版、P276より抜粋

頻出度 ｜ 🐾🐾 🐾🐾 🐾🐾

3 専門職の概念と領域

1965年 ミラーソン はソーシャルワークの「専門職の属性」の6つを提示

公衆の福祉という目的

理論と技術

教育と訓練

テストによる能力証明

専門職団体の組織化

倫理綱領　誠実

専門職の成立条件　㉞

▶ 専門職であるための条件

　1915年、米国メリーランド州ボルチモアでの全米慈善矯正事業会議でフレクスナー（Flexner, A.）は、ソーシャルワークを「未だ専門職とはいえない」と結論づけました。

　医師を完成された専門職のモデルとして見たとき、その属性とソーシャルワークを照らし合わせ、独自の技術、専門教育のためのプログラム、専門職業域の文献、実践技能を有していないというのが、その理由でした。

■ 専門職の条件

グリーンウッド (Greenwood, E.)	①体系的理論、②専門職的権威、③社会的承認、④倫理綱領、⑤専門職的副次文化（サブカルチャー）
ミラーソン (Millerson, G.)	①公衆の福祉という目的、②理論と技術、③教育と訓練、④テストによる能力証明、⑤専門職団体の組織化、⑥倫理綱領
秋山智久	①体系的な理論、②伝達可能な技術、③公共の関心と福祉という目的、④専門職の組織化（専門職団体）、⑤倫理綱領、⑥テストか学歴に基づく社会的承認

ここは覚える！

第34回でソーシャルワークの専門職化について、主な提唱者とその内容が問われました。フレックスナー、および、上表の他に、カー-ソンダース（Carr-Saunders, A.）（専門職を歴史的発展過程のプロセスにより捉え、段階的に分類。テストによる能力の証明の必要性）やエツィオーニ（Etzioni, A.）（すでに確立している専門職とソーシャルワーカーを比較。準専門職の概念を明確化）も出題されました。

▶ 社会福祉士という専門職

社会福祉士の領域や実践の場、その業務内容は幅広く、多岐にわたります。業務も曖昧で、外部からはソーシャルワークの実践が見えにくい面がありましたが、最近では社会福祉分野を超え、医療、教育、司法などにも業務範囲が及び、社会福祉士などの福祉関係資格は社会的に認められるようになりました。

▶ ソーシャルワーカー団体の活動

専門職の職能団体の役割は、継続的な研修の機会とネットワークの機会の提供、国内外の団体との調整、専門職の発展の推進などです。

日本のソーシャルワーカーの団体は、以下のものがあります。

■ 日本のソーシャルワーカーの団体

特定非営利活動法人日本ソーシャルワーカー協会 （Japanese Association of Social Workers：JASW）	1958（昭和33）年に日本最初のソーシャルワーカー団体として誕生。2005（平成17）年には特定非営利活動団体（NPO）の認証を受け、ソーシャルワークの普及や社会への周知に努めている
公益社団法人日本社会福祉士会 （Japanese Association of Certified Social Workers：JACSW）	1993（平成5）年に任意団体として設立。1996（平成8）年に社団法人化。全都道府県に支部をもつ社会福祉士取得者の職能団体
公益社団法人日本精神保健福祉士協会 （Japanese Association of Mental Health Social Workers：JAMHSW）	1964（昭和39）年に設立された「日本精神医学ソーシャル・ワーカー協会」が1997（平成9）年に精神保健福祉士法の制定を受けて1999（平成11）年に名称変更されたもの
公益社団法人日本医療ソーシャルワーカー協会 （Japanese Association of Social Workers in Health Services：JASWHS）	1953（昭和28）年に結成。日本のソーシャルワーカーの職能団体として最も古い歴史をもつ

特定非営利活動法人日本スクールソーシャルワーク協会 (School Social Work Association of Japan：SSWA J)	1999（平成11）年に設立。スクール（学校）ソーシャルワーカーやスクールソーシャルワークに関心をもつ人々が加入者となっている

　現在、人々のもつ生活課題は多様化、複雑化しています。その状況に対して、さらに各職能団体においても相互の連携や協働した活動が求められています。

相談援助専門職とは　㉝ ㉞ ㉟ ㊱

▶ 社会福祉行政の専門職

　社会福祉の行政の専門機関には次表のようなものがあり、それぞれ設置される職種が異なります。

■ 社会福祉行政の専門機関

専門機関（根拠法）	主に設置されている職種
福祉事務所（社会福祉法14条）	福祉事務所長、査察指導員、現業員、事務職員、家庭児童福祉主事、家庭相談員など
児童相談所（児童福祉法12条）	児童福祉司、児童心理司、児童指導員、児童虐待対応協力員など
更生相談所（身体障害者福祉法11条）	身体障害者福祉司、身体障害者相談員など
知的障害者更生相談所 （知的障害者福祉法12条）	知的障害者福祉司、知的障害者相談員など
女性相談支援センター （困難な問題を抱える女性への支援に関する法律9条）	女性相談支援員など

ここは覚える！

専門機関に配置される職種について複数回出題されています。業務内容と根拠法については確実におさえておきましょう。なお、第33回で、児童福祉司と身体障害者福祉司の根拠法について、第35回で、福祉事務所の査察指導員、現業員、母子・父子自立支援員、知的障害者福祉司と家庭相談員の業務内容が問われました。

　福祉事務所は、社会福祉行政を総合的に行う第一線の現業機関であり、都道府県と市町村に設置されています。設置される主な職種は上表の通りです。実

際の業務の担当者は社会福祉主事と呼ばれ、社会福祉法18条で都道府県、市及び福祉事務所を設置する町村に置くことが決められています。それ以外の町村は置くことができるとされています。

ここは覚える！

第33回で、社会福祉主事について出題されました。「都道府県知事又は市町村長の補助機関である職員とし、年齢18歳以上の者であり、人格が高潔で、思慮が円熟し、社会福祉の増進に熱意がある」者とされています（社会福祉法19条）。

▶ 民間の施設・組織の専門職

ソーシャルワーカー、生活相談員、生活支援員などの名称で業務をしています。その役割は、入所施設では利用者一人ひとりの生活の場となる実践を行い、通所施設では利用者の地域生活支援を行います。

▶ 社会福祉機関や組織における専門職とその役割

代表的なものに社会福祉協議会や地域包括支援センターなどがあり、それらでの専門職は地域福祉の推進や高齢者の在宅生活支援に関する業務を行っています。社会福祉協議会における専門職には「福祉活動専門員」「福祉活動指導員」などがいて、福祉活動の調査、企画、連絡調整、広報などを行います。その任用の条件として社会福祉士又は社会福祉主事資格を有することになっています。

ここは覚える！

第34回で、社会福祉協議会が行っている生活福祉資金貸付制度が出題されました。

▶ 独立型社会福祉士の役割

社会福祉士が組織に属さず個人開業をする、地域を基盤とした新しい実践形態です。独立型社会福祉士自身にはサービスの対価や自らサービスを提供する場合のコスト意識が必要です。関係する制度やサービスにとらわれずに、専門職として、自らの裁量でソーシャルワークを展開することが期待されています。活躍の場は、法制度内の整理されている領域にとどまらず、現存の制度では解決不可能な問題にもかかわっています。

独立型社会福祉士の業務には、①個人との契約（個別相談・援助、見守り、任意後見、任意代理など）、②公的サービスや行政からの委託（ケアプランの作成、認定調査の受諾、成年後見の受任、自治体の福祉関係委員など）、③福祉法人・学校・企業との契約（福祉サービスの第三者評価、教育機関の講師、福祉職員の研修講師、福祉関連のオンブズマンなど）があります。

▶ 社会福祉士のキャリアアップ

　2012（平成24）年に認定社会福祉士認証・認定機構が設立され、社会福祉士のキャリアアップの仕組みとして、「認定社会福祉士」「認定上級社会福祉士」制度が位置づけられました。

■ 認定社会福祉士の要件

① 社会福祉士及び介護福祉士法に定める社会福祉士資格を有すること
② 日本国内のソーシャルワーカーの定められた職能団体のいずれかの正会員であること
③ 規定された一定の実務経験を有すること
④ 例示された実務経験（個別レベル、組織レベル、地域レベルの経験目標）がある
⑤ 認められた機関での研修（スーパービジョン実績を含む）を受講すること

■ 認定社会福祉士の特徴

① 2007（平成19）年の社会福祉士及び介護福祉士法の改正時に、付帯決議に盛り込まれた
② 認定試験はない
③ 認定社会福祉士は高齢分野、障害分野、児童・家庭分野、医療分野、地域社会・多文化分野等の分野別認定となる
④ 所属組織以外の分野ではなく、所属組織を中心にした分野の福祉課題について、倫理綱領に基づき、高度な専門知識と技術を用い、個別支援、他種職連携、地域福祉の増進を行う能力を有すると認められた者という位置づけ

⑤ 認定上級社会福祉士は自らの実践に加え、複数の分野にまたがる地域の課題について、実践・連携・教育をする

⑥ 関係団体が参画する認定社会福祉士認証・認定機構により認定される

▶ 社会福祉関連領域での専門職

　医療分野での専門職は、社会福祉士や精神保健福祉士が医療ソーシャルワーカー（MSW）や精神科ソーシャルワーカー（MHSW）として医師や看護師などとの連携・調整を図りその業務を行います。MSWは患者や家族の相談に応じ、生活上に生じる諸問題に対応して、入院中や退院後の生活の安定を図る支援をします。

　司法分野では非行や罪を犯した少年、刑法にふれる犯罪を犯した人々の社会適応や社会復帰を支援する業務を社会福祉士や精神保健福祉士が担っています。

　教育分野では、校内暴力、学校裏サイト、学習障害、いじめや不登校などの問題への対応、また家庭環境に問題を抱える子どもたちを援助するために、社会福祉士がスクールソーシャルワーカー（School Social Worker：SSW）として配置が推進されています。子どもたちが安定した学校生活を営めるように援助し、教師との連携や親への支援、学校と家庭と地域との橋渡しの機能を果たしています。

　例えば、学校内で生じた「不登校問題」では、まずSSWが情報を整理して状況確認をする必要があります。何が要因で、登校ができなくなったのか、その背景を探ることは大切です。SSWが関係者を集めて校内ケース会議を開催し、今後の対応を協議することになります。

　他にも、日本に滞在する外国人や日本で国際結婚をした人々を対象に、生活問題の対応をするNPO法人のソーシャルワーカーなどが様々な支援活動を行っています。罪を犯した受刑者の出所後の生活を支援する、地域生活定着支援センターにも社会福祉士が配置されています。

スクールソーシャルワーカーの業務内容には、①問題を抱える児童の環境への働きかけ、②関係機関などとのネットワークの構築・連携・調整、③学校内でのチーム体制の構築、支援、④保護者、教職員などに対する支援・相談・情報提供、⑤教職員への研修活動などがあります。

ここは覚える！

スクールソーシャルワーカーに関する内容は、第31回、第33回、第36回で出題されています。スクールソーシャルワーカー活用事業など、近年の法制度等の動きについてもおさえておきましょう。

▶ その他の専門職

■ その他の専門職

保育士	・児童の保育及び保護者に対する指導を保育所などで行う ・保育士でない者は、保育士又はこれに紛らわしい名称を使用できず、違反者には30万円以下の罰金が科せられる
訪問介護員	・在宅等での日常生活や自立した生活のために援助を行う介護の担い手であり、ホームヘルパー1～3級の資格者がいる（2013（平成25）年4月より1～3級がなくなり、介護職員初任者研修、実務者研修に代わった）
介護支援専門員（ケアマネジャー）	・介護保険制度において介護を要する高齢者に対して、アセスメントに基づいた介護計画（ケアプラン）を作成して、ケアマネジメントを実施し、最後にエバリュエーションを行う ・介護全般への相談・助言、関係機関との連絡調整、給付の管理等を行う ・国家資格ではないが、名義貸しの禁止、秘密保持義務、信用失墜行為の禁止などの規定があり、違反すると資格の登録削除の対象になる
主任介護支援専門員	・専任の介護支援専門員として5年間以上の実務経験のある者で都道府県知事が行う研修課程を修了した者が、その任に就く

また、専門職ではありませんが、民生委員は児童委員を兼務して、市町村の担当域にて住民の生活状態を必要に応じて適切に把握し、生活の相談・援助を行っています。

ここは覚える！

第33回で、介護支援専門員や民生委員の根拠法について問われました。

諸外国のソーシャルワーカーを取り巻く状況

米国

- 1955年、7つに分断していた専門職団体が統合し、全米ソーシャルワーカー協会 (National Association of Social Workers：NASW)となる
- 認定制度がある（試験は州ごと）
- NASWには大学のソーシャルワーク学士 (BSW)、大学院のソーシャルワーク修士 (MSW) ソーシャルワーク博士（Ph.D.）の取得者が登録
- 勤務先は公的機関の連邦政府、州政府、自治体、私的機関など多岐にわたり、子ども・家庭分野の需要が高い
- MSW以上の学位があり、州の実施する試験の合格者は保健福祉の分野で就労できる臨床ソーシャルワーカー（Licensed Clinical Social Worker：LCSW）の資格が取得できる
- NASWによる政治への発言の影響力は大きく、国、州、地方の公選職には多くのソーシャルワーカーが関わっている
- テロ・暴力・コロナ禍の影響によりソーシャルワーカーの需要は高まり、その数は今後も増加すると予測されている

英国

- 子どもとその家族に関わるソーシャルワーカーは自治体に登録されている。2019年現在、ファミリーソーシャルワーカーとして公的に37000人が採用
- ソーシャルワーカーの離職率が高まっている
- 他国からの難民の支援を行う

北欧諸国

- フィンランドは修士課程修了が必要。修士の取得には5〜6年間を要する
- スウェーデンは大学で養成。ソーシャルワーカーは労働組合または専門職団体に所属。登録制度はない
- デンマークは大学で養成。資格取得に3.5年間を要する
- ノルウェーは大学で養成。登録制度はない
- スウェーデン、デンマーク、フィンランドはEUに加盟、ノルウェー、アイスランドは未加盟。ボローニャ・プロセス（EU加盟の各国の高等教育機関の学位認定の質・水準を同レベルとして扱うこと）を通じ、EU加盟国間のソーシャルワーカーを養成する大学院の専門カリキュラムを標準化。ソーシャルワーカーはEU圏内の労働市場により円滑に参入・移動が可能
- 高い福祉サービスの提供を実施する国では政府が市民生活に能動的に介入し、移民にも便宜を図っている（選挙権を与えている国もある）。移民等の外国人をいかに自国に社会統合するのかが課題

インド

- ソーシャルワーカー養成が急速に進展しており、養成機関と養成人数はアジア最大
- 活動内容は、子どもや家族の保護、ストリートチルドレン・人身売買・児童労働・少女結婚に直面した人への支援、女性のエンパワメントや職業的自立とコミュニティ開発、HIV患者への支援、少数民族の子どもたちの教育や学習支援、社会・環境問題に対する抗議活動など

中国
・急激な経済発展や都市化により、社会サービスの開発・提供とソーシャルワーカーの養成が急務となっている ・国内の人口移動や外国からの人口流入により、社会サービス機関には言語の教育、新しい環境での生活スキル獲得や社会適応への支援、都市と農村の格差是正が求められる

イスラム文化圏
・ソーシャルワーカーの実践の理念・倫理・支援方法には、他の国や地域との共通性も見られる。伝統文化や信仰に影響を受けた実践やシステムがあり、個人、集団、コミュニティに対する実践が行われている

アフリカ地域
・国や地域ごとに、社会サービスの実施状況やソーシャルワーカーの養成システムに格差がある ・国よっては部族間の紛争、経済不均衡、子どもや女性への抑圧、差別等の課題がある ・気候変動による環境問題、難民や労働市場をめぐる民族の移動と残された子どもの生活課題などがある

Q ────────────────────────── **A**

☐ **1** 認定社会福祉士は、所属組織以外の分野における高度な専門性を発揮できる能力を有する者として位置づけられている。　第28回　×

☐ **2** ミルフォード会議の報告書 (1929年) において、「ソーシャルケースワーク」という概念が初めて示され、統合化への先駆けとなった。　第29回　×

☐ **3** シュワルツは、個人と社会の関係は共生的な相互依存関係であるとし、ソーシャルワーカーの媒介機能を重視する相互作用モデルを展開した。　第32回　第36回　○

☐ **4** ジェネラリスト・アプローチは、ソーシャルワークの統合化の一形態である。　第29回　○

☐ **5** 日本では、高度経済成長期には、エビデンスに基づくソーシャルワークのあり方が重視された。　第27回　×

☐ **6** ジェネラリスト・アプローチは、ケアマネジメントと類似点が多いこともあって、我が国においては、高齢者福祉分野に特化して用いられている。　第25回　×

☐ **7** ソーシャルワーカーは、法制度の規定のもとでその実践を行うので、制度とのジレンマや矛盾を起こすことはない。　第25回　×

☐ **8** 総合的かつ包括的な相談援助に向けたジェネラリストの視点は、地域住民の参加を得ながら発見と見守りの機能を強化することで、予防的な働きかけを重視する。　第23回　○

☐ **9** 入院中の患者が退院を前提とした今後の療養に関わる情報を院内スタッフが共有するのは、チェンジ・エージェント・システムである。　第35回　○

解説

1 所属組織外の分野ではなく、所属組織を中心とした分野の福祉課題に対して、高度な専門知識と熟練した技術を有すると認められた者と位置づけられる。

2 ソーシャルケースワークではなく、「ジェネリック・ソーシャルワーク」の重要性が示され、ソーシャルワークの統合化への先駆けとなった。

5 高度経済成長期ではなく、2000年以降である。

6 高齢者福祉分野に限定せず、広く他の福祉分野にも用いられる。

7 ジレンマや矛盾を起こすことはあり得る。

第17章の理解度チェック

Q　　　　　　　　　　　　　　　　　　　　　　　　　　　**A**

☐ **10** 福祉事務所に勤務する職員が中高年対象の就労支援の課題を所属機関
を通して国に提示するのはメゾレベルの対応である。 第36回　　×

☐ **11** 多種職チームを構成する他の専門職の文化や価値を理解する。 第34回　　◯

☐ **12** フレックスナーは専門職が成立する属性を挙げ、ソーシャルワークが
いまだ専門職とはいえないことを主張した。 第34回　　◯

☐ **13** 「スクールソーシャルワーカー活用事業」において、社会福祉士や精神
保健福祉士等がその選考対象に明記されるようになった。 第33回　　◯

解説

10 社会基準や向上を目指すものとなり、マ
クロレベルでの対応である。

第 **18** 章

ソーシャルワークの
理論と方法（専門）

❶ 援助関係の形成

　ソーシャルワークの実践技法の中でも、クライエントに直接的な援助を行う上で重要な、援助関係の形成や姿勢などの各実践場面に応じた対応については、頻繁に出題されています。

❷ 面接技術・原則

　面接の様々な段階や状況の中で活用される面接技術やバイステックの7原則といった援助者側のとるべき態度などについて具体的な場面も含めて、頻繁に出題されています。

❸ 社会資源の活用

　コミュニティにおけるフォーマルな資源やインフォーマルな資源、内的な資源などの資源の種類、活用の仕方などについての実践例を踏まえた出題がなされています。

❹ ネットワーキング・オーガニゼーション

　コミュニティに存在する様々な社会資源における内外のつながりを形成していくネットワーキングや、組織化していくオーガニゼーションなどの技術について、実践を踏まえた出題がなされています。

❺ 関連技術

　アウトリーチやソーシャルアクション、アドボカシーなど、日常的にソーシャルワーカーがコミュニティの中で活用していくことが求められる考え方や技術などについて出題されています。

攻略のポイント

近年の傾向としては、実践場面でこれらの知識や技法などをどのように活用するのかといった視点での具体的な内容を問う選択肢が出題されており、より実践に即した形での内容の把握や理解が必要となっています。特に、各分野の機関に所属する相談員等が、様々な問題を抱えるクライエントに対してどのように対応することが適切なのかといった内容を問う事例問題が多いので、実践を想定して学んでいくことが重要です。

1 クライエントに対する 援助関係の形成・面接技術

話をコントロールしない

傾聴して受け入れる

ぬくもりのある対応

秘密を保持する

クライエントに対する援助関係の形成　㉛ ㉜ ㉝ ㉞ ㉟ ㊱

　ソーシャルワーカー（以下、援助者）が相談援助を効果的に展開していくためには、まずクライエントとの良好な援助関係を築くことが必要となります。

　そのため援助者には、クライエントに対して、**受容**（善悪や感情等の判断を行わずに、あるがままを受け入れて尊重していくこと）や**共感的理解**（クライエントの心情等を自分自身のことのように感じながら相手を理解しようと努力すること）、傾聴、個別性の尊重、非審判的な態度、秘密保持などの基本的な態度が求められます。

　また、援助関係においては、**純粋性**（援助者が自身の内面を受け入れ、自己の気持ちと言葉・態度が一致していること）や**目的志向性**（援助者がクライエントとともに問題解決における目的を確認し、目的に到達できる方法を考え、意図的にその方向へ導きながら援助を行うこと）などを十分に理解し、それらを踏まえて対応していくことが必要です。この際、**パターナリズム**（クライエントの意思や自己決定によらず、本人の利益のために本人に代わって意思決定すること。支配的になってしまうリスクもある）による介入が過剰なものとはならないよう留意することも大切です。

　さらに、援助を行うに当たっては、クライエントとの間に互いの様々な感情

が発生します。援助者は常にそうした感情についても自身で統制した上で援助を行う必要があります。

■ 援助関係において生じる様々な感情

種類	概要
感情過多	自分の感情に酔って感傷に溺れてしまうなど、クライエントの感情表出が非常に多く見られる状態をいう
感情移入	援助者がクライエントの感情面に引き込まれ、クライエントと同様となったかのように錯覚する状態をいう
感情転移	クライエントの個人的欲求や過去に出会った人物に対する感情や態度を、援助者に向けてしまうことをいう。逆に援助者がクライエントに向けてこうした感情を向けてしまうことを、逆転移という
選好感情	自分の感情を選り好んで表出すること
感情失禁	些細なことで怒り出したり、泣き出したりする感情調節の障害をいう。認知症の高齢者などに比較的よく見られる症状

　援助者はこうした感情や態度を十分に理解しながら援助に臨み、クライエントとの**ラポール**を形成していくことが求められます。このラポールとは、クライエントと援助者の相互信頼や相互理解に基づく専門的で対等な**信頼関係**を意味し、その形成は援助の基本となります。

　さらにこうした関係の構築において援助者には、「自己覚知」や「コミュニケーション能力」「面接技術」といった様々な技術が求められます。

落とせない！重要問題

共感的理解とは、クライエントの世界を、あたかもソーシャルワーカーも体験したかのように理解することである。 第36回

○：共感的理解では、クライエントの心情等を自分自身のことのように感じながら理解しようと努めることが大切である。

▶ 自己覚知

　自己覚知とは、援助者自身がもっている価値観や考え方、傾向などが支援に影響を及ぼさないよう、それらを**客観的に把握・理解**しておくことを指しています。

この自己覚知ができていないと、先入観に左右されてしまったり、自身の価値観や感情でクライエントやその問題を評価してしまうなど、専門職としての適切な判断ができないことにもなりかねません。

こうした自己覚知を促す方法として、エゴグラム（自己の行動パターンの客観視等）やエンカウンターグループ（語り合いによる自己の探究等）などがあります。

▶ コミュニケーション

援助者がクライエントと援助関係を構築するとき、クライエントや自身の状況に合わせて良好なコミュニケーションをとっていくことが求められます。

コミュニケーションには主に、以下の手段があります。

■ コミュニケーションの手段

種類	概要
言語的コミュニケーション	コミュニケーションをとる相手から直接情報を得る**直接的コミュニケーション**と、情報を人づてに得るような**間接的コミュニケーション**がある
非言語的コミュニケーション	身振りや動作、姿勢や態度などによって感情を示す
説得的コミュニケーション	意図的に相手の態度を変容させていく。自分が意図する方向へ導くために有利な情報を提供していく**一面的コミュニケーション**と不利な情報も含めて提供していく**両面的コミュニケーション**がある

▶ 面接技術

相談援助（ソーシャルワーク）において、クライエントの主訴やニーズなどを的確に把握していく上で、面接場面は欠かせません。相談面接には、面接室で行われる面接や訪問による面接、電話による面接のほか、**生活場面面接**があります。

生活場面面接とは、クライエントの生活場面において面接を行うことです。この面接を適切かつ効果的に進めるためには、面接における適切な姿勢や技術が必要になります。

カデューシン（Kadushin, A.）は、生活場面面接の目的を「何らかの生活にかかわる課題やそれを解決するための機能の達成のために必要なクライエントの情報を得ること」「クライエントがもつ何らかのニーズの充足やそのニーズに対する問題解決に向けて協働して作業を行うこと」であるとしています。

またジョンソン（Johnson, L. C.）は、この面接を「援助者とクライエントが協働してニーズ充足を目指していく活動（アクション・システム）」であるとしています。そして、援助者が面接において実践すべきことについて、次の点が必要であるとしています。

- 傾聴と受容
- 援助のあるべき姿勢と専門性の提示
- 状況を把握するための質問
- クライエントが抱く疑問への応答
- サービスを利用するために必要な説明
- クライエントのもつ強さ（ストレングス）や抱えている問題の肯定的な方向づけ
- クライエントに対する共感

　面接では、様々な技法を用いながら、クライエントが自らの主訴やニーズなどを表出しやすいように展開していく必要があります。こうした面接の際の技法には、次のようなものがあります。

■ 面接時における主な技法

名称	内容
頷き	話の合間に首を縦に振るなどして、話に耳を傾けていることを示す
繰り返し	クライエントの言葉をそのまま返し、話に耳を傾けていることを示す
相槌（相づち）	話の合間に短い言葉を挟むなどして、話を理解していることを示す
励まし	話の合間に短い感想や励ましの言葉を返し、話をさらに展開していけるような姿勢を示す
言い換え	クライエントの言葉を短い言葉で言い換えながら返し、内容を理解していることを示す
明確化	クライエントの話した内容を端的に言い表した言葉で返し、伝えたいことを明確にしていく
要約	クライエントの話の要点をまとめて返し、伝えようとしていることの整理を手助けし、共に内容の再確認を行う
感情の反映	クライエントが話している内容について、抱えている感情を想定して言い表す

名称	内容
開いた質問・閉じた質問	開いた質問とは、「どのように〜」などクライエント自身に答える幅ができるように質問することであり、閉じた質問とは、「はい」「いいえ」で答えるような質問である
沈黙	クライエントが示す沈黙の意味を適切に理解して対応していく方法をいう。迷いがあるときの沈黙に対しては考えが整理できるまで待つ、援助への抵抗やワーカーへの否定的感情などがあるときの沈黙には共感的な働きかけを行うなどの方法が有効である
支持	クライエントの話の内容を踏まえ、プラスの側面に着目してクライエントを支えるようなメッセージを返す
助言・提案	助言とは、「〜してみるのはいかがですか」などとクライエントに方向性を示す技法であり、提案とは「〜する方法もあると思うのですが、どう考えますか」などとクライエントの考えを促す技法である
直面化	クライエントが向き合うことを避けていることをあえて正面から取り上げて向き合わせ変容を促していく（葛藤を抱えたクライエントには効果的ではない）
焦点化	複雑に絡み合う多くの要素を、クライエントとともに点検しながら整理していく
対決	クライエントの言葉の矛盾点などを指摘することで、考え方の修正を促し、課題解決へと導いていく
自己開示	ワーカーが自らについての個人的な情報を率直にクライエントに伝えることによって、安心感や親近感を与えるとともに、クライエント自身の自己開示を促していくことにもつながる
I（アイ）メッセージの伝達	クライエントの話の内容を踏まえ、相談者としての一般的なメッセージではなく、一人の人間として「私は」といった形で思いを伝える

落とせない！重要問題

閉じられた質問によって、クライエントが自由に話すのを促す。 第36回

×：閉じられた質問とは「はい」「いいえ」で答えられるような質問であり、自由
   に話せるよう「どのように〜」といった質問をするのは開かれた質問である。

▶ バイステックの7原則

　援助関係の構築や面接場面、介入の際などに用いられる援助原則の一つとして、バイステックの7原則があります。これは、援助者がクライエントに対して介入を行う際に不可欠な援助関係を築くために有効な方法として、バイステック（Biestek, F.）が提唱した次の7つの原則です。

■ バイステックの7原則

原則	概要
① 個別化の原則 （利用者を個人としてとらえる）	クライエント自身や抱えている課題は、類似したものであっても、各々異なるため、それらを同じものとして決めつけたり判断したりせずに、個別のケースとしてとらえ、対応するという原則
② 意図的な感情表出の原則 （利用者の感情表現を大切にする）	課題を抱えているクライエントは、独善的な考えや否定的な感情などをもちやすいが、そうした感情も含めてありのままに表出してもらうことが大切であるとする原則
③ 統制された情緒的関与の原則 （援助者は自分の感情を自覚して吟味する）	クライエントの感情や抱える課題などによって、ワーカー自身が影響を受けて偏った判断や感情とならないよう、自らの感情を統制して接していくという原則
④ 受容の原則 （受け止める）	クライエントの考えや個性などについて、決して初めから否定したり判断したりせずに、ありのままを受け入れ、理解するという原則
⑤ 非審判的態度の原則 （利用者を一方的に非難しない）	クライエントの行動や思考に対して、ワーカーが善悪の判断を一方的に行わないとする原則。問題解決の方法についての判断も、クライエント自身が行っていけるようにすることが大切である
⑥ 利用者の自己決定の原則 （利用者の自己決定を促して尊重する）	問題を解決していくための行動を決定する主体はあくまでもクライエント自身であるため、ワーカーはその行動を尊重するという原則
⑦ 秘密保持の原則 （秘密を保持して信頼感をつくりあげる）	クライエントについて知り得た個人的な情報やプライバシーについて漏らしてはならないという原則

落とせない！重要問題

統制された情緒的関与とは、ソーシャルワーカーが、自らの感情を自覚し、適切にコントロールしてクライエントに関わることをいう。 第35回

○：ソーシャルワーカーは、統制された情緒的関与を意識して、偏った判断や感情をもってクライエントと接することがないようにすることが大切である。

頻出度

2 コミュニティにおける社会資源の活用・関連技術

社会資源の活用・開発 31 32 34

社会資源とは、福祉ニーズを充足するために活用する施設や機関、制度、人、集団などを総称するものです。この社会資源は、**フォーマル**なものと**インフォーマル**なものとに分類できますが、そうした周囲の資源だけでなく、クライエント自身のもっている**内的な資源**も重要な社会資源と考えられています。

こうした社会資源を十分に活用するには、資源の存在やその内容を熟知しておくこと、提供者・機関との関係を確立しておくことなどが不可欠です。

■ 社会資源の３つの分類

社会資源の種類	説明
フォーマルな社会資源	政策や制度化されたサービス、専門機関、専門職など
インフォーマルな社会資源	家族や友人、知人、近隣の住民、自助団体といった私的な関係性を持つもの
内的資源	クライエント自身が本来持つ適応能力や解決能力、解決していこうとする意志など

また場合によっては、社会資源としての活用がスムーズに行えるよう、ソーシャルワーカー自身が働きかけを行い、自らそうした社会資源の**組織化**や**開発**

を行うことも求められます。こうした社会資源の開発によって、クライエントのニーズを満たすだけでなく、他のクライエントのニーズ充足や地域住民の生活資源の充実、地域の活性化などにもつながります。そのためにも、社会資源の開発や調整には、地域住民の理解や資源となりえる施設や機関、関係する人々の連携の意識の形成などが必要になります。

ネットワーキング ㉝ ㉞ ㉟ ㊱

　ネットワークを形成することや連携関係をつくっていくことを**ネットワーキング**といいます。

　ソーシャルワーカーは、解決すべき問題の状況に応じて、クライエントを取り巻く家族やボランティア、地域住民などの**インフォーマル**な社会資源との連携と、機関・施設などの**フォーマル**な社会資源との連携など、様々なネットワーキングを行うことになります。

　こうしたネットワーキングを活用して構築したネットワークは、**ソーシャルサポート・ネットワーク**とも呼ばれます。ソーシャル・サポート・ネットワークは、クライエントを取り囲む家族や友人、近隣住民、ボランティアなどによるインフォーマルなサポートと、公的機関や専門職などによるフォーマルなサポートを基盤にした援助関係の総称を指しますが、その分類には次のようなものがあります。

フロランド（Froland, C.）による分類
- 個人によるネットワークの方法
- ボランティアを利用する際の連結の方法
- 相互に援助を行う際のネットワークの方法
- 近隣住民による援助の方法
- 地域活性化に向けた方法

マグワイア（Maguire, L.）による分類
- ネットワークに介入するアプローチ方法
- ケアマネジメントによるアプローチ方法
- システム開発によるアプローチ方法

このソーシャルサポート・ネットワークを活用したソーシャルサポート・ネットワーク・アプローチでは、フォーマル及びインフォーマルな資源を調整しながら、効果的なネットワーク形成を行うことが求められます。この際、自然発生的なネットワーク（地域における近隣などとのインフォーマルなネットワーク）を含めたクライエントがもつ既存のネットワークを有効に活用するだけでなく、必要に応じて新たなネットワークを開発することも重要になります。

また、こうしたネットワーク間での情報共有や意見交換、課題の検討などのために、ネットワーク会議やケース会議などを開催し、有効に活用することも重要です。会議開催においては、以下のような点にも配慮していくことが求められます。

ネットワーク会議等開催における主な留意点

- 事前打ち合わせを行う場合には、議題や事例についての情報を共有して会議において何を論点にしていくべきかを検討しておくことが望ましい
- 様々な職種が集まる場であるため、議題や検討内容を明確にし、時間の制約や配分にも十分に配慮していく必要がある
- 援助内容についての見解を共有していくためにも、互いの専門性や役割を考慮しながら話し合いによる意思統一や決定等が行えることが望ましい
- 利用者への支援などを行う上で、より専門性の適した人材が担えるよう役割分担を行っていくことが望ましい
- 利用者の個人情報やサービス内容などの多くの情報が含まれるため、出席者の選定や会議書類の処理・管理など守秘義務や情報保護の観点からの配慮が必要である
- 会議内容について記録をしていくことは、継続した支援や支援内容の評価などをしていく意味でも、また職員教育という意味でも大変重要である。

ここは覚える！

ラウンドテーブルとは、立場や役職が異なるメンバーで、立場などを気にせずに自由に意見交換を行うことを指します。第33回で出題されています。

オーガニゼーション　㊱

　コミュニティにおけるオーガニゼーションとは、地域に存在する社会資源を内外に置いて組織化していくことであり、主にアメリカにおいてコミュニティ・オーガニゼーションとして理論化されてきました。ロスマン（Rothman, J.）はこのことについて3つのモデルを提唱しました。

小地域開発モデル	地域住民の自発性や主体性を高め、地域社会を組織化する
社会計画モデル	サービス提供機関の調整を図り、有限な会社資源を効率的に配分する
ソーシャルアクションモデル	地域の不平等などを改善しながら、地域を変革していくことを目的とする

アウトリーチ　㉛ ㉜ ㉝ ㉟

　アウトリーチとは、支援やサービスを必要としているにもかかわらず表出できていない人や拒否している人、認識すらできていないような人など、インボランタリーなクライエント、非自発的なクライエントのもとへ直接的かつ積極的に出向き、その当事者が主体的に支援過程に参加できる機会を設けていく技術です。

　根本博司は、狭義のアウトリーチとして、「客観的に見て援助が必要と判断される問題を抱え、社会的に不適応の状態にありながら、自発的に援助を求めようとしない対象者に対して援助機関・者側から積極的に働きかけ、その障害を確認し、援助を活用するように動機づけ、問題解決を促進する技法、その視点のこと」、また広義のアウトリーチとして、「①ニーズの掘り起こし、②情報提供、③サービス提供、④地域づくりなどの過程における専門機関の積極的取り組みを含むこと」であると定義しています。

　さらに、座間太郎は、「顕在化している利用者のみならず、潜在的にニーズをもっているサービス対象者や地域に対し、ワーカー及び機関が積極的にかかわり、サービス利用を働きかけること」と定義しています。

　こうしたアウトリーチにおいては、クライエントへの対応に際して援助の必要性を強調するのではなく、まずソーシャルワーカー自身が自らクライエントのところへ出向いて本人の話を聞き、具体的なニーズに対応することによって不信感を取り除いていくことが必要となります。その上でソーシャルワーカー

は、クライエントに援助の必要性を認識してもらえるよう働きかけ、問題を解決しようとする動機づけを行っていくことが重要です。

また、こうした関係を多くのクライエントとの間に築くためには、普段から地域住民との関係構築や、クライエントをめぐるネットワークづくりなどを行うことも必要です。

落とせない！重要問題

アウトリーチは、相談援助過程の援助開始時だけではなく、援助が始まった後も有効である。 第31回

○：援助を開始するまでの期間だけでなく、援助開始後に支援過程に参加しなくなったクライエントに対してアウトリーチを行い、継続的に支援過程に参加し続けられるように働きかけていく必要がある。

ソーシャルアクション ㉛ ㉜ ㉝ ㉟

ソーシャルアクションとは、既存の様々な制度、サービスの改善や創設等を目指して、議会や行政機関をはじめとした社会的な機関に対して対応を求める行動や方法のことを指しています。

伝統的な方法としては、広報活動や署名、陳情、請願などがあります。そうした活動を通して住民を組織化したり、運動によって世論を喚起していくことは、顕在化している問題の解決やニーズを満足させるだけではなく、潜在的なニーズも掘り起こすことになります。

近年、新しいモデルとして次のようなタイプが登場しています。

市民・行政協働型：住民が起業主体となって行う事業経営を行政が援助する
住民・行政パートナーシップ型：住民が問題解決のための起業の主体となって事業等を運営し、それに対して行政が援助を行う
セルフアクション型：自治体の首長自身が住民に投げかけ、ニーズを受け止める

落とせない！重要問題

同性のパートナーがいるクライエント支援のため、**LGBTへの偏見や差別を解消し、地域住民の理解を深めることを目的**に他市の「同性パートナーシップ証明」発行の取組について、地域住民を対象とした学習会を開催した。これは、ソーシャルアクションの実践にあたる。　第35回

○：地域住民を対象とした学習会を開催することは、意識の改善や世論の喚起といったソーシャルアクションの実践につながる。

アドボカシー

　アドボカシーは、我が国においては**権利擁護**という言葉が用いられていますが、介入の過程で行われる代弁機能をはじめとする様々な機能をもった活動のことを指します。**ケースアドボカシー**（個人としてのクライエント）と、**クラスアドボカシー**（特定ニーズを持つ集団）があり、どちらも自らの権利を主張できない人たちに代わって、専門職が彼らの権利を擁護する活動のことです。

　また、アドボカシーの類型や機能には次のようなものがあります。

■ アドボカシーの類型

類型	説明
セルフアドボカシー	クライエントが自分の権利や主張を自ら表現するなど、もっている力で主張すること
市民アドボカシー	教育や訓練を受けた市民が、調整役であるスタッフと協働して権利を守る活動
リーガルアドボカシー	法的な方法を使ってクライエントの権利を守る活動
コーズアドボカシー	制度の改革や社会資源の開発、福祉文化の創造など

■ ソーシャルワークにおけるアドボカシーの機能

類型	説明
代弁的機能 （アドボケーター）	個々のクライエントが実際に受けている直接的不正を正し、クライエントを含めたすべての人々に地域社会において不利な影響を与えている政策・制度などを改革していくこと
個別援助・支援機能 （イネイブラー）	実現可能にしてくれる人、力添えを行う人として、クライエントの問題解決が可能となるように側面的に支援していくこと
管理・運営機能 （マネジャー）	計画や方針を示し、組織が適切に機能していくために調整管理を行っていくこと
	所属する機関や他機関の組織、人間関係上の葛藤（コンフリクト）などについて、クライエントの問題解決に必要な相互作用ととらえて調整していくこと（コンフリクト・マネジメント機能）
調整機能 （媒介者）	クライエントの自己能力が活かせるような生活の場を構築し、ニーズに対する環境からの働きかけが高まるような接点を築き上げていくこと
保護的機能 （ガーディアン）	緊急を要する介入や、やむを得ず強制的な介入を実施する場合に、クライエントの権利を守るために司法機関と交渉などをして保護していくこと
教育的機能 （エデュケーター）	クライエントの社会的な機能を向上させ、環境に対する適応を促進するために、クライエントに必要な情報や社会生活に不可欠なソーシャルスキルを学習する機会などを提供していくこと

Q

A

☐ **1** 援助関係においてクライエントを共感的に理解するために、ソーシャルワーカー自身の価値観の特徴を知ることは大切である。 第27回 | ○

☐ **2** クライエントの話の内容を踏まえ、プラスの側面に着目してクライエントを支えるようなメッセージを返すことを「明確化」という。 予想問題 | ×

☐ **3** 閉じられた質問とは、クライエントに多くの語りを促す質問方法である。 第33回 | ×

☐ **4** 支持とは、クライエントの語りをソーシャルワーカーが明確にして返すことである。 第33回 | ×

☐ **5** 開かれた質問とは、クライエントが、「はい」や「いいえ」など一言で答えが言える質問方法である。 第33回 | ×

☐ **6** 要約とは、クライエントが語った内容をまとめて反射することである。 第33回 | ○

☐ **7** バイステックの7原則において、クライエントは、個人として迎えられ、対応してほしいというニーズを持っているところから、「非審判的態度の原則」が導き出された。 予想問題 | ×

☐ **8** 意図的な感情表出の原則とは、クライエントのありのままの感情を大切にし、その表出を促すことである。 第34回 | ○

☐ **9** 統制された情緒的関与の原則とは、クライエント自身が自らの情緒的混乱をコントロールできるようにすることである。 第34回 | ×

☐ **10** 個別化の原則とは、他のクライエントと比較しながら、クライエントの置かれている状況を理解することである。 第34回 | ×

解説

2 設問文の内容は、「支持」のことである。

3 開かれた質問の技法である。この技法では、「どのように〜」などクライエント自身が答えやすくなるような質問をする。

4 設問文の内容は、明確化の技法である。この技法では、クライエントの話した内容を端的に言い表す言葉で返し、本人の伝えたいことを明確にしていく。

5 設問文の内容は、閉じられた質問の技法である。この技法では、クライエントが「はい」や「いいえ」で答えられるように焦点化した質問をする。

7 設問文の内容は、「個別化の原則」のことである。

9 統制された情緒的関与の原則とは、ソーシャルワーカーが自らの感情をコントロールしていくものである。

10 個別化の原則とは、クライエントの課題を各々異なる個別のケースとして捉えることであり、他のクライエントと比較するものではない。

Q ─────────────────────────────────── **A**

☐ **11** 受容の原則とは、ソーシャルワーカーがクライエントに受け入れても　　　✕
らえるように、誠実に働き掛けることである。 第34回

☐ **12** 非審判的態度の原則とは、判断能力が不十分なクライエントを非難す　　　✕
ることなく、ソーシャルワーカーがクライエントの代わりに意思決定
を行うことである。 第34回

☐ **13** 受容とは、クライエントの逸脱した態度や行動に対しても、同調した　　　✕
上で、それを許容することである。 第36回

☐ **14** 転移とは、ソーシャルワーカーが、クライエントに対して抱く情緒的反　　　✕
応全般をいう。 第35回

☐ **15** パターナリズムとは、ソーシャルワーカーが、クライエントの意思に　　　○
関わりなく、本人の利益のために、本人に代わって判断することをいう。
第35回

☐ **16** フォーマルな社会資源の提供主体には、社会福祉法人も含まれる。　　　○
第34回

☐ **17** クライエント本人の家族などは、活用する社会資源に含まれない。　　　✕
第34回

☐ **18** アウトリーチとは、接近困難なクライエントなどに対して直接的かつ　　　○
積極的に出向いていく技術である。 予想問題

☐ **19** ソーシャルアクションには、地域住民などのニーズ充足のために、制　　　○
度やサービスの改善などを目指して行う組織的な活動が含まれる。
予想問題

☐ **20** ロスマンが提唱したコミュニティ・オーガニゼーション実践の社会計　　　○
画モデルとは、住民や当事者が求めるサービスや資源の提供を達成す
るためにサービス提供機関間の調整を図る方法である。 第36回

解説

11 受容の原則とは、クライエントの考えや
個性について否定せずありのまま受け入
れることであり、ソーシャルワーカーが受
け入れてもらうことではない。

12 非審判的態度の原則とは、クライエント
の行動や思考に対して善悪の判断を一方
的に行わないことであり、代わりに意思決

定することではない。

13 同調や善悪の判断等を行わずにあるがま
まを受け入れて尊重していくことである。

14 設問文の内容は、「逆転移」のことである。

17 インフォーマルな社会資源とは家族や知
人、近隣住民、自助団体等であり、クラ
イエント本人の家族なども含まれる。

Q ────────────────────────────── **A**

☐ **21** インフォーマルな社会資源はフォーマルな社会資源に比べ、クライエントの個別的な状況に対しての融通性に乏しい。 第34回　×

☐ **22** ソーシャルサポートネットワークでは、インフォーマルなサポートよりも、フォーマルなサービスの機能に着目して活性化を図る。 第35回　×

☐ **23** 社会資源としての内的資源には、クライエント自身が持つ適応能力や解決能力、解決していこうとする意志も含まれる。 予想問題　○

解説

21 インフォーマルな社会資源はクライエントに近い私的な関係性があることから、フォーマルな社会資源に比べて個別の融通性は高い。

22 インフォーマルだけでなく、フォーマルな支援も含めたネットワークの統合を図るべきである。

第 **19** 章

福祉サービスの組織と経営

この科目のよく出るテーマ5

❶ 社会福祉法人

　社会福祉法の規定を中心に、社会福祉法人の所轄庁、経営主体、経営の原則、会計、機関としての評議員・評議員会・理事・理事会・監事・会計監査人、情報公開、社会福祉事業（第一種・第二種）、公益・収益事業、社会福祉充実計画の作成、合併等を学習しましょう。2022（令和4）年度より、新しく「社会福祉連携推進法人制度」が創設されます。

❷ 特定非営利活動法人

　社会福祉法人と並んで、非営利法人としての目的、所轄庁、組織体制、設立要件、機関としての理事・理事会・監事・社員総会、また20の活動の範囲、解散や合併、認定特定非営利活動法人制度を中心に学習しましょう。

❸ 経営や会計

　社会福祉法人の財務・会計制度を中心に学習しましょう。特に財務諸表として、貸借対照表・事業活動計算書・資金収支計算書の理解を深めましょう。減価償却、ランニングコストやイニシャルコストの意味も確認しましょう。

❹ リーダーシップ

　リーダーシップの類型論と状況論を分類して、特徴を学習しましょう。類型論としてレヴィンの類型、マネジリアル・グリッド論、三隅二不二のPM理論、状況論としてコンティンジェンシー理論、パスゴール理論等があります。

❺ 人材の育成

　人事労務関連として、給与体系、昇格と昇進、キャリアパス、異動（自己申告、社内公募、勤務地限定）、職場研修（OJT、OFF-JT、SDS）、メンタルヘルス対策、目標管理制度、ジョブローテーションの意味を理解しましょう。

攻略のポイント

上記のテーマの他に、非営利法人として医療法人、公益法人等の理解は必須です。設立に関して所轄庁の認可か認証も重要です。さらに組織論の5つの管理原則、バーナードやサイモンの理論、アンゾフ、アンドルーズ、ポーターの経営戦略理論、PDCAサイクル、リスクマネジメント、人事考課、労働関連法規、サービス管理として第三者評価事業や外部評価、組織学習等は重要なテーマです。

1 福祉サービスに関係する社会福祉法人

社会福祉法人とは　32 33 35 36

　社会福祉法人とは、**社会福祉事業を行うことを目的**として、社会福祉法の定めるところにより設立された法人のことをいいます（社会福祉法22条）。

■ 社会福祉法人の事業と経営倫理

公益事業及び収益事業 （社会福祉法26条）	・社会福祉法人は、その経営する社会福祉事業に支障がない限り、公益を目的とする事業「**公益事業**」又はその収益を社会福祉事業若しくは公益事業の経営に充てることを目的とする事業「**収益事業**」を行うことができる ・公益事業又は収益事業に関する会計は、それぞれ当該社会福祉法人の行う社会福祉事業に関する会計から区分し、**特別の会計**として経理しなければならない
経営の原則等 （同法24条）	・社会福祉法人は、**社会福祉事業の主たる担い手としてふさわしい事業**を確実、効果的かつ適正に行うため、自主的にその経営基盤の強化を図るとともに、その提供する福祉サービスの質の向上及び事業経営の透明性の確保を図らなければならない ・社会福祉法人は、社会福祉事業及び公益事業を行うに当たっては、日常生活又は社会生活上の支援を必要とする者に対して、無料又は低額な料金で、福祉サービスを積極的に提供するよう努めなければならない

ここは覚える！

社会福祉法人が公益事業・収益事業を行うための条件は頻出なので、必ずおさえておきましょう。

落とせない！重要問題

社会福祉法人は経営安定化を図るため、収益事業を行う義務がある。　第33回

×：社会福祉法人は経営する社会福祉事業に支障がない限り、公益事業又は収益事業を行うことができる。

■ 2016（平成28）年の社会福祉法人制度の改革の主な内容

経営組織のガバナンスの強化 ・理事・理事長に対する牽制機能の発揮 ・財務会計に係るチェック体制の整備	・議決機関としての評議員会を必置（理事等の選任・解任や役員報酬の決定など重要事項を決議） ・役員・理事会・評議員会の権限・責任に係る規定の整備 ・親族等特殊関係者の理事等への選任の制限に係る規定の整備 ・一定規模以上の法人への会計監査人の導入　等
事業運営の透明性の向上 ・財務諸表の公表等について法律上明記	・閲覧対象書類の拡大と閲覧請求者の国民一般への拡大 ・財務諸表、現況報告書（役員報酬総額、役員等関係者との取引内容を含む）、役員報酬基準の公表に係る規定の整備　等
財務規律の強化 ・適正かつ公正な支出管理の確保 ・内部留保の明確化 ・社会福祉事業等への計画的な再投資	・役員報酬基準の作成と公表、役員等関係者への特別の利益供与を禁止　等 ・純資産から事業継続に必要な財産の額を控除し、福祉サービスに再投下可能な財産額（「社会福祉充実残額」）を明確化 ・再投下可能な財産額がある社会福祉法人に対して、社会福祉事業又は公益事業の新規実施・拡充に係る計画の作成の義務づけ（①社会福祉事業、②地域公益事業、③その他公益事業の順に検討）　等
地域における公益的な取組を実施する責務 ・社会福祉法人の本旨に従い他の主体では困難な福祉ニーズへの対応を求める	・社会福祉事業又は公益事業を行うに当たり、日常生活又は社会生活上支援を要する者に対する無料又は低額の料金で福祉サービスを提供することを責務として規定（利用者負担の軽減、無料又は低額による高齢者の生活支援等）
行政の関与の在り方 ・所轄庁による指導監督の機能強化 ・国・都道府県・市の連携を推進	・都道府県の役割として、市による指導監督の支援を位置づけ ・経営改善や法令遵守について、柔軟に指導監督する仕組み（勧告等）に関する規定を整備 ・都道府県による財務諸表等の収集・分析・活用、国による全国的なデータベースの整備　等

事業継続に必要な財産は、①事業に活用する土地、建物等、②建物の建替、修繕に必要な資金、③必要な運転資金、④基本金、国庫補助等特別積立金です。

■ 経営組織の在り方

理事 理事長 理事会	・理事会を業務執行に関する意思決定機関として位置付け、**理事・理事長に対する牽制機能を働かせる** ・理事等の義務と責任を法律上規定
評議員 評議員会	・評議員会を法人運営の基本ルール・体制の決定と事後的な監督を行う機関として位置付け、**必置の議決機関とする**（小規模法人について評議員定数の経過措置 （決議事項） 　・定款の変更 　・理事・監事・会計監査人の選任、解任 　・理事・監事の報酬の決定　等
監事	・監事の権限、義務（**理事会への出席義務、報告義務等**）、責任を法律上規定
会計監査人	・一定規模以上の法人への会計監査人による**監査の義務付け**（法律）

 ここは覚える！

評議員会の役割について、複数回出題されています。特に評議員会の設置義務は第32回、第33回、第36回で問われていますので、必ず覚えておきましょう。

📖 **定款**：社会福祉法人の基本になる規程であり、定款に規定された範囲での経営と活動になる。

	備え置き・閲覧	公表
事業報告書	○	—
財産目録	○	—
貸借対照表	○	○
収支計算書（事業活動計算書・資金収支計算書）	○	○
監事の意見を記載した書類	○	—
現況報告書（役員名簿、補助金、社会貢献活動に係る支出額、役員の親族等との取引状況を含む）	○	○
役員区分ごとの報酬総額	○※	○※
定款	○	○
役員報酬基準	○	○
事業計画書	○	—

※現況報告書に記載

■ 社会福祉法における評議員・理事・監事・会計監査人

	評議員	理事	監事	会計監査人
員数	理事の員数を超える数	6名以上	2名以上	法人に応じて
資格・要件	・社会福祉法人の適正な運営に必要な識見を有する者（法人において、上記の者として適正な手続により選任される者であれば、特段の制限はない） ・理事との兼務は**不可** ・各評議員・各役員について、特殊関係に当たる者は評議員にはなれない（他の同一法人の制限については、**社会福祉法人を対象外**とするとともに、それ以外の法人は3分の1の上限を設ける）	① 社会福祉事業の経営に関する識見を有する者 ② 当該社会福祉法人が行う事業の区域における福祉に関する実情に通じている者 ③ 当該社会福祉法人が施設を設置している場合にあっては、当該施設の管理者	① 社会福祉事業について識見を有する者 ② 財務管理について識見を有する者	・会計監査人は、**公認会計士又は監査法人**でなければならない ・公認会計士法の規定により、計算書類について監査することができない者は、会計監査人となることができない

社会福祉法人の設立・認可・合併・解散 ㉜ ㉝ ㉟ ㊱

■ 社会福祉法人の要件、登記、所轄庁

要件 （社会福祉法25条）	・社会福祉法人は、社会福祉事業を行うに**必要な資産**を備えなければならない
特別の利益供与の禁止 （同法27条）	・社会福祉法人は、その事業を行うに当たり、その評議員、理事、監事、職員その他の政令で定める社会福祉法人の関係者に対し**特別の利益**を与えてはならない
登記 （同法29条）	・社会福祉法人は、政令の定めるところにより、その設立、従たる事務所の新設、事務所の移転その他登記事項の変更、解散、合併、清算人の就任又はその変更及び清算の結了の各場合に、**登記**をしなければならない ・前項の規定により登記をしなければならない事項は、登記のあとでなければ、これをもって**第三者**に**対抗**することができない

所轄庁 (同法30条)	・社会福祉法人の所轄庁は、その主たる事務所の所在地の都道府県知事とする。ただし、次の各号に掲げる社会福祉法人の所轄庁は、当該各号に定める者とする 　1 主たる事務所が市の区域内にある社会福祉法人であってその行う事業が当該市の区域を越えないもの 　　⇒ 市長（特別区の区長を含む） 　2 主たる事務所が指定都市の区域内にある社会福祉法人であってその行う事業が1の都道府県の区域内において2以上の市町村の区域にわたるもの及び109条2項に規定する地区社会福祉協議会である社会福祉法人 　　⇒ 指定都市の長 ・社会福祉法人でその事業が2以上の地方厚生局の管轄区域にわたるものであって、厚生労働省令で定めるものにあっては、その所轄庁は、前項本文の規定にかかわらず、厚生労働大臣とする

📖 **登記**：設立は「認可」のみでなく「登記」することによって成立する。

■ 社会福祉法人の申請・設立

申請 (社会福祉法31条)	・社会福祉法人を設立しようとする者は、定款をもって少なくとも次に掲げる事項を定め、厚生労働省令で定める手続きに従い、当該定款について所轄庁の認可を受けなければならない 　1 目的 　2 名称 　3 社会福祉事業の種類 　4 事務所の所在地 　5 評議員及び評議員会に関する事項 　6 役員（理事及び監事をいう）の定数その他役員に関する事項 　7 理事会に関する事項 　8 会計監査人を置く場合には、これに関する事項 　9 資産に関する事項 　10 会計に関する事項 　11 公益事業を行う場合には、その種類 　12 収益事業を行う場合には、その種類 　13 解散に関する事項 　14 定款の変更に関する事項 　15 公告の方法 ・上記の定款は、電磁的記録をもって作成することができる ・設立当初の役員及び評議員は、定款で定めなければならない ・会計監査人設置社会福祉法人であるときは、設立当初の会計監査人は定款で定めなければならない ・残余財産の帰属すべき者に関する規定を設ける場合には、その者は、社会福祉法人その他社会福祉事業を行う者のうちから選定されるようにしなければならない

成立の時期 (同法34条)	社会福祉法人は、その主たる事務所の所在地において設立の登記をすることによって成立する
定款の備置き及び 閲覧等 (同法34条の2)	社会福祉法人は、所轄庁の認可を受けたときは、その定款をその主たる事務所及び従たる事務所に備え置かなければならない

 ここは覚える！

第32回、第36回で残余財産について出題されました。社会福祉法人が解散した場合（合併、破産による解散の場合を除く）、残余財産はその帰属すべき者に帰属します。また、処分されない財産は国庫に帰属します。

■ 社会福祉法人の機関

機関の設置 (社会福祉法36条)	・社会福祉法人は、評議員、評議員会、理事、理事会及び監事を置かなければならない ・社会福祉法人は、定款の定めによって、会計監査人を置くことができる
会計監査人の設置 義務　(同法37条)	・特定社会福祉法人（その事業の規模が政令で定める基準を超える社会福祉法人）は、会計監査人を置かなければならない
理事会の権限等 (同法45条の13)	・理事会は、次に掲げる職務を行う 　1　社会福祉法人の業務執行の決定 　2　理事の職務の執行の監督 　3　理事長の選定及び解職 ・理事会は、理事の中から理事長1名を選定しなければならない
監事 (同法45条の18)	・監事は、理事の職務の執行を監査する。この場合において、監事は、厚生労働省令で定めるところにより、監査報告書を作成しなければならない ・監事は、いつでも、理事及び当該社会福祉法人の職員に対して事業の報告を求め、又は当該社会福祉法人の業務及び財産の状況の調査をすることができる
会計監査人 (同法45条の19)	・会計監査人は、社会福祉法人の計算書類及びその附属明細書を監査する。会計監査人は、厚生労働省令で定めるところにより、会計監査報告を作成しなければならない ・会計監査人は、財産目録その他の厚生労働省令で定める書類を監査する ・会計監査人は、いつでも、会計関連資料の閲覧および謄写をし、又は理事及び当該会計監査人設置社会福祉法人の職員に対し、会計に関する報告を求めることができる ・会計監査人は、その職務を行うため必要があるときは、会計監査人設置社会福祉法人の業務及び財産の状況の調査をすることができる

19

福祉サービスの組織と経営

① 福祉サービスに関係する社会福祉法人

299

■ 社会福祉法人の理事会・評議員会

	理事会（必置）	評議員会（必置）
位置付け	**業務執行の決定機関** 以下の職務を行う（同法45条の13第2項） ・社会福祉法人の業務執行の決定 ・理事の職務の執行の監督 ・理事長の選定及び解職	**運営に係る重要事項の議決機関** 社会福祉法に規定する事項及び定款で定めた事項に限り、決議することができる（同法45条の8第2項）
決議事項	・評議員会の日時及び場所並びに議題・議案の決定 ・理事長及び業務執行理事の選定及び解職 ・重要な財産の処分及び譲受け ・多額の借財 ・重要な役割を担う職員の選任及び解任 ・従たる事務所その他の重要な組織の設置、変更及び廃止 ・コンプライアンス（法令遵守等）の体制の整備（一定規模を超える法人のみ） ・競業及び利益相反取引 ・計算書類及び事業報告等の承認 ・理事会による役員、会計監査人の責任の一部免除 ・その他の重要な業務執行の決定	・理事、監事、会計監査人の選任 ・理事、監事、会計監査人の解任※ ・理事、監事の報酬等の決議 ・理事等の責任の免除（全ての免除（総評議員の同意が必要）、一部の免除）※ ・役員報酬等基準の承認 ・計算書類の承認 ・定款の変更※ ・解散の決議※ ・合併の承認（吸収合併消滅法人、吸収合併存続法人、法人新設合併）※ ・社会福祉充実計画の承認 ・その他定款で定めた事項 ※同法45条の9第7項の規定により、議決に加わることができる評議員の3分の2（これを上回る割合を定款で定めた場合にあっては、その割合）以上に当たる多数をもって決議を行わなければならない事項

この表の※部分の、「議決に加わることができる評議員の3分の2」とは、出席者数ではなく、評議員の全体の数が基準となります。

■ 社会福祉法人の解散及び清算並びに合併

解散事由 （同法46条）	・社会福祉法人は、次の事由によって解散する 　① 評議員会の決議 　② 定款に定めた解散事由の発生 　③ 目的たる事業の成功の不能 　④ 合併（合併により当該社会福祉法人が消滅する場合に限る） 　⑤ 破産手続開始の決定 　⑥ 所轄庁の解散命令 ・上記①③の事由による解散は、所轄庁の認可又は認定がなければ、その効力を生じない ・清算人は、上記②⑤の事由によって解散した場合には、遅滞なくその旨を所轄庁に届け出なければならない

合併 （同法48条）	・社会福祉法人は、他の社会福祉法人と合併することができる。この場合においては、合併をする社会福祉法人は、合併契約を締結しなければならない

ここは覚える！

第32回、第36回で、他の社会福祉法人と合併ができるかどうかが問われました。

社会福祉法人に対する監督・助成・税制　㉜ ㉝ ㉞

▶ 社会福祉法人の税制

　社会福祉法人は公益法人であるため、原則的に社会福祉事業・公益事業に対する法人税、事業税などは**非課税**になります。収益事業を営む場合にのみ**課税**になります。

■ 社会福祉法人の主な税制

	社会福祉事業	公益事業	収益事業
法人税 都道府県民税 市町村民税 事業税 固定資産税	非課税 ただし固定資産税は社会福祉事業の用に供する資産についてのみ非課税	非課税 ただし法人税は収益事業と見なされるものは課税。また、固定資産税は課税	課税 ただし法人税は軽減税率を適用。また、都道府県・市町村民税は、収益の90％以上を社会福祉事業に充てるならば収益事業として取り扱わない

▶ 社会福祉法人への寄附

　特定公益増進法人の一つである社会福祉法人への寄附を行った個人は、寄附金控除といわれる**所得控除**を受けることができます。

▶ 社会福祉充実計画

■ 社会福祉充実計画の承認（社会福祉法55条の2）

- ● 社会福祉法人は、**社会福祉充実残額**（社会福祉法人が保有する財産について、事業継続に必要な財産の額を控除したもので、その法人が再投下可能な財産）が生じる場合には、**社会福祉充実計画**を作成し、その実施費用に充てなければならない

- 社会福祉充実残額は算定が必須であり、現況報告書にて報告することになる
- これを所轄庁に提出して、その承認を受けなければならない
- 社会福祉充実計画は、評議員会の承認を受けなければならない

社会福祉充実残額について、第30回では算定が必須であることが、第33回試験では用語の定義が、第34回では社会福祉充実残額が生じた場合は社会福祉充実計画を策定する必要があることが出題されてます。

■ 社会福祉充実計画の概要

事項	社会福祉充実計画のポイント
計画の記載内容	① 法人の基本情報 ② 社会福祉充実残額の推移 ③ 各年度における事業概要及び事業費 ④ 資金計画 ⑤ 事業の詳細　等
計画の実施期間等	原則5年で社会福祉充実財産の全額を再投下。これにより難い合理的な理由がある場合は、計画の実施期間を10年まで延長可。また、実施期間の範囲で、事業の開始時期や終了時期、事業費は法人が任意に設定
計画に位置付けるべき事業の種類	以下の順に、その実施を検討し、実施する事業の概要、事業費概算等を記載 ① 社会福祉事業又は公益事業（社会福祉事業に類する小規模事業） ② 地域公益事業（日常生活又は社会生活上の支援を必要とする住民に対し、無料又は低額な料金で、その需要に応じた福祉サービスを提供する事業） ③ ①及び②以外の公益事業
計画の公表	計画を策定し、所轄庁に承認を受けた場合等には、法人のホームページ等において公表。また、当該計画による事業の実施計画についても、毎年度公表に努める

福祉サービス事業　㉛ ㉜ ㉝ ㉞

▶ 社会福祉事業とは

　社会福祉事業は、社会福祉法2条において第一種社会福祉事業と第二種社会福祉事業の2つに規定されています。

■ 第一種社会福祉事業

法律・事業名	事業
生活保護法	救護施設、更生施設、その他生計困難者を無料又は低額な料金で入所させて生活の扶助を行うことを目的とする施設を経営する事業／生計困難者に対して助葬を行う事業
児童福祉法	乳児院、母子生活支援施設、児童養護施設、障害児入所施設、児童心理治療施設、児童自立支援施設を経営する事業
老人福祉法	養護老人ホーム、特別養護老人ホーム、軽費老人ホームを経営する事業
障害者の日常生活及び社会生活を総合的に支援するための法律（障害者総合支援法）	障害者支援施設を経営する事業
困難な問題を抱える女性への支援に関する法律法	女性自立支援施設を経営する事業
社会事業授産施設等	授産施設を経営する事業／生計困難者に対して無利子又は低利で資金を融通する事業
共同募金	共同募金を行う事業

■ 第二種社会福祉事業

法律・事業名	事業
生計困難者	その住居で衣食その他日常の生活必需品もしくはこれに要する金銭を与え、又は生活に関する相談に応ずる事業
生活困窮者自立支援法	認定生活困窮者就労訓練事業
児童福祉法	障害児通所支援事業／障害児相談支援事業／児童自立生活援助事業／放課後児童健全育成事業／子育て短期支援事業／乳児家庭全戸訪問事業／養育支援訪問事業／地域子育て支援拠点事業／一時預かり事業／小規模住居型児童養育事業／小規模保育事業／病児保育事業／子育て援助活動支援事業／親子再統合支援事業／社会的養護自立支援拠点事業／意見表明等支援事業／妊産婦等生活援助事業／子育て世帯訪問支援事業／児童育成支援拠点事業／親子関係形成支援事業」／助産施設、保育所、児童厚生施設、児童家庭支援センター、里親支援センターを経営する事業および児童の福祉の増進について相談に応ずる事業

法律・事業名	事業
就学前の子供に関する教育、保育等の総合的な提供の推進に関する法律（認定こども園法）	幼保連携型認定こども園を経営する事業
母子及び父子並びに寡婦福祉法	母子家庭日常生活支援事業／父子家庭日常生活支援事業／寡婦日常生活支援事業／母子・父子福祉施設を経営する事業
老人福祉法	老人居宅介護等事業／老人デイサービス事業／老人短期入所事業／小規模多機能型居宅介護事業／認知症対応型老人共同生活援助事業／複合型サービス福祉事業／老人デイサービスセンター、老人短期入所施設、老人福祉センター、老人介護支援センターを経営する事業
障害者総合支援法	障害者福祉サービス事業／一般相談支援事業／特定相談支援事業又は移動支援事業／地域活動支援センター、福祉ホームを経営する事業
身体障害者福祉法	身体障害者生活訓練等事業／手話通訳事業／介助犬訓練事業／聴導犬訓練事業／身体障害者福祉センター、補装具製作施設、盲導犬訓練施設、視聴覚障害者情報提供施設を経営する事業／身体障害者の更生相談に応ずる事業
知的障害者福祉法	知的障害者の更生相談に応ずる事業
生計困難者	無料又は低額な料金で、簡易住宅を貸し付け、宿泊所その他の施設を利用させる事業
生計困難者	無料又は低額な料金で診療を行う事業／無料又は低額な費用で介護老人保健施設又は介護医療院を利用させる事業
隣保事業	隣保館等の施設を設け、無料又は低額な料金でこれを利用させることその他その近隣地域における住民の生活の改善および向上を図るための各種の事業
福祉サービス利用援助事業	日常生活自立支援事業
その他社会福祉事業に関する連結又は助成を行う事業	第一種社会福祉事業又は第二種社会福祉事業に関する連絡又は助成を行う事業

▶ 公益事業と収益事業

■ 公益事業

- ・子育て支援事業
- ・入浴、排せつ、食事等の支援事業
- ・介護予防事業、有料老人ホーム、老人保健施設の経営
- ・人材育成事業
- ・行政や事業者等の連絡調整事業

> ・貸ビル、駐車場、公共的な施設内の売店の経営

▶ 地域における公益的な取組み

■ 地域における公益的な取組み

	地域の課題と対象者	取り組み内容	主な効果
高齢者の住まい探しの支援	課題：加齢により転居を希望する高齢者の存在 対象者：高齢者	高齢者の転居ニーズと、不動産業者のニーズをマッチングし、法人が転居後も生活支援を継続することにより、不動産業者が安心して高齢者に住まいを賃貸できる環境づくりを実施	高齢者が地域で安心して暮らせる環境の整備、空き家問題の解消
障害者の継続的な就労の場の創出	課題：商店街の閉鎖、障害者の就労の場の確保 対象者：障害者、高齢者	行政や市場関係者の協力を得て、スーパーマーケットを開設するとともに、そこで障害者等が継続的に就労	障害者の就労促進、「買い物難民」問題の解消
子育て交流広場の設置	課題：子育てで孤立する保護者の存在 対象者：子育てに悩みを抱える保護者	施設の地域交流スペースを活用し、保育士OB・OGや民生委員等のボランティアと連携することにより、子育てに関する多様な相談支援を行うとともに、近隣の子どもに対する学習支援を実施	子育てママの孤立感の解消、地域交流の促進
複数法人の連携による生活困窮者の自立支援	課題：雇用情勢の悪化による生活困窮者の増加 対象者：生活困窮者	複数の法人が拠出する資金を原資として、緊急的な支援が必要な生活困窮者に対し、CSWによる相談支援と、食料等の現物給付を併せて実施	生活困窮者の自立促進
ふれあい食堂の開設	課題：地域で孤立する住民の増加 対象者：社会的に孤立する者	地域住民が気軽に集える「ふれあい食堂」を設置するとともに、管理者として介護支援専門員を配置し、相談支援や地域の子育てママと子どもの交流会、ボランティアに対する学習会などを実施	地域で孤立する住民の孤独感の解消、住民相互の支えあいによる取組の促進

▶ 社会福祉連携推進法人

次の2つの図で社会福祉連携法人の組織と業務内容を整理しましょう。

■ 社会福祉連携推進法人

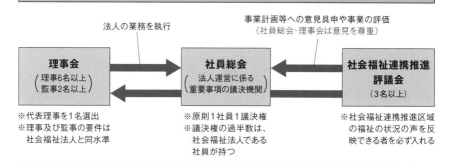

社会福祉連携推進法人（一般社団法人を認定）

法人の業務を執行

事業計画等への意見具申や事業の評価
（社員総会・理事会は意見を尊重）

理事会	社員総会	社会福祉連携推進
（理事6名以上 監事2名以上）	（法人運営に係る 重要事項の議決機関）	**評議会**（3名以上）

※代表理事を1名選出
※理事及び監事の要件は
　社会福祉法人と同水準

※原則1社員1議決権
※議決権の過半数は、
　社会福祉法人である
　社員が持つ

※社会福祉連携推進区域
　の福祉の状況の声を反
　映できる者を必ず入れる

法人運営のポイント

・社会福祉連携推進区域を定め、社会福祉連携推進方針を決定・公表
・社会福祉連携推進業務の実施（以下の6業務の中から全部又は一部を選択して実施）

①地域福祉支援業務　　②災害時支援業務　　③経営支援業務
④貸付業務　　　　　　⑤人材確保等業務　　⑥物資等供給業務

会費等を支払い、社員として参画、
社員総会において議決権を行使

社会福祉連携推進業務等を
通じた便益を享受

社員として参画できる法人の範囲　　※2以上の法人が参画し、参画する社員の
　　　　　　　　　　　　　　　　　　　　過半数は社会福祉法人であることが必要

社会福祉法人	社会福祉事業を 経営する法人	社会福祉を目的とする 公益事業を 経営する法人	社会福祉事業等に 従事する者の養成機関を 経営する法人

※各法人は、複数の社会福祉連携推進法人に参画することが可能

■ 地域福祉支援業務のイメージ

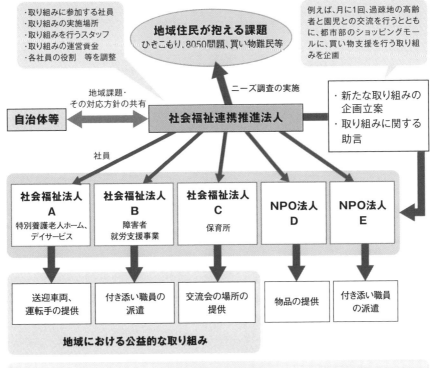

・取り組みに参加する社員
・取り組みの実施場所
・取り組みを行うスタッフ
・取り組みの運営費金
・各社員の役割　等を調整

地域住民が抱える課題
ひきこもり、8050問題、買い物難民等

例えば、月に1回、過疎地の高齢者と園児との交流を行うとともに、都市部のショッピングモールに、買い物支援を行う取り組みを企画

地域課題・
その対応方針の共有

ニーズ調査の実施

自治体等　⇔　**社会福祉連携推進法人**

・新たな取り組みの企画立案
・取り組みに関する助言

社員

社会福祉法人 A	社会福祉法人 B	社会福祉法人 C	NPO法人 D	NPO法人 E
特別養護老人ホーム、デイサービス	障害者就労支援事業	保育所		

送迎車両、運転手の提供 ／ 付き添い職員の派遣 ／ 交流会の場所の提供 ／ 物品の提供 ／ 付き添い職員の派遣

地域における公益的な取り組み

新たな取り組みの実践
社会福祉連携推進法人の社員による新たな取り組みの実践により、地域福祉の充実につながる

19

福祉サービスの組織と経営　① 福祉サービスに関係する社会福祉法人

2 特定非営利活動法人などの団体

福祉事業を行う団体の種類☆

特定非営利活動法人　公益法人　営利法人

医療法人　市民団体

特定非営利活動法人とは　㉜ ㉞ ㉟ ㊱

▶特定非営利活動法人の目的

特定非営利活動（NPO：Non-Profit Organization）法人の目的と定義は、以下の通りです。

> **特定非営利活動促進法（1条）**
> この法律は、特定非営利活動を行う団体に法人格を付与すること並びに運営組織及び事業活動が適正であって公益の増進に資する特定非営利活動法人の認定に係る制度を設けること等により、ボランティア活動をはじめとする市民が行う自由な社会貢献活動としての特定非営利活動の健全な発展を促進し、もって公益の増進に寄与することを目的とする。

▶特定非営利活動法人の定義

特定非営利活動 … 次の20分野に該当する活動であって、不特定かつ多数の者の利益の増進に寄与することを目的とするもの。

特定非営利活動法人の20の活動分野【同法別表（2条関係）】

1　保健、医療又は福祉の増進を図る活動

2　社会教育の推進を図る活動

3　まちづくりの推進を図る活動

4　観光の振興を図る活動

5　農山漁村又は中山間地域の振興を図る活動

6　学術、文化、芸術又はスポーツの振興を図る活動

7　環境の保全を図る活動

8　災害救援活動

9　地域安全活動

10　人権の擁護又は平和の推進を図る活動

11　国際協力の活動

12　男女共同参画社会の形成の促進を図る活動

13　子どもの健全育成を図る活動

14　情報化社会の発展を図る活動

15　科学技術の振興を図る活動

16　経済活動の活性化を図る活動

17　職業能力の開発又は雇用機会の拡充を支援する活動

18　消費者の保護を図る活動

19　前各号に掲げる活動を行う団体の運営又は活動に関する連絡、助言又は援助の活動

20　前各号に掲げる活動に準ずる活動として都道府県又は指定都市の条例で定める活動

ここは覚える！

第32・34回で、最も多くの法人が設立されている分野について問われました。設立数が最も多かったのは「保健、医療又は福祉の増進を図る活動」です（内閣府NPOホームページ「特定非営利活動法人の活動分野について（2023年09月30日現在）」）。

特定非営利活動法人 … 特定非営利活動を行うことを主たる目的とし、次のい
　　　　　　　　　　　ずれにも該当する団体であって、特定非営利活動促
　　　　　　　　　　　進法の定めるところにより設立された法人

1 次のいずれにも該当する団体で、営利を目的としない
　・社員の資格の得喪に関して、不当な条件を付さない
　・役員のうち報酬を受ける者の数が、役員総数の**3分の1**以下である
2 その行う活動が次のいずれにも該当する団体である
　・宗教の教義を広め、儀式行事を行い、及び信者を教化育成することを
　　主たる目的としない
　・政治上の主義を推進、支持、又はこれに反対することを主たる目的と
　　しない
　・特定の公職の候補者、公職にある者、政党を推薦、支持、又はこれら
　　に反対することを目的としない

認定特定非営利活動法人 … 同法44条1項の認定を受けた特定非営利活動法人
特例認定特定非営利活動法人 … 同法58条1項の特例認定を受けた特定非営利
　　　　　　　　　　　　　　　活動法人

▶ 特定非営利活動法人の設立

登記 (特定非営利活動促進法7条)	・特定非営利活動法人は、政令で定めるところにより、登記しなければならない
所轄庁 (同法9条)	・特定非営利活動法人の所轄庁は、その主たる事務所が所在する**都道府県の知事**（その事務所が一の指定都市の区域内のみに所在する特定非営利活動法人にあっては、**当該指定都市の長**）とする
設立の認証 (同法10条)	・特定非営利活動法人を設立しようとする者は、都道府県又は指定都市の条例で定めるところにより、次に掲げる書類を添付した申請書を所轄庁に提出して、設立の認証を受けなければならない 　1 定款 　2 役員に係る書類 　　・**役員名簿**　・誓約書及び就任承諾書 　　・各役員の住所又は居所を証する書面 　3 社員のうち**10人以上**の者の氏名及び住所又は居所を証する書面 　4 宗教的な目的でないこと、政治的な目的でないこと、特定の公職者等を支持する目的でないこと、暴力団等ではないことに該当することを確認したことを示す書面

設立の認証 (同法10条)	5 設立趣旨書 6 設立についての意思の決定を証する議事録の謄本 7 設立当初の事業年度及び翌事業年度の事業計画書 8 設立当初の事業年度及び翌事業年度の活動予算書 ・所轄庁は、前項の認証の申請があった場合には，遅滞なく、その旨及び次に掲げる事項をインターネットの利用その他の内閣府令で定める方法により公表するとともに、定款、役員名簿、設立趣旨書、事業計画書、活動予算書に掲げる書類を、申請書を受理した日から2週間、その指定した場所において公衆の縦覧に供しなければならない 1 申請のあった年月日 2 特定添付書類に記載された事項
財産目録の作成 及び備置き (同法14条)	・特定非営利活動法人は、成立の時に財産目録を作成し、常にこれをその事務所に備え置かなければならない

ここは覚える！

設立に必要な事柄は頻出です。この表で設立に必要な要件を整理しておきましょう。

落とせない！重要問題

特定非営利活動法人の設立認証等を行う所轄庁は、内閣府である。 第34回

×：特定非営利活動法人の設立認証等を行う所轄庁は、主たる事務所が所在する
　都道府県の知事（事務所が一の指定都市の区域内のみに所在する場合は当該
　指定都市の長）である。

▶ 新たな「認定制度」の創設

認定を受けるためには、次の①〜⑧を全て満たすことが必要となります。

① **実績判定期間においてパブリック・サポート・テスト（PST）を満たしていること**

② **実績判定期間において、事業活動における共益的な活動の占める割合が、50％未満であること**

③ **運営組織および経理が適切であること**

④ **事業活動の内容が適切であること**

⑤ 情報公開を適切に行っていること

⑥ 事業報告書等を所轄庁に提出していること

⑦ 法令違反、不正の行為、公益に反する事実等がないこと

⑧ 設立の日から1年を超える期間が経過していること

📖 **PST**：NPO法人が広く市民からの支援を受けているかどうかを判定するための基準。

▶ 特定非営利活動法人の組織と意思決定

通常社員総会 （特定非営利活動 促進法14条の2）	・理事は、少なくとも毎年1回、通常社員総会を開かなければならない
社員総会の権限 （同法14条の5）	・特定非営利活動法人の業務は、定款で理事その他の役員に委任したものを除き、すべて社員総会の決議によって行う
社員の表決権 （同法14条の7）	・各社員の表決権は、平等とする ・社員総会に出席しない社員は、書面で、又は代理人によって表決をすることができる ・社員は、書面による表決に代えて、電磁的方法により表決することができる
役員の定数 （同法15条）	・特定非営利活動法人には、役員として、理事3人以上及び監事1人以上を置かなければならない
理事の代表権 （同法16条）	・理事は、すべて特定非営利活動法人の業務について、特定非営利活動法人を代表する。ただし、定款をもって、その代表権を制限することができる
業務の執行 （同法17条）	・特定非営利活動法人の業務は、定款に特別の定めのないときは、理事の過半数をもって決する
監事の職務 （同法18条）	・監事は、次に掲げる職務を行う 　1 理事の業務執行の状況を監査すること 　2 特定非営利活動法人の財産の状況を監査すること 　3 監査の結果、特定非営利活動法人の業務又は財産に関し不正の行為又は法令若しくは定款に違反する重大な事実があることを発見した場合には、これを社員総会又は所轄庁に報告すること 　4 前号の報告をするために必要がある場合には、社員総会を招集すること 　5 理事の業務執行の状況又は特定非営利活動法人の財産の状況について、理事に意見を述べること
監事の兼職禁止 （同法19条）	・監事は、理事又は特定非営利活動法人の職員を兼ねてはならない
役員の任期 （同法24条）	・2年以内において定款で定める期間とする。ただし、再任を妨げない

組織と意思決定についても頻出です。社員の評決方法（第32回）、監事の兼職禁止（第34回）、社員総会の権限（第35回）など、さまざまな事柄が出題されています。

特定非営利活動法人の監督・合併及び解散

　所轄庁の監督、合併及び解散についても、社会福祉法人と比較して違いを理解しておきましょう。

■ 特定非営利活動法人の解散・合併

解散事由 （特定非営利活動促進法31条）	・特定非営利活動法人は、次の事由によって解散する。 　① 社員総会の決議　　② 定款で定めた解散事由の発生 　③ 目的とする特定非営利活動に係る事業の成功の不能 　④ 社員の欠亡　　⑤ 合併 　⑥ 破産手続開始の決定　⑦ 設立の認証の取消し ・③の事由による解散は、所轄庁の認定がなければ、その効力を生じない ・③の事由を証する書面を所轄庁に提出しなければならない ・清算人は、①②④⑥の事由によって解散した場合には、遅滞なくその旨を所轄庁に届け出なければならない
解散の決議 （同法31条の2）	・特定非営利活動法人は、総社員の4分の3以上の賛成がなければ、解散の決議をすることができない（定款に別段の定めがあるときは、この限りでない）
残余財産の帰属 （同法32条）	・解散した特定非営利活動法人の残余財産は、合併及び破産手続開始の決定による解散を除き、所轄庁に対する清算結了の届出の時において、定款で定めるところにより、その帰属すべき者に帰属する ・定款に残余財産の帰属すべき者に関する規定がないときは、清算人は、所轄庁の認証を得て、その財産を国又は地方公共団体に譲渡することができる ・上記の規定により処分されない財産は、国庫に帰属する
合併・合併手続 （同法33・34条）	・特定非営利活動法人は、他の特定非営利活動法人と合併することができる ・特定非営利活動法人が合併するには、社員総会の議決を経なければならない ・前項の議決は、社員総数の4分の3以上の多数をもってしなければならない ・合併は、所轄庁の認証を受けなければ、その効力を生じない

特定非営利活動法人の税制　㉝

■ 特定非営利活動法人の主な税制

主な税制	収益事業以外の事業	収益事業
法人税、住民税（都道府県、市町村）、事業税、消費税	**非課税** ただし、住民税均等割りは課税。また、消費税は一部課税	課税 ただし、登録免許税の設立登記は非課税
固定資産税、都市計画税、不動産取得税、登録免許税	**課税** ただし、登録免許税の設立登記は非課税	

医療法人　㉝ ㉟

▶ 医療法人とは

医療法	39条	病院、医師若しくは歯科医師が常時勤務する診療所、介護老人保健施設又は介護医療院を開設しようとする社団又は財団は、この法律の規定により、これを法人とすることができる。 2 前項の規定による法人は、医療法人と称する。
	40条の2	医療法人は、自主的にその運営基盤の強化を図るとともに、その提供する医療の質の向上及びその運営の透明性の確保を図り、その地域における医療の重要な担い手としての役割を積極的に果たすよう努めなければならない。
	41条	医療法人は、その業務を行うに必要な資産を有しなければならない。

病院、診療所に加え、介護老人保健施設や介護医療院も医療法人です。

▶ 医療法人が行える業務

医療法	42条	医療法人は、その開設する病院、診療所、介護老人保健施設又は介護医療院の業務に支障のない限り、定款又は寄附行為の定めるところにより、次に掲げる業務の全部又は一部を行うことができる。

■ 医療法人の業務（医療法42条）

1 医療関係者の養成又は再教育
2 医学又は歯学に関する研究所の設置

3 医師若しくは歯科医師が常時勤務する診療所以外の診療所の開設

4 疾病予防のために有酸素運動を行わせる施設（診療所が附置され、職員、設備及び運営方法が厚生労働大臣の定める基準に適合するもの）の設置

5 疾病予防のために温泉を利用させる施設（有酸素運動を行う場所を有し、職員、設備及び運営方法が厚生労働大臣の定める基準に適合するもの）の設置

6 保健衛生に関する業務

7 社会福祉法で定める社会福祉事業（第一種社会福祉事業、第二種社会福祉事業）のうち厚生労働大臣が定めるものの実施

8 老人福祉法29条1項に規定する有料老人ホームの設置

▶ 医療法人の設立

医療法	44条	医療法人は、その主たる事務所の所在地の**都道府県知事の認可**を受けなければ、これを設立することができない。 2 医療法人を設立しようとする者は、定款又は寄附行為をもつて、少なくとも次に掲げる事項を定めなければならない。
	46条	医療法人は、その主たる事務所の所在地において**設立の登記**をすることによつて、成立する。 2 医療法人は、成立の時に**財産目録**を作成し、常にこれをその主たる事務所に備え置かなければならない。

全国で、約5.8万の医療法人があります。常勤医師を一人しかもたない医療法人は、医療法人全体の約82.6%です（厚生労働省「社会医療法人の認定状況 について（令和5年7月1日現在）」）。

■ 医療法人の定款又は寄附行為に定める事項

・目的

・名称

・開設しようとする病院、診療所、介護老人保健施設又は介護医療院の名称及び開設場所

・事務所の所在地

・資産及び会計に関する規定

- ・役員に関する規定
- ・社員総会及び社員たる資格の得喪に関する規定（医療法人社団）
- ・評議員会及び評議員に関する規定（医療法人財団）
- ・解散に関する規定
- ・定款又は寄附行為の変更に関する規定
- ・公告の方法

▶ 医療法人の機関

医療法	46条の2	社団たる医療法人は、社員総会、理事、理事会及び監事を置かなければならない。 2 財団たる医療法人は、評議員、評議員会、理事、理事会及び監事を置かなければならない。

■ 医療法人の機関と監事

機関 （医療法46条の5・46条の6）	・役員として、理事3人以上（都道府県知事の認可を受けた場合は、1人又は2人）及び監事1人以上を置かなければならない ・社団たる医療法人の役員は、**社員総会**の決議によって選任する ・財団たる医療法人の役員は、**評議員会**の決議によって選任する ・監事は、当該医療法人の**理事又は職員**を兼ねてはならない ・役員の任期は、**2年**を超えることはできない（再任を妨げない） ・理事のうち1人は、**理事長**とし、医師又は歯科医師である理事のうちから選出する（都道府県知事の認可を受けた場合は、**医師又は歯科医師でない**理事のうちから選出できる）
監事の職務 （同法46条の8）	・医療法人の業務の監査 ・医療法人の財産の状況の監査 ・医療法人の業務、財産の状況について、毎会計年度、監査報告書を作成し、当該会計年度終了後3月以内に社員総会・評議員会・理事会のいずれかに提出 ・監査の結果、医療法人の業務又は財産に関し**不正の行為**又は法令・定款・寄附行為に**違反する重大な事実**があることを発見したときは、これを**都道府県知事又は社員総会、評議員会、理事会**に報告する ・上記の報告をするために必要があれば、社団たる医療法人の監事は**社員総会を招集する**。財団たる医療法人の監事は、理事長に対して**評議員会の招集を請求する**

▶ 医療法人の社員総会・評議員・評議員会

医療法	46条の3	社員総会は、この法律に規定する事項及び定款で定めた事項について**決議**をすることができる。

■ 社員総会（医療法46条の3の2）

- 社団たる医療法人は、**社員名簿**を備え置き、社員の変更があるごとに必要な変更を加えなければならない
- 社団たる医療法人の理事長は、少なくとも**毎年1回**、**定時社員総会**を開かなければならない
- 理事長は、必要があると認めるときは、いつでも**臨時社員総会**を招集できる
- 理事長は、総社員の**5分の1以上**（定款でこれを下回る割合を定めることも可能）の社員から会議に付議すべき事項を示して**臨時社員総会の招集**を請求された場合には、その請求のあった日から**20日以内**に招集しなければならない
- 社員総会の少なくとも**5日前**に、会議の目的を示して、定款で定めた方法で招集を通知しなければならない
- 社員総会では、**あらかじめ通知をした事項**についてのみ**決議**できる（定款に別段の定めがあればこの限りでない）

医療法	46条の4の2	評議員会は、**理事の定数を超える数の評議員**（第四十六条の五第一項ただし書の認可を受けた医療法人にあっては、三人以上の評議員）をもつて、組織する。 2 評議員会は、第四十六条の四の五第一項の意見を述べるほか、この法律に規定する事項及び寄附行為で定めた事項に限り、**決議をすることができる。**
	46条の4の3	財団たる医療法人の理事長は、少なくとも**毎年一回**、**定時評議員会**を開かなければならない。 2 理事長は、必要があると認めるときは、いつでも**臨時評議員会**を招集することができる。
	46条の4の5	理事長は、医療法人が次に掲げる行為をするには、あらかじめ、評議員会の意見を聴かなければならない。 一 **予算**の決定又は変更 二 **借入金**（当該会計年度内の収入をもつて償還する一時の借入金を除く。）の借入れ 三 重要な**資産**の処分 四 **事業計画**の決定又は変更 五 **合併及び分割** 六 第五十五条第三項第二号に掲げる事由のうち、同条第一項第二号に掲げる事由による**解散** 七 その他医療法人の業務に関する重要事項として**寄附行為で定めるもの**
	46条の4の6	評議員会は、医療法人の業務若しくは財産の状況又は役員の業務執行の状況について、役員に対して**意見を述べ**、若しくはその諮問に答え、又は役員から**報告を徴する**ことができる。

▶ 社会医療法人とは

　医療法人のうち、以下の要件に該当し、都道府県知事の認定を受けたものを、「社会医療法人」といいます。社会医療法人は、その開設する病院、診療所や介護老人保健施設又は介護医療院（管理する病院等を含む）の業務に支障のない限り、定款又は寄附行為の定めにより、厚生労働大臣が定める業務（収益業務）を行うことができます。

・各役員について、その役員、他役員の関係者が役員の総数の3分の1を超えて含まれないこと
・社団たる医療法人：各社員について、その社員、他社員の関係者が社員の総数の3分の1を超えて含まれないこと
・財団たる医療法人：各評議員について、その評議員、他評議員の関係者が評議員の総数の3分の1を超えて含まれないこと
・救急医療等確保事業に係る業務を当該病院又は診療所の所在地の都道府県において行っていること
・救急医療等確保事業に係る業務について、次の事項に関して**厚生労働大臣が定める基準に適合**していること
　イ　当該業務を行う病院又は診療所の**構造設備**
　ロ　当該業務を行うための**体制**
　ハ　当該業務の実績
・上記の他、公的な運営に関する厚生労働省令で定める要件に適合するものであること
・定款又は寄附行為において**解散時の残余財産**を国、地方公共団体、他の社会医療法人に帰属させる旨を定めていること
・都道府県知事は、前項の認定をするに当たっては、あらかじめ、**都道府県医療審議会の意見を聴か**なければならない
・収益業務に関する会計は、当該社会医療法人が開設する病院、診療所、介護老人保健施設の業務及び上記の業務に関する会計から区分し、**特別の会計**として経理しなければならない

▶ 社会医療法人債

医療法	54条の2	社会医療法人は、救急医療等確保事業の実施に資するため、**社員総会**において議決された額又は寄附行為の定めるところにより**評議員会**において議決された額を限度として、**社会医療法人債**を発行することができる。

▶ 医療法人の会計・監督

	50条	医療法人の会計は、一般に公正妥当と認められる**会計の慣行**に従うものとする。
医療法	50条の2	医療法人は、適時に、**正確な会計帳簿**を作成しなければならない。 2 医療法人は、会計帳簿の閉鎖の時から十年間、その会計帳簿及びその事業に関する重要な資料を保存しなければならない。
	51条	医療法人は、毎会計年度終了後二月以内に、**事業報告書、財産目録、貸借対照表、損益計算書、関係事業者**との取引の状況に関する報告書その他厚生労働省令で定める書類を作成しなければならない。 2 医療法人は、前項の**貸借対照表及び損益計算書**を作成しなければならない。 3 医療法人は、貸借対照表及び損益計算書を作成した時から**十年間**、当該貸借対照表及び損益計算書を保存しなければならない。 4 医療法人は、事業報告書等について、**監事の監査**を受けなければならない。 5 医療法人は、**財産目録、貸借対照表及び損益計算書**について、公認会計士又は監査法人の監査を受けなければならない。 6 医療法人は、監事又は公認会計士若しくは監査法人の監査を受けた事業報告書等について、**理事会の承認**を受けなければならない。

▶ 医療法人の合併・解散

医療法	57条	医療法人は、**他の医療法人と合併**をすることができる。この場合においては、合併をする医療法人は、**合併契約**を締結しなければならない。

■ 医療法人の解散事由

社団たる医療法人	① 定款で定めた解散事由の発生 ② **目的たる業務の成功の不能** ③ 社員総会の決議（定款に別段の定めがない限り、総社員の**4分の3以上**の賛成が必要） ④ 他の医療法人との合併 ⑤ 社員の欠亡 ⑥ 破産手続開始の決定 ⑦ 設立認可の取消し
財団たる医療法人	⑧ **寄附行為をもって定めた解散事由の発生** ⑨ 上記の②④⑥⑦

公益法人

▶ 公益法人とは

民法	33条	2 学術、技芸、慈善、祭祀、宗教その他の公益を目的とする法人、営利事業を営むことを目的とする法人その他の法人の設立、組織、運営及び管理については、この法律その他の法律の定めるところによる。

▶ 公益法人制度改革

　公益法人（社団法人、財団法人）は、2006（平成18）年に成立した**公益法人制度改革三法**により、**一般社団法人**と**一般財団法人**、及び**公益社団法人**と**公益財団法人**に区分されています。

> 公益法人制度改革を一通り押さえておきましょう。公益法人は一般社団法人、一般財団法人、公益社団法人、公益財団法人の4つに区分され、すでに施行されてます。

1 法人の設立と公益性の認定を区分。法人の設立は、**一般社団法人**、**一般財団法人**を法定化（一般社団法人及び一般財団法人に関する法律）し、主務官庁・許可主義を廃止し、登記のみで設立する準則主義とした
2 公益性の認定に当たっては、統一的な判断と明確な基準を設け、一般社団法人、一般財団法人の申請に対して、民間有識者からなる合議制の機関の意見に基づき内閣総理大臣又は都道府県知事が、**公益社団法人、公益財団法人**を認定する（公益社団法人及び公益財団法人の認定等に関する法律）
3 **公益社団法人**、**公益財団法人**のみに税制上優遇する
4 中間法人法を廃止し、共益的な団体も、一般社団法人、一般財団法人の法人格を取得することを可能にする

▶ 公益法人の設立

　一般社団法人の設立は、名称、住所、目的などを記載した定款を作成し、定款が公証人による認証を受けると有効になります。社員は2人以上によって構成さ

れます。設立の登記は事務所所在地において行い、登記により法人は**成立**します。

　一般財団法人の設立及び成立は、一般社団法人の設立と成立と同じです。設立には、300万円以上の財産を拠出します。

■ 公益社団法人と公益財団法人の行政庁

内閣総理大臣	・2以上の都道府県の区域内に事務所を設置するもの ・公益目的事業を2以上の都道府県の区域内において行う旨を定款で定めるもの ・国の事務又は事業と密接な関連を有する公益目的事業であって政令で定めるものを行うもの
都道府県知事	・上記の公益法人以外の公益法人

営利法人

▶ 営利法人とは

　営利法人とは、営利を目的とする**社団法人**であって、その根拠となるのは2006（平成18）年に施行された**会社法**です。会社の代表的なものは**株式会社**ですが、このほか合名会社、合資会社、合同会社があります。有限会社は廃止になりました。

　株式会社は、定款により創設者が自由に決められる点（定款自治）が重視され、資本金が0円から認められるなど様々な形態があり、その規模（大企業、中小企業）、株式市場への上場・非上場、あるいはガバナンスの形態（委員会設置会社など）などによって分類しないと実態が見えにくいものになっています。

　合名会社と**合資会社**は、会社の債務などについて、無限に責任をもつ社員で構成されます。**合同会社**は、会社法の制定により新しく生まれた会社です。定款自治が広範に認められるなど、起業や企業合併に有利とされています。

　株式会社などの営利法人も社会福祉事業に参入してきていることを注視して理解しておきましょう。

市民団体など ㉟

▶ 協同組合（農協、生協）

　農業協同組合とは、農業者が相互扶助を目的として、農業協同組合法に基づき自主的に設立する協同組合のことです。農業者に対して、指導事業、信用事業、共済事業、購買事業、販売事業などを行います。また、福祉事業としては、老人ホームやデイサービス、ホームヘルパーの派遣、介護用品の貸与、介護保険事業者としての事業を行っているところもあります。

　生活協同組合とは、生活の向上を目的に、各種事業を行うために結成されたもので、消費生活協同組合法に基づく組合組織のことです。主な事業としては、商品の共同仕入れから小売りまで、生活物品の共同購買活動が中心であり、店舗型と宅配型があります。その他、共済事業、医療・介護サービス、住宅の分譲、冠婚葬祭まで多様な展開をしています。生活協同組合が一般の市民団体と異なるのは、組合相互の共益組織であるという点です。

▶ 町内会・自治会

　町内会・自治会は、町や丁目により形成される近隣住民が世帯単位で加入する組織のことで、法人格をもつこともできます。活動内容は、福祉、ゴミ収集などの保健衛生、防火・防災・防犯、冠婚葬祭、レクリエーションでの親睦など多種多様ですが、その活動には活発なものもそうでないものもあります。

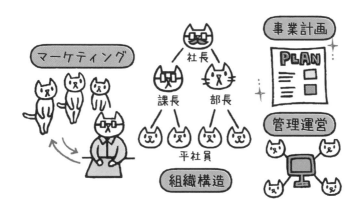

3 福祉サービス組織の経営管理、その理論と方法

組織と管理運営 ㉛ ㉞ ㉟

▶ 組織に関する基礎理論

■ 組織化の5原則

専門化の原則	組織の業務を分業化し、構成員に単一の業務に従事させる
権限・責任一致の原則	権限を伴わない責任、責任を伴わない権限を与えてはならない
命令一元化の原則	命令指揮系統は一元的であるべきである
統制範囲適正化の原則	部下の数には限界があり、その範囲で管理効率をあげるべきである
例外の原則	日常業務は下位の者に任せ、経営者は戦略などの例外的な業務を行う

■ 組織構造

ライン組織	・ピラミッド型組織で、意思決定はトップダウン ・組織上位から下位への指揮命令系統が明確
ライン&スタッフ組織	・ライン組織に、それを補佐するスタッフ組織（経理、人事、研究開発等の部門の専門家）を組み合わせたもの
逆ピラミッド型組織	・顧客に向き合う第一線の担当者の行動や意思決定を、管理者が支援することで形成される組織 ・小規模単位で地域に展開する福祉サービス事業者等に有効

職能別組織	・専門化の原則に基づき、組織を、生産、営業、経理などの職能別に部門化した組織形態
マトリックス型組織	・従業員は自らの職能別の組織に所属するとともに、特定の事業・プロジェクトにも所属するため、2つの所属を持つことになり、指揮命令系統を複数持たせることで、従業員を状況に応じて柔軟に稼働できる組織

📖 **ライン&スタッフ**：ラインは指揮命令系統に位置づけられた役職者のこと。スタッフは指揮命令系統に属さず、役職者などをサポートする者。

前述の組織化の原則によると、ライン組織は、「命令一元化の原則」を徹底した組織です。

逆ピラミッド型組織が機能するには、理念、ミッション、行動規範が明快かつ徹底されている必要があります。さもなければ、現場が暴走する可能性があります。

▶ 管理運営に関する基礎理論

■ 管理システム

有機的管理システム	・外部環境の変化に適応しやすい流動的な構造を持ち、水平方向のコミュニケーションが多くみられる ・外部環境の不確実性が高い場合にみられやすい
機械的管理システム	・多くの規則や手続きに基づく明確な階層構造を持ち、垂直方向のコミュニケーションが多くみられる ・外部の環境の不確実性が低い場合にみられやすい

■ 管理方法

SDCAサイクル	・日常的な業務については業務標準（スタンダード）を設定し、いわゆる「標準化」「マニュアル化」によるマネジメントを行う ・「いつ、誰がやっても、同様の結果が得られる」仕組み ・Standard（業務標準）→Do（実施）→Check（確認）→Action（処置）
PDCAサイクル	・非定型的な業務の遂行や業務改善のための管理システム ・目標や計画を具体的にしたら、業務を遂行し、その結果を確認して、不具合などがあれば処置を行う管理手法 ・Plan（計画）→Do（実施）→Check（確認）→Action（処置） ・1950年代に、品質の維持、向上を図るためにデミング（Deming, W. E.）によって、提唱されたため**デミングサイクル**とも呼ばれる

落とせない！重要問題

従業員が意思決定を行うことができる権限の範囲と、それに対応した職務に対する責任の範囲は、等しくなるようにしなければならない。　第35回

○：組織原則の権限・責任一致の原則の内容である。

戦略と事業計画　㉛ ㉝ ㉟

▶ 経営理念・ビジョン・戦略

経営理念の策定	・事業の目的を示すものであり、社会全般に対するメッセージという形で発信されるもの		
	・事業体が拠りどころとすべき行動指針であるため、長きにわたって揺るがないものでなければならない		
経営戦略の構成要素	ドメイン（領域）	・企業が事業を行う領域のこと ・誰を顧客とし、どのようなニーズに応えるかなどに基づいて設定される ・企業がドメインを設定する際には、現状に対応するだけでなく、将来にも通じる領域の設定が求められる	
	経営資源	人的資源	人材
		物的資源	設備、建物、原材料など
		資　金	補助金や借入金など
		情報資源	組織のもつ技術や信用力のこと
	競争優位	・同業他社との市場における顧客獲得競争においての優位性のこと ・具体例 　利用者がなぜ当事業所のサービスを利用してくれるのか 　質の良いサービスを提供している理由は何かなどを指す	
	シナジー	・アンゾフによって示された ・企業における複数の活動が相互に影響を与えることで発生する相乗効果 ・プラスの相乗効果（シナジー効果）とマイナスの相乗効果（アナジー効果）がある	

▶ 経営戦略の手法

　経営戦略は、組織を継続的に維持・発展させるために環境変化への適合のあり方を将来にわたって示す経営の大きな枠組みです。事業活動の基本的な方向を示すものであるといえます。

経営戦略の手法には、次のようなものがあります。

● SWOT分析

SWOT分析	SWOT分析は、組織内外の環境分析に使用されます。自組織の強み（Strength）、弱み（Weakness）と、外部環境の機会（Opportunity）、脅威（Threat）を分析して内外の環境を構造的に整理し、組織の課題を明確にするものです。 **強みと機会**：自組織の強みで、新規事業に参入できないか **強みと脅威**：他組織は脅威でも、自組織の強みで新規事業に参入できないか **弱みと機会**：新規事業に参入するには、自組織の弱みをどう克服するか **弱みと脅威**：自組織の弱みと脅威で、最悪の事態を避けるためにはどうしたらよいか

SWOT分析は、「強み」や「機会」をもとに、「弱み」や「脅威」をどう克服するかを考えることによって、戦略立案の手法として用いられています。

● バランス・スコアカード

バランス・スコアカード	バランス・スコアカードは、企業実績を評価する手法です。4つの視点として、**財務の視点**、**顧客の視点**、**業務プロセスの視点**（サービスの品質向上や改善）、**学習と成長の視点**（社員の能力や意識）があり、それぞれに評価尺度（数値目標）を設定し、企業の戦略的な方向性や業績の定期的な評価を行います。

落とせない！重要問題

バランス・スコアカードとは、財務だけでなく、顧客、業務プロセス、従業員の学習・育成といった各視点から企業実績を評価する仕組みである。　第35回

○：バランス・スコアカードは、「財務面」と「非財務面（顧客、業務プロセス、成長・学習）」の目標を設定、管理、評価する目標管理・業績評価方法である。

▶ 経営に関する基礎理論

経営戦略の立案については、以下の2つの考え方があります。

● ポジションベース型戦略

組織の外部環境を重視する考え方です。

■ サービスの質の評価

PPM（プロダクト・ポートフォリオ・マネジメント）	・複数の事業や製品に対して効率よく資源を配分するための考え方 ・市場成長率の高低と相対的マーケットシェア（最大の競争相手に対する自社の市場占有率）の高低を軸にとって事業や製品を4つのカテゴリーに分類し、その特徴に沿って資源を配分する	
	花形	成長率もシェアも高い。多くの資金が入ってくるが、多くの投資を要する
	問題児	成長率は高いがシェアは低い。入ってくる資金は少ないが、多くの投資を要する
	金のなる木	成長率は低いがシェアは高い。必要な投資が少なく資金の流入は多いため、資金源となる分野
	負け犬	成長率もシェアも低い。資金の流入も流出も少なく、早期に撤退すべき分野

コトラーの戦略	市場で占める位置によって企業を4つのカテゴリーに分類し、自らが置かれた状況と所有する経営資源に沿った戦略を採用することで競争優位を獲得しようとするもの		
	4つのカテゴリー	リーダー	マーケットシェアを確保し、市場の規模を拡大するため、市場におけるすべての顧客を対象とした戦略を展開する
		チャレンジャー	マーケットシェアを拡大するため、リーダーとなる企業との差別化を展開する
		フォロワー	リーダーの真似をし、顧客確保のため、コストを抑えてサービスの質を高める
		ニッチャー	自分たちにしかできないようなサービスを実施することで、特定の顧客に対する集中戦略を展開する

ポーターの競争戦略	3つの戦略	①コストリーダーシップ	低価格を実現する
		②差別化	商品の価格以外の属性を差別化する
		③集中戦略	特定の顧客、地域、サービスに特化して、コストリーダーシップまたは差別化を展開する

● 資源ベース型戦略

組織の内部環境を重視する考え方です。

エクセレント・カンパニー	・ピーターズとウォーターマンによる著書『エクセレント・カンパニー』 ・理想的な企業の在り方のこと ・「超優良企業」と見なしたいくつかの企業の共通項 ・行動の重視／顧客に密着／自主性と企業家精神／人を通じての生産性向上／価値観に基づく実践／基軸事業から離れないこと／単純な組織と小さな本社／厳しさと緩やかさの両面を持つ
コア・コンピタンス	・ハメルとプラハラードによる著書『コア・コンピタンス経営』 ・顧客に対して、他社には真似のできない自社ならではの価値を提供する企業の中核的（コア）な能力のこと
ビジョナリー・カンパニー	・コリンズとポラスによる著書『ビジョナリー・カンパニー』 ・時代を超えて際立った存在であり続ける企業のこと ・ビジョナリー・カンパニーに最も必要なのは、時代が変わっても揺るがない「基本理念」

▶ 事業計画

SWOT分析などに基づく環境分析をもとに、組織の事業計画策定に入ります。事業計画とは、法人の経営理念に基づき設定した目的（ビジョン）を達成するために、長期・中期・年度などの単位で定める計画のことです。特に中長期の経営計画を実効性のあるものにするためには、職員の計画策定への参画も必要である場合もあり、職員の意識改革や当事者意識の醸成につながると考えられています。また、組織の規模にもよりますが、プロジェクトチームを立ち上げることも有効な方法といえます。

▶ 主な戦略や経営理論

経営の主な戦略と理論、また提唱者は次の表の通りです。

提唱者	戦略・理論
アンゾフ (Ansoff, I.) (アメリカの経営学者)	・組織の階層を、トップマネジメント、ミドルマネジメント、ローアーマネジメントの3つに分類した ・トップマネジメントは戦略的意思決定を、ミドルマネジメントは管理的意思決定、ローアーマネジメントは日常業務的意志決定を行うと主張した
アンドルーズ (Andrews, K.) (アメリカの経営学者)	・戦略形成のプロセスは、SWOT分析を用いて自社の内部環境における強み（Strength）と弱み（Weakness）、外部環境における機会（Opportunity）と脅威（Threat）を把握・分析し、前者と後者を融合させることで戦略を企画・立案する

チャンドラー (Chandler, A.) (アメリカの経営学者)	・組織構造は、その企業の採用した経営戦略に従う（＝有名な「組織は戦略に従う」） ・経営戦略を環境の変化に柔軟に適応させる必要があるため、技術変化・市場環境変化に伴い、新たな戦略が策定されるとした
ポーター (Porter, M.) (アメリカの経営学者)	・企業の競争戦略は、基本的に、コスト・リーダーシップ戦略（商品のコストを削減し低価格を実現する）・差別化戦略（商品の価格以外の属性を差別化する）・集中戦略（ある特定の市場をターゲットにし、その市場のニーズに合った商品・サービスを提供する）の3種類であるとした
ミンツバーグ (Mintzberg, H.) (カナダの組織理論学者)	・戦略は、「戦略策定からの視点」と「戦略実行からの視点」の双方からダイナミックな環境変化に対応させながら擦り合わせていくものであるとした
ユヌス (Yunus, M.) (バングラデシュの経済学者・元グラミン銀行総裁)	・ソーシャルビジネスの利益は、一部は不測の事態に備えて留保され、一部はビジネスの拡大に再投資されるとした ・ソーシャルビジネスは、社会的目標の実現のみに専念するとした

 ここは覚える！

第33回で、チャンドラーの経営戦略が問われ、「長期的目的を決定し、これらの目的を遂行するための行動方式を採択し、諸資源を割り当てることである」と説明されていました。

組織に関する基礎理論　㉛ ㉝ ㉞ ㊱

① バーナードの 組織論	バーナード（Barnard, C.）の理論では、組織を「孤立した人間の集団ではなく、相互に影響を及ぼし合いながら成立する集団」としている。また「協働」とは、「複数の人間が協力して一つの目的のために働く」としている また、組織の三要素として、**共通目的**、**協働意欲**、**コミュニケーション**（伝達）を挙げている。共通目的とは組織メンバーの個人目的を統合した組織としての目的を指す。協働意欲とは、組織メンバーが共通目的を達成しようとする意欲のことを指す。コミュニケーション（伝達）とは、組織内における各種の情報の伝達のことである 組織の存続のためには、組織目的を達成すること（その度合いを有効性という）と、個人の動機を満足させること（その度合いを能率という）が必要となる

② サイモンの 組織論	サイモン（Simon, H. A.）の理論では、人間を限定された合理性を有する意思決定主体と仮定する。人間はできる限り合理的に意思決定しようとするが、合理性に限界が存在するために完全に合理的な意思決定をすることはできないとしている。したがって、意思決定に際して一定の目標水準を定め、その目標水準を達成できる代替案を発見した段階で、新たな代替案の探索を中止してそれを選択するという方法を「満足化原理に基づく意思決定」と定義している
③ ヴェーバーの 組織論	ヴェーバー（Weber, M.）による官僚制組織の考え方は、規模の大きい組織をいかに合理的に運営していくかを目指した考え方である。官庁組織に特定したものではない。特徴は、**権限の原則**、**階統制の原則**、**文書主義の原則**、**専門性の原則**、**無私の原則**等が挙げられる
④ テイラーの 組織論	テイラー（Taylor, F. W.）は、動作研究（作業を行う条件や方法）・時間研究（作業にかかる時間）に基づく課業設定で、1日で行う作業量の目標を決める**科学的管理法**を提唱した。科学的管理の父と呼ばれている
⑤ メイヨーやレスリスバーガーの 組織論	メイヨー（Mayo, G. E.）やレスリスバーガー（Roethlisberger, F. J.）は、人間関係論を確立し、ホーソン工場での実験は、従業員の人間的満足度が高ければ、生産性も高いという仮説を立てた。人間的満足度は、職場状況という従業員が属している職場の同僚や上司との人間関係に依存するとしている
⑥ アージリスの 組織の学習形態	アージリス（Argyris, C.）は、既存の枠組みとは異なる新しい可能性を探る組織の学習形態を**ダブルループ学習**と呼び、組織が継続的に学習する上で必要であるとしている。一方、**シングルループ学習**は、既存の枠組みや単純なルールを採用した組織の学習形態をいう
⑦ ヘドバーグの アンラーニング	ヘドバーグ（Hedberg, B.）は、組織にとって時代遅れとなったり、有効性が失われた知識を棄却するプロセスを**アンラーニング**（unlearning）と呼び、これが組織学習で望ましく欠かせないと考えた

 ここは覚える！

組織論については、毎年のように出題がありますので、上記の表の内容を整理して覚えましょう。

落とせない！重要問題

テイラーは科学的管理法を提唱し、作業現場の管理について、合理的な規則と手続きによる管理の重要性を強調した。 第36回

○：20世紀初頭のアメリカにおける組織的怠業を解消するため、作業研究に基づく労働者の標準的な作業量（課業）を設定し、それに成功したかどうかで給与の多寡を決定するという科学的管理法を考案した。

落とせない！重要問題

メイヨーとレスリスバーガーは、組織における経済的合理性を追求する、経済人モデルを提唱した。 第36回

×：ホーソン実験で、作業能率の向上に影響を及ぼすのは物理的環境条件ではなく、労働者の感情的協力やモラールであり、インフォーマル組織が大きな役割を果たしていることを発見した。

福祉のサービス管理

▶ 福祉サービスの特性

無形性	サービスは、実際に使ってみるまでは品質がわからない。特に福祉サービスの多くはヒトの活動であり物質的実体を有していない		
生産と消費の不可分性	多くの福祉サービスは生産と消費が不可分に進行する。よって、 ① サービスには不可逆性（いったん提供されたサービスは、やり直しがきかない）という特性がある ② サービスは利用者との協働性が必要であるという特性をもっている。例えば、入浴介助を受ける顧客は、介助者の指示に従い、介助者に協力しなければならないし、介助者は利用者の協力をうまく引き出さなければならない		
消滅性	生産と消費の不可分性の帰結として、消滅性という特性が生じる。サービスはモノと異なり、在庫しておくことはできない		
過程の品質の重要性	生産と消費の不可分性の帰結として、提供過程の品質の重要性という特性が生じる。サービスの場合には、利用者にとって過程の品質も重要（例：入浴介助サービスは、身体が清潔になるという結果のみならず、入浴が快適であるという過程も重要）		
異質性	サービスは、次のような要素の異質性によって影響され、品質管理が困難になる		
	① 提供者の異質性	サービスの品質はそれを提供するヒトによって影響される度合いが高くなる	
	② 時期の異質性	同一のサービスを提供しても、提供する時期によって利用者が受ける印象は異なる	
	③ 場所・環境の異質性	多くのサービスは、生産と消費が不可分であり、生産の場所が消費の場所となる。よって同一のサービスを提供しても、提供する場所・環境の要素によって利用者の満足度は大きく異なる	
	④ 利用者の異質性	多くのサービスは利用者がその品質をあらかじめ把握することが困難であるために、同一のサービスを提供しても、利用者の期待、好み等によって利用者の満足度は大きく異なる	

▶ 福祉サービスとマーケティング

ソーシャル・マーケティング	・コトラーらが提唱 ・ターゲットと同様に、社会（公衆衛生、安全、環境、コミュニティ）に便益をもたらすターゲットの行動に対して影響を与えるために、価値を創造し、伝達し、流通させるというマーケティングの原理および手法を適用するプロセス

福祉サービスの質の評価

▶ プロセスアプローチによる品質マネジメント

　ばらつきのない一定した質の高いサービスを提供するには、**サービス提供過程（Process）の標準化**が求められます。また、サービスの品質を保つためには、継続的な改善が必要であり、それには、デミング（Deming, W. E.）らが提唱した**PDCAサイクル**というサービス管理の手法を用います。他には、**QCサークル**という小集団の品質改善活動があり、製造業ばかりでなく福祉サービスの分野でもその普及を推進してきました。

　また、福祉サービス分野においても、近年ISO9001に基づく品質マネジメントシステムを導入して、サービスの提供過程（プロセス）を管理し、確保しているところがあります。

> プロセスアプローチによる品質管理の例として、介護保険の標準化された介護計画などが挙げられます。

📖 **QCサークル**：同じ職場内で集まって、自主的・継続的に品質改善活動を行う小グループ。

■ サービスの質の評価

社会福祉法	福祉サービスの質の向上のための措置等（78条）	・社会福祉事業の**経営者**は、自らその提供する**福祉サービスの質の評価**を行い、常に福祉サービスを受ける者の立場に立って良質かつ適切な福祉サービスを提供するよう努めなければならない ・国は、社会福祉事業の経営者が行う福祉サービスの質の向上のための措置を援助するために、福祉サービスの質の公正かつ適切な評価の実施に資するための措置を講ずるよう努めなければならない

社会福祉法	誇大広告の禁止 (79条)	・社会福祉事業の**経営者**は、広告をするときは、著しく事実に相違する表示をし、または実際のものよりも著しく優良であり、もしくは有利であると人を誤認させるような表示をしてはならない
介護保険法	指定居宅サービスの事業の基準 (73条1項)	・指定居宅サービス事業者は、設備及び運営に関する基準に従い、要介護者の心身の状況等に応じて適切な指定居宅サービスを提供するとともに、**自らその提供する指定居宅サービスの質の評価**を行うことなどにより常に**サービスを受ける者の立場**に立ってこれを提供するように努めなければならない
障害者総合支援法	指定障害福祉サービス事業者等の責務 (42条2項)	・指定事業者等は、その提供する障害福祉**サービスの質の評価**を行うことその他の措置を講ずることにより、障害福祉サービスの質の向上に努めなければならない
児童福祉法	指定障害児入所施設等 (24条の11第2項)	・指定障害児入所施設等の設置者は、その提供する障害児入所支援の**質の評価**を行うことその他の措置を講ずることにより、障害児入所支援の**質の向上**に努めなければならない
福祉サービス第三者評価事業	**根拠法令**：社会福祉法 **実施主体**：都道府県推進組織の認証を受けた評価機関 **目的**：利用者の適切なサービス選択、サービスの質の向上 **対象**：福祉サービス（児童、障害、高齢、その他） **実施：任意** ・福祉サービス第三者評価事業は、社会福祉事業の経営者が行う**福祉サービスの質の向上**のための措置を援助するための事業 ・サービスの質を事業者および利用者以外の公正・中立な**第三者機関**が専門的かつ客観的な立場から評価する	
社会的養護施設第三者評価事業	**根拠法令**：児童福祉法（児童福祉施設の設備及び運営に関する基準） **実施主体**：全国推進組織等の認証を受けた民間の評価機関 **目的**：サービスの質の向上 **対象**：乳児院、母子生活支援施設、児童養護施設、児童心理治療施設、児童自立支援施設 **実施：義務（3年に1回以上）**	
	実施回数	・その間の年においては、第三者評価基準の評価項目に沿って、自己評価を行わなければならない

地域密着型サービス外部評価	**根拠法令**：介護保険法（指定地域密着型サービスの事業の人員、設備及び運営に関する基準） **実施主体**：都道府県の認証を受けた評価機関 **目的**：利用者の適切なサービス選択、サービスの質の向上 **対象**：認知症対応型共同生活介護 **実施**：**義務（少なくとも年に1回）** ・「指定認知症対応型共同生活介護」事業者は、自らその提供するサービスの質の評価を行うとともに、定期的に外部の者による評価か運営推進会議による評価を受けて、それらの結果を公表し、常にその改善を図らなければならない
介護サービス情報の公表制度	**根拠法令**：介護保険法 **実施主体**：都道府県 **目的**：利用者の適切なサービス選択 **対象**：介護保険のサービス **実施**：**義務（調査は必要に応じて随時）** ・介護サービス事業者は、介護サービス情報を**都道府県知事**に報告しなければならない ・都道府県知事は、報告に関して**必要があると認めるとき**は、介護サービス事業者に対し調査を行うことができる（平成24年度から、毎年1回の受審義務がなくなった）

ISO9001		・国際標準化機構による**品質マネジメントシステムの国際規格**	
	審査のポイント	マネジメントシステムの有効性	・組織の目標が顧客のニーズや期待に沿っているか、その有効性を確認
		プロセス審査	・品質保証と顧客満足の向上を達成する仕組みがうまくつながっているかを審査
		現場審査	・トップの方針や目標が、各プロセス、各階層で理解されているかを審査

ここは覚える！

第35回で社会的養護施設第三者評価事業について出題されました。受審義務のある社会的養護施設（乳児院、母子生活支援施設、児童養護施設、児童心理治療施設、児童自立支援施設）を覚えておきましょう。

▶ 苦情対応

　社会福祉事業者の苦情対応は、「常に、その提供する福祉サービスについて、利用者等からの苦情の適切な解決に努めなければならない」（社会福祉法82条）と規定されています。利用者などからの苦情を適切に解決するため、都道府県社会福祉協議会には苦情解決機関である**運営適正化委員会**が置かれます（同法83条）。また、運営適正化委員会は、苦情の相談、助言、及び解決のあっせんを行うことができます（同法85条）。

　社会福祉事業者が、利用者・家族等からの苦情に対応し、解決を図ることは、弱い立場にある利用者・家族等の権利を擁護することになります。また、苦情をもとにサービスの改善を行うことは、**サービスの質の確保・向上を図ること**になります。

　さらに、苦情対応の制度は、利用者・家族が苦情を言いにくい事情を考慮して**第三者委員**が苦情の受け付け、相談、助言等に係ることにより制度の効果を高めることができます。

> 第三者委員は、中立性を確保するためにできる限り無報酬としますが、設置の形態又は報酬の決定方法により中立性が客観的に確保できる場合には、報酬を出すことは差し支えないとされています。

▶ リスクマネジメント

　リスクマネジメントは、一般に**危機管理**といわれ、経営や組織活動に悪影響を及ぼす危険や事故を未然に防止することや、事故が発生した場合には、速やかにかつ適切に対応・処理することによって、被害の拡大を防止し、損害（賠償）を最小限に抑えることです。

　リスクマネジメントは近年民間企業で高まってきた考え方ですが、社会福祉事業においても、介護サービスや福祉サービスの提供方法が措置から契約に変わり、事業者自身の経営努力が問われている流れの中で、リスクマネジメントの重要性が指摘されています。これには、さらに次の要因が挙げられます。

リスクマネジメントの重要性が高まった要因

- 事業者自らが利用者の苦情や事故に対峙し、適切な対応を取らねばならなくなった
- 事業者は、リスクを未然に回避する安全配慮義務や、事故に対する損害賠償が求められるようになった
- 介護保険では、介護保険料、利用料一部負担の見返りとして利用者の権利意識が高まってきた

リスクコントロールとは、リスクそのものの発生を少なくする、もしくは発生した際の被害を最小限にすることを意味します。
また、リスクファイナンスとは、想定外の事態が起こった際に生じた損失を補填するための資金を用意しておくことで、損害賠償保険の活用が一例としてあげられます。

　福祉サービスの提供においては、リスクの予防・軽減を主とするセーフティマネジメントの視点が中心です。しかし、安全性に加えて、サービス提供の基準や規則で示されている最低限のサービスの質を保障することや、基準を超えた顧客満足につながる質のサービスを提供することが重要です。

■ 事故発生についての理論

ハインリッヒの法則	・1件の重大事故の背景には、重大事故に至らなかった29件の軽微な事故と、さらにその背後には事故寸前だった300件の危険な状態が隠れている ・事故をゼロにすることは不可能である
リーズンの軌道モデル	・いかなる組織でも、潜在的なリスクを回避するために防護壁を何重にも構築しているが、完璧な防護壁は存在しない。大小の違いはあれ、必ずどこかに穴（欠陥）があり、その様子は多孔性のスイスチーズに類似している ・（組織の防護壁をスライスして並べたチーズの状態に見立て）通常はいずれかの壁でハプニングはチェックされて防護が成功する。しかし、まれに防護壁に生じているすべての穴をかいくぐって防護壁を貫通してしまう現象があり、大きな事故や苦情はこのようにして起こる ・大きな事故や苦情は、要因の弱点部分が重なったとき（穴が一列になったとき）に発生しやすい

落とせない！重要問題

リスクマネジメントは、厳しい管理体制を敷けば事故はなくせるものという前提に立つ。 第34回

×：リスクマネジメントは、「事故などの発生を未然に防ぎ、それらのリスクがもたらす損失を予防する」「発生した事故などへの対応によって、その被害を最小限に抑える」ことが大きな柱となる。

落とせない！重要問題

1件の重大事故の背景には、重大事故に至らなかった29件の軽微な事故が隠れており、その背後には事故寸前だった300件の危険な状態が隠れているのを、ハインリッヒの法則という。 第34回改変

○：記載の内容は、ハインリッヒの法則である。

4 福祉サービス組織の管理運営の方法

頻出度 🐾🐾🐾

情報管理　㉛ ㉜ ㉝ ㉞

▶ ガバナンスとコンプライアンス

ガバナンスとは、法人がその目的に沿って適切に経営されるようにすること、またはその仕組みを指します。

コンプライアンスとは、法人が法令やルール、法令の精神を遵守して公正に業務を遂行することを指します。その他の範囲として、社内規程・マニュアル・企業倫理・社会貢献などで行われます。

落とせない！重要問題

コンプライアンスとは、組織が法令や組織内外のルールを守ることにより、社会的責任を果たすことをいう。 第36回

○：この内容は正しい。

▶ 内部統制

内部統制とは、一般には各民間企業が、社内で不正や違法行為が行われない

よう業務に規則をつくり、管理運用する仕組みのことですが、福祉サービスの現場でも透明性の高い経営が求められ、健全に事業経営を行うために内部統制の仕組みが導入されています。

　内部統制は、業務マニュアルや教育システムを整備し、科学的な手法に基づいた経営を実践しようとするものです。また、規律を守りつつ目標を達成させるための環境を整備したり、財務報告や経理の不正防止策などを整備したりします。

▶ 個人情報保護法（2003（平成15）年公布）

　デジタル社会形成基本法に基づきデジタル社会の形成に関する施策を実施するため、個人情報の保護に関する法律においては、個人情報保護法、行政機関個人情報保護法、独立行政法人等個人情報保護法の3本の法律を1本の法律に統合し、全体の所管を個人情報保護委員会に一元化する等の改正が行われました（令和4年4月施行）。

> 医療や介護関係者は、個人情報を知り得る立場にあり、特に個人情報の適正な取扱いを確保すべき分野であることから、厚生労働省がガイダンスを定めています。

■ 個人情報保護法の概要

個人情報		・生存する特定の個人を識別できる情報 　氏名、生年月日、その他の記述等により特定の個人を識別することができるもの 　（個人識別符号が含まれるもの、他の情報と容易に照合でき、その結果、特定個人を識別できることとなる情報も含む）
	個人識別符号	・身体の一部の特徴を電子計算機の用に供するために変換した文字、番号、記号その他の符号 　（顔の骨格、声紋、指紋、ＤＮＡなど） ・役務の利用や書類において対象者ごとに割り振られる符号 　（基礎年金番号、免許証番号、マイナンバーなど）
	要配慮個人情報	**本人の人種、信条、社会的身分、病歴、犯罪の経歴、犯罪被害の事実その他の本人に対する不当な差別、偏見その他の不利益が生じないようにその取扱いに特に配慮を要するものとして政令で定める記述等が含まれる個人情報**
	匿名加工情報	・特定の個人を識別することができないように個人情報を加工して得られる個人に関する情報であって、当該個人情報を復元できないようにしたもの

個人情報取扱事業者		・個人情報データベース等をその事業活動に利用している者（国の機関、地方公共団体、独立行政法人等を除く）
利用目的の 特定・適正 取得	利用目的の特定	・個人情報を取り扱うにあたっては、その**利用の目的をできる限り特定**しなければならない
	利用目的による制限	・**あらかじめ本人の同意**を得ないで、利用目的の達成に**必要な範囲を超えて**、個人情報を取り扱ってはならない
	不適正な利用の禁止	・違法又は不当な行為を助長し、又は誘発するおそれがある方法により、個人情報を利用してはならない
	利用目的の通知・公表	・個人情報を取得した場合は、**あらかじめその利用目的を公表**している場合を除き、**速やかに**、その利用目的を、本人に**通知**し、又は**公表**しなければならない ・契約書など本人から直接書面に記載された個人情報を取得する場合は、**あらかじめ**、本人に対し、その利用目的を**明示**しなければならない
安全管理措置の実施		・個人情報取扱事業者は、その取り扱う個人データの漏えい、滅失または棄損の防止その他の個人データの安全管理のために必要かつ適切な措置を講じなければならない
第三者提供 の制限		・個人情報取扱事業者は、**例外を除き**、あらかじめ本人の同意を得ないで、個人データを第三者に提供してはならない（ただし、委託、**事業承継および共同利用**に該当する場合は、第三者提供に該当しない）
	適用除外	① 法令に基づく場合（令状による捜査の照会があった場合、税務署長に対する支払い調書等の提出の場合） ② 人の生命、身体または財産の保護に必要であり、かつ、本人の同意を得ることが困難である場合 ③ 公衆衛生・児童の健全育成に特に必要な場合 ④ 国の機関等への協力（統計調査に協力、事業所が税務署の任意調査に個人情報を提出する場合）
個人情報保護委員会		・個人情報保護法に基づいて2016（平成28）年1月1日に設置された内閣府の外局の一つ ・個人情報保護法およびマイナンバー法に基づき、特定個人情報の監視・監督に関すること、苦情あっせん等に関することなどを行っている

社会福祉法人の財務・会計制度

▶ 財務管理

ランニングコスト	・事業運営に伴う経常的な資金の収支の流れ **収入面**：運営費（介護報酬、措置費、自立支援給付費、保育運営費など）、利用者負担金や利用料 **支出面**：職員の人件費、諸経費（直接介護費、給食材料費、水道光熱費など）

イニシャルコスト	・施設整備のため等に必要な資金の流れ **収入面**：補助金（施設整備補助、借入金償還補助、運営費補助など） **支出面**：固定資産取得（建物や設備・備品など）のための支出
財務活動	・資金運用や借入金（施設整備借入、運営費借入など）、借入金返済に伴う資金の出入りなど

📖 **運営費**：国の制度などで規定された公費によって支払われる。

福祉サービス提供組織の経営と実際　㉛ ㉜ ㉝ ㉞ ㊱

① 資金収支計算書	資金収支計算書とは、会計期間における支払資金の収入及び支出の内容を明らかにした書類である。事業活動による収支、施設整備等による収支、その他の活動による収支などに区分される。社会福祉法人会計基準に第一号第一様式として例示される
② 事業活動計算書	事業活動計算書とは、会計期間における事業活動の成果を明らかにした書類である。サービス活動増減の部、サービス活動外増減の部、特別増減の部等に区分される。社会福祉法人会計基準に第二号第一様式として例示されている
③ 貸借対照表	社会福祉法人の貸借対照表は、会計期間の末日における法人や施設の一定時点（通常は年度末）における資産、負債及び差引純資産の金額を記載した書類である。会計基準に第三号第一様式として例示される
④ 減価償却	減価償却とは、建物などの固定資産のうち、時の経過や使用によって価値が減少するものを、毎年資産価額を一定ルール（定額法あるいは定率法）で減額させ、その年のコストとして費用計上することである。ただし、福祉サービスのために利用する土地は対象外となります。次の特徴がある ● 固定資産の金額をその耐用年数によって、一定ルールで分割してその消費分を計算する ● その消費分を減価償却費として事業活動計算書に計上する一方、貸借対照表の建物の金額をその分だけ減額する ● 減価償却の自己金融機能とは、減価償却によって固定資産の耐用年数が到来した時点で、法人内部に流出せずに固定資産額相当額の資金が累積し、回収された形で残ることを指す
⑤ 債務超過	債務超過とは、貸借対照表の負債が資産を上回った状態である。例えば、施設経営が不調で単年度で赤字になった場合でも、法人が倒産することはない。しかし、事業活動計算書の当期活動増減差額が、毎年赤字を繰り返していくと、過去及び今年度の黒字又は赤字の合計額である次期繰越活動増減差額も赤字となる。さらにより悪化すると、この赤字が貸借対照表の純資産の部のほかの科目（基本金や積立金）も食いつぶし、最後には純資産全体でマイナスになってしまう状態になる。これが債務超過です。債務超過になると、金融機関等との取引も停止され、今後の法人の経営に重大な問題が発生する

⑥ 監査	監査とは、遵守すべき法令や社内規程などの規準に照らして、業務や成果物がそれらに則っているかどうかの証拠を収集し、その証拠に基づいて評価を行い、評価結果を利害関係者に伝達する
⑦ クラウドファンディング	社会福祉法人の財務管理・会計管理においては、近年、クラウドファンディングの活用もみられる。クラウドファンディングは、「クラウド（群衆）」と「ファンディング（資金調達）」を組み合わせた造語で、アイデアやプロジェクトを持つ起案者が、インターネットを通して共感した人から広く資金を集める方法である
⑧ 業務管理体制の整備	2009（平成21）年5月1日施行の改正介護保険法より、介護サービス事業者は、法令遵守等の業務管理体制の整備が義務づけられました。事業者が整備すべき業務管理体制は、指定又は許可を受けている事業所又は施設の数に応じて定められている

法人の経営に重大な問題が発生する債務超過の概念はしっかり押さえましょう。

ここは覚える！

この項目では、用語の意味や定義について問われることが多く、以下のような出題がありました。財務会計、貸借対照表の純資産、減価償却、流動資産（以上、第33回）、クラウドファンディング、貸借対照表の借方、負債（以上、第34回）。

落とせない！重要問題

減価償却とは、固定資産（土地と建設仮勘定を除く）の取得原価をその耐用年数にわたり費用化する手続であり、過去に投下した資金を回収するものである。　第33回

○：減価償却費はコストでありながら、実際には法人の外部に資金の流出を伴わないものである。

■ 事業者が整備する業務管理体制（介護保険法115条の32、介護保険法施行規則140条の39）

体制　　　　　事業所等の数	1以上20未満	20以上 100未満	100以上
法令を遵守するための体制の確保にかかる責任者（法令遵守責任者）の選任	必要	必要	必要
業務が法令に適合することを確保するための規程（法令遵守規程）の整備	不要	必要	必要
業務執行の状況の監査を定期的に実施	不要	不要	必要

※ 事業所等の数は、例えば、同一事業所が訪問介護と介護予防訪問介護の指定を受けている場合、2と数える。

人事・給与・労務管理　　㉛ ㉝ ㉞ ㉟ ㊱

▶ リーダーシップ論

■ リーダーシップに関する基礎理論

リーダーシップの諸理論	リーダーシップ特性論（資質論）	・リーダーに必要な資質や特性を探る
	リーダーシップ類型論	・リーダーがとる行動からリーダーシップの有効性を探り類型化する
	リーダーシップ状況論	・リーダーシップの有効性はリーダーが置かれている状況によって異なる
リーダーシップ類型論	・「リーダーとは作られるものである」 ・リーダーとそうでない者の行動の相違に着目した理論 ・機能・職能論 ・有効なリーダーとそうでないリーダーを区別する行動を発見する ・どのような行動が有効なリーダーを作り上げるのかを発見する	
	① 「課題達成機能」	実際に課題が達成されていく
	② 「人間関係」	集団を維持し人間関係に配慮するという機能
	代表的な理論	「レヴィンのリーダーシップ類型」 「マネジリアル・グリッド」 「三隅二不二のPM論」

リーダーシップ類型論	レヴィンリーダーシップ類型	①「専制型のリーダーシップ」	・集団活動のすべてをリーダーが決定 ・緊急に意思決定を下す状況や未熟で安定していない集団 ・短期的には他の類型よりも高い生産性を得ることが可能 ・長期的には、メンバーが相互に反感・不信感を抱くようになり、効果的ではない
		②「民主型のリーダーシップ」	・リーダーの援助のもと、集団で討議し方針を決定 ・通常の集団において最も望ましい ・短期的には専制型リーダーシップより生産性は低い 　長期的には高い生産性をあげる ・メンバー間に友好的な雰囲気が生まれ、集団の団結度が高くなる ・作業の質、作業意欲、有効な行動等の点で最も有効であるとした
		③「放任型のリーダーシップ」	・集団の行う行動にリーダーは関与しない ・研究開発部門など、集団のレベルが高い専門家集団・組織のまとまりもなく、メンバーの士気も低く、仕事の量・質ともに最も低い
	マネジリアル・グリッド論	・ブレイクとムートン ・2つの要件 　「人間に対する関心」「生産（業績）に対する関心」 ・関心の程度の軸を9段階に分ける ・マネジメント・グリッド：計81の格子（グリッド）	
		「1・1型」	生産にも人間にも無関心な放任型リーダー
		「1・9型」	生産を犠牲にしても人間への関心が高い人情型リーダー
		「9・1型」	人間を犠牲にしても生産最大化への関心が高い権力型リーダー
		「9・9型」	生産にも人間にも最大の関心を示す理想型リーダー
		「5・5型」	生産にも人間にもほどほどな関心を示す妥協型リーダー

リーダーシップ類型論	三隅二不二のPM理論	・2つの能力要素 「目標達成能力（Performance）」と「集団維持能力（Maintenance）」	
		「PM型」	・目標を明確に示し、成果をあげるとともに集団をまとめる力もある理想型
		「Pm型」	・目標を明確に示し、成果をあげるが、集団をまとめる力が弱い。 成果はあげるが人望がないタイプ
		「pM型」	・集団をまとめる力があるが、成果をあげる力が弱い。人望はあるが、仕事はもう少しというタイプ
		「pm型」	・成果をあげる力も、集団をまとめる力も弱い。リーダー失格タイプ。
リーダーシップ状況論		・ある状況のもとでは、あるリーダーのスタイルが適切だったが、他の状況においては、まったくリーダーシップが発揮できないなど、状況によって適切なリーダーシップ・スタイルは多数存在するという考え方	
		代表的理論	・フィードラーのコンティンジェンシーモデル ・SL理論（状況対応型リーダーシップ） ・ハウスのパス・ゴール理論

 ここは覚える！

第33回では、変革的リーダーシップ論、三隅二不二のPM理論などが、第34回では特性論、パス・ゴール理論などについて出題されました。

■ マネジリアル・グリッド

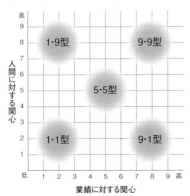

■ PM理論

フィードラー（Fiedler, F. E.）のコンティンジェンシーモデルは、状況好意性（組織の状況がリーダーの行動に影響を与える程度）に応じて有効なリーダーシップは異なるとする理論です。

　状況好意性と有効なリーダーシップの関係については、次の通りです。

好意的（良い） リーダーが部下集団を強く統制できる	タスク志向型リーダーが有効
中程度（普通）	人間関係志向型リーダーが有効
非好意的（悪い） リーダーによる部下集団の統制が非常に困難	タスク志向型リーダーが有効

　また、状況好意性の良し悪しを決める要素としては以下があります。

①リーダーと部下との人間関係

②仕事の内容や手順の明確さ

③リーダーが部下をコントロールする権限の強さ

　ハーシー（Hersey, P.）とブランチャード（Blanchard, K. H.）が提唱したSL理論（状況対応型リーダーシップ）は、メンバーの成熟度に応じてリーダーシップスタイルを変化させながら組織でリーダーシップを発揮するという理論です。

S1	教示的	具体的に指示し、事細やかに監督する
S2	説得的	こちらの考えを説明し、疑問に応える
S3	参加的	考えを合わせて決められるように仕向ける
S4	委任的	行動遂行の責任を委ねる

　パス・ゴール理論は、メンバーの目標達成を助けることはリーダーの職務であり、目標達成に必要な方向性や支援を与えることはメンバーや組織の全体的な目標にかなうとした理論になります。

指示型 リーダーシップ	課題志向が高く、メンバーに何を期待しているかをはっきり指示し、仕事のスケジュールを設定。仕事の達成方法を具体的に指示する
支援型 リーダーシップ	相互信頼をベースに、メンバーのアイデアを尊重。感情・ニーズに配慮を示す
参加型 リーダーシップ	決定を下す前にメンバーに相談し、彼らの提案を活用する
達成志向型 リーダーシップ	困難な目標を設定し、メンバーに全力を尽くすよう求める

特性アプローチ	・優れたリーダーが、一般人と比べて優秀な**資質を有している**という前提に立ったアプローチ ・リーダーシップという影響力の実態をリーダー個人の**身体的・精神的資質**と捉える
行動アプローチ	・優れたリーダーが実際にどのような**行動をとっているのか**を解明しようとする ・成功するリーダーの**行動様式に着眼**し、集団や組織が機能するために有効となるリーダーの**行為行動を具体的に特定**したものである
交流型 リーダーシップ	・リーダーがメンバーと相互交流のコミュニケーションを取りながら人間関係を調整してまとめるリーダーシップ
カリスマ的 リーダーシップ	・超人的な能力でフォロワーから絶大な信頼を得て、フォロワーの信念や行動に大きな変化をもたらすようなリーダーシップ
変革型リーダーシップ	・変化のメカニズムを組織内に定着させ、**変革を実現する**リーダーシップ

サーバント・リーダーシップ	チームメンバーに奉仕をした上でチームメンバーを指導していく、部下を支え、チームに奉仕するためにリーダーが存在するという考えを重視した**支援型**または**奉仕型**のリーダーシップ
シェアード・リーダーシップ	「組織内の複数の人間、時に全員がリーダーシップをとる」という理論で、従来のリーダーシップの関係性は「**垂直型**」であるが、シェアード・リーダーシップは「**水平型**」の関係性となる

ここは覚える！

第33回では、フィードラーのコンティンジェンシーモデル、第34回ではハーシーとブランチャードのSL理論、パス・ゴール理論、サーバント・リーダーシップとシェアード・リーダーシップなどについて出題されました。

▶ 人材確保

配置・異動	・自らが希望する作業環境を職員に提供することは、職員のモチベーションを高める上で重要 ・職員の希望を知り、できる限りそれを反映できる制度が必要	
	自己申告制度	職員の希望を自己申告できる機会を設ける（職員の事情と組織の人事政策との調和を図る）
	社内公募制	新規事業立ち上げに際し、人材を募集する旨の広告を社内に張り出して職員の応募を募る（現職場の意向や現職場長の意向等が影響する）
	勤務地限定職員制度	給与等を制限する代わりに勤務地が大きく変動するような異動を行わない

ジョブ・ロー テーション	・人材育成を目的として、多くの業務を経験させるために一人の人間を計画的に異動させること ・仕事のマンネリ化を防ぎ、他職種とも社内ネットワークの形成を行うことができる

▶ 人材の評価（人事考課）・目標管理制度

● 人事考査

　人事考査とは、人事管理の適切な遂行のために、職員一人ひとりの人事情報を収集・整理し、**一定の基準に基づいて評価**することです。評価基準や組織が求める人材像を明確にし、これに達することができるような人材育成を行えば、企業の業績だけでなく、職員のモチベーション向上にもつながります。

コンピテンシー	人事考課における客観的な基準の一つとして、優れた業績をあげる人物に共通してみられる行動特性
考課者訓練	組織の人事制度の周知、考課ルールの明確化、評価基準の統一などの手法を通じて、考課者の指導育成能力を開発・向上させること
360度評価 （多面評価制度）	上司からの評価だけではなく、部下や同僚、仕事で関係のある他部門の担当者、さらには取引先や顧客による評価といった、多方面から人材を評価する制度

● ワークエンゲージメント

　ワークエンゲージメントとは、活力・熱意・没頭に特徴づけられる仕事に関連するポジティブで充実した心理状態のことを指します。仕事に向けられた持続的かつ全般的な感情と認知です。

● 目標管理制度

　目標管理制度とは、経営管理者が**組織全体の目標・方針**を示し、各部門の責任者がそれを達成するための**達成目標と方針**を設定し、職員は自分の職務について**成果目標**を定め、**自己評価を通じて動機づけを図る**制度です。具体的には、①能力開発目標、②職務遂行目標、③業務改善目標、④業績目標が挙げられます。

● ダイバーシティ・マネジメント

　人材の**多様性**は組織に価値や利益をもたらすとの考えに基づく、個人や集団における様々な違いをいかすマネジメントの手法です。

寛大化傾向	甘く評価する
中心化傾向	可もなく不可もなく、平均的なところへ評価する
ハロー効果	部分的な特性の評価が、全体の評価に影響する
対比誤差	評価者が自身を基準にして評価する
論理誤差	論理づけや関連づけによって類似評価をする。評価者の論理的思考に影響する（例：高学歴だから知識がある）
投射効果	自身の特性を相手に投射し、相手もそれをもっているかのようにみなす傾向

ここは覚える！

人事評価・目標管理制度についても、様々な用語の意味や定義が問われています。ワークエンゲージメント、コンピテンシー、目標管理制度（以上、第34回）、360度評価、ハロー効果（以上、第35回）、ジョブローテーション、目標管理制度（以上、第36回）。

▶ 労務管理と労働法規

労使関係を中心とした労働条件を含む施策を労務管理といいます。労働関係法令の遵守や就業規則の制定、労働契約、男女雇用の均等などの内容に関する管理のことを指します。具体的には、職員体制を規定する法律に適合した労働力が確保されているか、適正な労働時間管理がなされているかなどです。労務管理には多くの法律や法令があります。

まず、労働三法といわれる次の法があります。これらの法令の遵守が最も重要です。

■ 労働三法

労働基準法	労働者の賃金、労働時間、休日等の主な労働条件の最低限の基準を規定した法律
労働組合法	労働組合を結成することや事業者との団体交渉等を支援するための法律
労働関係調整法	労働争議の予防・解決のため、労働委員会による斡旋、調停、仲裁等を規定した法律

▶ 労働基準法

労働基準法の主な条文規定内容には、次のようなものがあります。

均等待遇 (3条)	使用者は、労働者の国籍、信条又は社会的身分を理由として、賃金、労働時間その他の労働条件について、差別的取扱いをしてはならない
男女同一賃金の原則 (4条)	使用者は、労働者が女性であることを理由として、賃金について、男性と差別的取扱いをしてはならない
労働者の定義 (9条)	職業の種類を問わず、事業又は事務所に使用される者で、賃金を支払われる者をいう
法律違反の契約 (13条)	この法律で定める基準に達しない労働条件を定める労働契約は、その部分については、無効とする
賠償予定の禁止 (16条)	使用者は、労働契約の不履行について違約金を定め、又は損害賠償額を予定する契約をしてはならない
前借金相殺の禁止 (17条)	使用者は、前借金その他労働することを条件とする前貸の債権と賃金を相殺してはならない
労働条件 (32条)	使用者は、労働者に、休憩時間を除き1週間について40時間（1日8時間）を超えて労働させてはならない
休憩 (34条)	使用者は、労働時間が6時間を超える場合においては少なくとも45分、8時間を超える場合においては少なくとも1時間の休憩時間を労働時間の途中に与えなければならない
休日 (35条)	使用者は、労働者に対して、毎週少なくとも1回の休日を与えなければならない
時間外及び休日の労働 (36条・37条)	時間外労働・休日労働について協定（36協定）を書面で締結し、これを労働基準監督署長に届け出た場合は、時間外労働をさせることができる

● **割増賃金**

25％以上	1日8時間超、深夜労働など
50％以上	時間外労働が1か月60時間超
35％	法定休日

時間外労働の上限 (36条)	原則：月45時間かつ年360時間 臨時的な特別な事情がある場合： ・年720時間以内、月100時間未満（休日労働含む）、2～6か月平均80時間以内（休日労働含む） ・月45時間を超えることができるのは年6か月が限度
年次有給休暇 (39条)	・使用者は、その雇入れの日から起算して6か月間継続勤務し全労働日の8割以上出勤した労働者に対して、継続し、又は分割した10労働日の有給休暇を与えなければならない ・使用者は、1年6か月以上継続勤務した労働者に対しては、雇入れの日から起算して6か月を超えて継続勤務する日から起算した継続勤務年数1年ごとに、次の労働日を加算した有給休暇を与えなければならない

● 産前産後（65条）

使用者は、6週間（多胎妊娠の場合にあっては、14週間）以内に出産する予定の女性が休業を請求した場合においては、その者を就業させてはならない。

使用者は、産後8週間を経過しない女性を就業させてはならない。ただし、産後6週間を経過した女性が請求した場合において、その者について医師が支障がないと認めた業務に就かせることは、差し支えない。

66条2項

使用者は、妊産婦が請求した場合において、時間外労働をさせてはならず、又は休日に労働させてはならない。

66条3項

使用者は、妊産婦が請求した場合においては、深夜業をさせてはならない。

● 就業規則作成及び届出の義務（89条）

常時10人以上の労働者を使用する使用者は、就業規則を作成し、労働基準監督署長に届け出なければならない。

● 就業規則の作成の手続（90条）

使用者は、就業規則の作成または変更について、労働組合又は労働者の過半数を代表する者の意見を聴かなければならない。

● 法令及び労働協約との関係（92条）

就業規則は、法令又は当該事業場について適用される労働協約に反してはならない。

● 法令等の周知義務（106条）

使用者は、就業規則等他を、常時各作業場の見やすい場所へ掲示し、又は備え付けること、書面を交付することその他の方法によって、労働者に周知させなければならない。

▶ 働き方改革

2019（平成31）年4月1日から、働き方改革関連法が順次施行されています。その概要は次の通りです（カッコ内は施行日）。

1．**時間外労働の上限規制を導入**（大企業：2019年4月1日、中小企業：2020年4月1日）

　時間外労働の上限について月45時間、年360時間を原則とし、臨時的な特別な事情がある場合にも上限を設定

2．**年次有給休暇の確実な取得**（2019年4月1日）

　使用者は10日以上の年次有給休暇が付与される労働者に対し、年5日について毎年時季を指定して与えなければならない

3．**中小企業の月60時間超の残業の割増賃金率引上げ**（大企業：2019年4月1日、中小企業：2023年4月1日）

　月60時間を超える残業に対する割増賃金率を50%に引上げる

4．**「フレックスタイム制」の拡充**（2019年4月1日）

　より働きやすくするため、制度を拡充。労働時間の調整が可能な期間（清算期間）を3か月まで延長

5．**「高度プロフェッショナル制度」を創設**（2019年4月1日）

　職務の範囲が明確で一定の年収を有する労働者が、高度の専門的知識等を必要とする業務に従事する場合に、健康確保措置や本人同意、労使委員会決議等を要件として、労働時間、休日、深夜の割増賃金等の規定を適用除外にできる

6．**産業医・産業保健機能の強化**（2019年4月1日）

　産業医の活動環境を整備。労働者の健康管理等に必要な情報を産業医へ提供すること等とする

7．**勤務間インターバル制度の導入促進**（2019年4月1日）

　1日の勤務終了後、翌日の出社までの間に、一定時間以上の休息時間の確保に努めなければならない

8．**正規雇用労働者と非正規雇用労働者の間の不合理な待遇差を禁止**（大企業：2020年4月1日、中小企業：2021年4月1日）

　同一企業内において、正規雇用労働者と非正規雇用労働者の間で基本給や賞与などの不合理な待遇差を禁止

▶ 労働契約法ほか

● 就業規則違反の労働契約（労働契約法12条）

就業規則で定める基準に達しない労働条件を定める労働契約は、その部分については、無効とする。

● 法令及び労働協約と就業規則との関係（労働契約法13条）

就業規則が法令又は労働協約に反する場合には、当該反する部分においては、当該法令又は労働協約の適用を受ける労働者との間の労働契約については、適用しない。

その他に次の法があります。

■ 労働に関連する法律

最低賃金法	事業内容、職業の種類、地域性に応じ、賃金の最低額を保障すること等を目的とした法律
職業安定法	公共職業安定所等の確保を通して、職業の安定等を目的とした法律
労働安全衛生法	職場における労働者の安全と健康を確保し、快適な職場環境の形成を目的とする法律
労働者派遣法	派遣労働者の就業条件の整備等を図り、派遣労働者の雇用の安定・福祉増進等を目的とした法律
パートタイム労働法	短時間労働者の適正な労働条件の確保、雇用管理の改善、通常の労働者への転換の推進等を規定した法律
男女雇用機会均等法	雇用の分野における男女の均等な機会や待遇の確保等を図ることを目的とした法律
ADR法	裁判以外の紛争の解決手段である、仲裁、調停、斡旋等を促進する法律
育児・介護休業法	育児休業及び介護休業に関する制度並びに子の看護休暇及び介護休暇に関する制度を規定した法律

📖 **労働者派遣法：**正式名称は、「労働者派遣事業の適正な運営の確保及び派遣労働者の保護等に関する法律」。

パートタイム労働法：近年の雇用情勢から、短時間労働者等の非正規労働者が増加しているため、2007（平成19）年に改正が行われた。正式名称は、「短時間労働者及び有期雇用労働者の雇用管理の改善等に関する法律」。

男女雇用機会均等法：正式名称は、「雇用の分野における男女の均等な機会及び待遇の確保等に関する法律」。

ADR法：正式名称は、「裁判外紛争解決手続の利用の促進に関する法律」。

育児・介護休業法：正式名称は、「育児休業、介護休業等育児又は家族介護を行う労働者の福祉に関する法律」。

法令の次に優先される規定は、**労働協約**です。これは労働組合と雇用者の間で合意し書面にしたものです。

　次に優先されるのは就業規則です。これは常時10人以上の労働者を使用する使用者は、各職場で労働者が遵守しなければならない就業上の規律、職場秩序及び労働条件など、具体的な内容を明文化します。さらに労働基準監督署長に届け出なければなりません。就業規則は、労働協約と異なり、使用者側が労働者代表などの意見を聴取するだけで一方的に作成できます。

　次に**労働契約**があります。これは、雇用者が明示すべき労働条件と、労働者の採用時に文書交付による明示事項として、次の5項目が規定されたものになります。

① 労働契約の期間
② 働く場所、従事する仕事
③ 始業、終業、時間外、休日労働、休憩、休日、休暇、交代制等に関する事項
④ 賃金の決定、計算、支払、締切、昇給に関する事項
⑤ 退職・解雇に関する事項

▶ 労働安全衛生法

　労働安全衛生法は、職場における労働者の安全と健康を確保し、**快適な職場環境の形成**を目的とする法律です。

事業者等の責務		事業者は、快適な職場環境の実現と労働条件の改善を通じて職場における労働者の**安全と健康を確保する**ようにしなければならない
安全衛生管理体制	安全管理者	建設業等の一定の業種で常時50人以上の労働者を使用する事業場において選任義務（10人以上50人未満の場合は、安全衛生推進者を選任）
	衛生管理者	すべての業種で常時50人以上の労働者を使用する事業場において選任義務（常時10人以上50人未満の場合は、安全衛生推進者もしくは衛生推進者を選任）
	産業医	すべての業種で常時50人以上の労働者を使用する事業場において**選任義務**
	安全委員会	事業者は、**建設業等の一定の業種・規模ごとに設置義務**
	衛生委員会	・事業者は、すべての業種で常時50人以上の労働者を使用する事業場ごとに設置義務 ・毎月1回開催し、労働者の健康障害の防止および健康の保持増進に関する事項を調査審議

面接指導等	事業者は、時間外・休日労働が一定時間以上で、疲労の蓄積が認められる労働者が申し出た場合は、医師による面接指導を行わなくてはならない
安全衛生教育	事業者は、労働者を雇い入れたときは、厚生労働省令で定めるところにより、その従事する業務に関する**安全または衛生のための教育を行わなければ**ならない
健康診断	・事業者は、業種・規模を問わず健康診断を行わなければならない ・常時50人以上の労働者を使用する事業者は、健康診断結果を所轄労働基準監督署長に報告しなければならない
保健指導等	事業者は、健康診断の結果、特に健康の保持に努める必要があると認める労働者に対し、医師または保健師による保健指導を行うように努めなければならない
心理的な負担の程度を把握するための検査等（ストレスチェック）	・事業者は、労働者に対し、1年以内ごとに1回、定期に、心理的な負担の程度を把握するための検査を行わなければならない ・常時50人以上の労働者を使用する事業者は、検査結果報告書を労働基準監督署に提出しなければならない（50人未満の事業場は、当分の間努力義務とされている） ・労働者側がストレスチェックを受けることは任意とされているため、事業者が労働者に受検を強制できない ・事業者は、労働者に対し、医師、保健師、一定の研修を修了した看護師、精神保健福祉士、歯科医師、公認心理師による心理的な負担の程度を把握するための検査を行わなければならない ・検査結果は、医師等から直接労働者に通知される ・医師等は、あらかじめ当該検査を受けた労働者の同意を得ないで、当該労働者の検査の結果を事業者に提供してはならない

ここは覚える！

第34回では、職場のメンタルヘルスに関する問題として、産業医の選任義務、衛生委員会の設置義務、ストレスチェックの結果の取扱いについて問われました。

▶ 職場のパワーハラスメントの予防・解決に向けた提言

（要約）

1. 問題の存在
2. 問題に取り組む意義
3. 予防・解決に向けた取組
    (1) 企業や労働組合、そして一人ひとりの取組

（2）それぞれの立場から取り組んでいただきたいこと

- トップマネジメントへの期待
- 上司への期待
- 職場の一人ひとりへの期待：人格尊重、コミュニケーション、互いの支え合い

（3）政府や関係団体に期待すること

4. おわりに

別紙：職場のパワーハラスメントの概念と行動類型

【職場のパワーハラスメントの概念】

同じ職場で働く者に対して、職務上の地位や人間関係などの職場内の優位性を背景に、業務の適正な範囲を超えて、精神的・身体的苦痛を与える又は職場環境を悪化させる行為

【職場のパワーハラスメントの行為類型】

① 暴行・傷害（身体的な攻撃）

② 脅迫・名誉毀損・侮辱・ひどい暴言（精神的な攻撃）

③ 隔離・仲間外し・無視（人間関係からの切り離し）

④ 業務上明らかに不要なことや遂行不可能なことの強制、仕事の妨害（過大な要求）

⑤ 業務上の合理性なく、能力や経験とかけ離れた程度の低い仕事を命じることや仕事を与えないこと（過小な要求）

⑥ 私的なことに過度に立ち入ること（個の侵害）

出典：厚生労働省報道発表資料「職場のパワーハラスメントの予防・解決に向けた提言取りまとめ（平成24年3月15日）」をもとに作成

落とせない！重要問題

パワーハラスメントの典型的な例には、優越的な関係を背景として行われた、身体的・精神的な攻撃、人間関係からの切り離し、過大・過小な要求などが含まれる。 第34回

○：パワーハラスメント防止措置が事業主の義務となった（労働施策総合推進法30条の2）。

人材育成 ㉝ ㉞ ㉟ ㊱

▶ キャリアデザイン

　人事労務管理では、キャリアアップを通じて自己実現を図ること、すなわち組織におけるキャリアデザインの重要性が高まっています。キャリアアンカー、キャリアプラトー、キャリアパスの各定義を確認します。

キャリアアンカー	自分にとって大切であり犠牲にしたくない、本当の自己を象徴する能力・動機・価値観が組み合わさったものを指す
キャリアプラトー	年数が経つにつれ、昇進・昇格が難しくなり、キャリアの高原（横ばい・伸び悩む）状態に入ることをいう
キャリアパス	資格取得や能力アップを目指し、仕事の経験を積みながら、成果を上げていく仕組み。成熟期に着目すると、人によってどのような仕事をどれくらいの期間担当し、どの程度の習熟レベルに達すればどういうポストに就けるのか等の発達の度合いは人によって異なる

ここは覚える！

第34回で、キャリアパスについて問われました。

▶ 職場研修

　職場研修は、1993（平成5）年の人材確保指針に基づいて、具体化されたものです。人材育成を推進するためには、職場研修を推進する体制の整備が必要です。

　職場研修には、3つの研修形態があります。

OJT（On the job Training）　職務を通じての研修
・職場の上司や先輩が、部下や後輩に職務を通じて、又は職務に関連させて、仕事に必要な知識、技術・技能、態度・価値観等を指導、育成する研修 ・職場研修の基本で、教える、見習わせる、経験させるなどの方法をとる ・個別指導として、業務上の指導・助言、個別のスーパービジョン、職場巡回（ジョブ・ローテーション）、同行訓練など ・集団指導として、グループスーパービジョン、ケースカンファレンスなど

OFF-JT（Off the job Training）　職務を通じての研修
・職務命令により、一定期間日常業務を離れて行う研修 ・講義法、事例研究法、ロールプレイングなどの方法をとり、職場内で実施する場合（集合研修）と職場外の外部研修に派遣する場合がある ・職場内では、外部研修などの報告会、事例研究会、文献、資料の輪読会等の開催など ・職場外では、行政や研修実施機関が主催する研修会への派遣、他職場との交流、交換研修、見学・実習など
SDS（Self Development System）　自己啓発援助制度
・職場の職場内外での自己啓発活動を職務として認知し、経済的・時間的な援助や施設などの提供を行うもの ・費用助成、職務免除・職務調整や特別休暇の付与などの方法をとる ・職場内では、個人の研究活動への奨励や助成、学習サークルへの活動費助成、自主勉強会への施設や設備の貸与など ・職場外では、外部研修参加への費用の助成や職務免除、自己啓発資源のPR（広報）活動など

 ここは覚える！

OJT、OFF-JTについては第35回、第36回で出題がありました。定義や違いを説明できるようにしておきましょう。

Q　　　　　　　　　　　　　　　　　　　　　　　　　　　　　　　**A**

☐ **1** 社会福祉法人は、社会福祉事業の主たる担い手としてふさわしい事業を行うため、自主的にその経営基盤の強化を図らなければならない。
第32回

〇

☐ **2** 社会福祉法人は、定款、貸借対照表、収支計算書、役員報酬基準等の公表は任意である。 第35回

✕

☐ **3** 社会福祉法人は主たる事務所の所在地において設立の登記をすることによって成立する。 第36回

〇

☐ **4** 社会福祉法人は評議員、評議員会、理事、理事会、監事を設置することが義務づけられている。 第36回

〇

☐ **5** 社会福祉法人の財務に関して、土地は減価償却の対象となる資産である。 第30回

✕

☐ **6** 社会福祉法人の財務管理・会計管理に関して、社会福祉充実残額が生じた場合は地域福祉計画を策定する必要がある。 第34回

✕

☐ **7** 特定非営利活動法人は、その社員の資格の得喪に関して不当な条件を付してはならず、加入や脱退の自由を保障する必要がある。 第35回

〇

☐ **8** へき地医療や救急医療などを担うことが要件となっている社会医療法人は、医療保健業について法人税は非課税となっている。 第33回

〇

☐ **9** 従業員が意思決定を行うことができる権限の範囲と、それに対応した職務に対する責任の範囲は、等しくなるようにしなければならない。
第35回

〇

☐ **10** アカウンタビリティとは、ステークホルダーに対する説明責任を指す。
第36回

〇

解説

2 社会福祉法人は、定款、計算書類（貸借対照表、収支計算書他）、役員報酬基準等を公表しなければならない。（社会福祉法59条の2）

5 減価償却とは、時の経過ないしは使用によって価値が減少するものについて毎年資産価額を一定ルールで減額させ、その年の費用として計上するものである。ただし、土地は対象外である。

6 社会福祉充実残額が生じた場合は、社会福祉充実計画を策定する必要がある。

Q ────────────────────────────▶　**A**

☐ **11** パス・ゴール理論では、リーダーはメンバーに明確な目標（ゴール）へのパス（経路）を明示せず、メンバー自身に考えさせることが必要としている。　第34回　　×

☐ **12** バーナード（Barnard, C.）によれば、公式組織の3要素とは、コミュニケーション、貢献意欲、共通目的である。　第33回　　○

☐ **13** 貸借対照表の借方（左側）は資金使途を示し、純資産が計上される。　第34回　　×

☐ **14** ハインリッヒ（Heinrich, H.）は、科学的管理法を提唱し、作業現場の管理について、合理的な規則と手続きによる管理の重要性を強調した。　第36回　　×

☐ **15** ファンドレイジングとは、事業や活動を行うために必要な資金を様々な方法を使って調達することを指す。　第36回　　○

☐ **16** 経営戦略とは、チャンドラー（Chandler, A.）によれば、長期的目的を決定し、これらの目的を遂行するための行動方式を採択し、諸資源を割り当てることである。　第33回　　○

☐ **17** シェアード・リーダーシップは、それぞれのメンバーが、必要に応じてリーダーのように振る舞って他のメンバーに影響を与えるリーダーシップである。　第34回　　○

☐ **18** リスクマネジメントに関して、1件の重大事故の背景には、重大事故に至らなかった29件の軽微な事故が隠れており、その背後には事故寸前だった300件の危険な状態が隠れているのを、リーズンの軌道モデルという。　第34回　　×

解説

11 ハウスのパス・ゴール理論は、メンバーの目標達成を助けることはリーダーの職務であり、目標達成に必要な方向性や支援を与えることはメンバーや組織の全体的な目標にかなうとする理論である。

13 借方（左側）は資金の運用方法を示し、資産が計上される。貸方（右側）は資金の調達方法を示し、負債や純資産が計上される。

14 これは、テイラー（Taylor, F.）の理論である。

18 記述は、ハインリッヒの法則の内容である。リーズンの軌道モデルは、いかなる組織でも潜在的なリスク回避のために防護壁を何重にも構築しているが、必ずどこかに欠陥があり、大きな事故や苦情は欠陥や要因の弱点部分が重なったときに発生しやすいという理論である。

Q ──────────────── A

☐ **19** OJT（On the Job Training）とは、日常の職務を離れて行う教育訓練方法のことを指す。 第35回 　　×

☐ **20** 常時50人以上の労働者を使用する事業所を複数運営する組織であっても、衛生委員会は本部（本社）に設置すればよい。 第34回 　　×

解説

19 日常の職務を離れて行う教育訓練方法は、OFF-JTである。

20 常時50人以上の労働者を使用する事業場を複数運営する組織は、事業場ごとに衛生委員会を設置しなければならない。

付録：福祉年表

■ 高齢者福祉

西暦	和暦	日本		国際社会
1895	明治28	聖ヒルダ養老院設立		
1935	昭和10		米	社会保障法
1956	31	家庭養護婦派遣制度		
1962	37	全国老人クラブ連合会が発足	仏	ラロック報告
1963	38	老人福祉法		
1965	40		米	メディケア、メディケイド
1971	46	中高年齢者雇用促進法（現:高年齢者雇用安定法）		
1972	47	老人医療費支給制度		
1973	48	福祉元年　老人医療費無料化		
1980	55		スウェーデン	社会サービス法
1982	57	老人保健法		
1987	62	老人保健法改正（老人保健施設創設等）		
1988	63		英	ワグナー報告、グリフィス報告
1989	平成元	ゴールドプラン（高齢者保健福祉推進10か年戦略）		
1990	2	老人福祉法等の一部を改正する法律（福祉関係八法改正）	英	国民保健サービス及びコミュニティケア法
1992	4		スウェーデン	エーデル改革
1993	5	福祉用具の研究開発及び普及の促進に関する法律		
1994	6	新ゴールドプラン（高齢者保健福祉推進10か年戦略の見直しについて）	独	介護保険法
1995	7	高齢社会対策基本法		
1996	8	高齢社会対策大綱		
1997	9	介護保険法		
1999	11	ゴールドプラン21（今後5か年間の高齢者保健福祉施策の方向）	国連	国際高齢者年
2000	12	「介護予防・生活支援事業」創設（介護予防・地域支え合い事業）	英	ケア基準法
2001	13	新たな高齢社会対策大綱 高齢者住まい法（高齢者の住居の安定確保に関する法律）		
2002	14		スウェーデン	新社会サービス法
2003	15	「2015年の高齢者介護」報告		

西暦	和暦	日本	国際社会	
2004	16	高齢者雇用安定法改正（継続雇用制度導入等）		
2005	17	高齢者虐待防止法（高齢者虐待の防止、高齢者の養護者に対する支援等に関する法律）		
		介護保険法改正（地域支援事業創設等）		
2006	18	バリアフリー法（高齢者、障害者等の移動等の円滑化の促進に関する法律）		
2008	20	高齢者医療確保法（高齢者の医療の確保に関する法律）		
		介護従事者等の人材確保のための介護従事者等の処遇改善に関する法律		
2009	21	介護報酬改定（初のプラス）		
2010	22		米	医療保険改革法
2011	23	高齢者住まい法改正（サービス付き高齢者向け住宅創設等）		
		介護保険法改正（複合型サービス創設等）		
2012	24	高齢者雇用安定法改正（継続雇用制度対象拡大等）		
2014	26	医療・介護総合確保推進法		
		介護保険法改正（自己負担割合引き上げ等）		
2015	27	介護報酬改定（9年ぶりにマイナス）		
2017	29	介護保険法改正（介護医療院、共生型サービスの導入等）		
2020	令和2	介護保険法改正（介護人材確保、データ基盤整備、社会福祉連携推進法人制度の創設等）		
2021	3	介護報酬改定（自立支援、重度化防止の推進、アウトカム評価の導入）		
2023	5	介護保険法改正（介護情報を管理する基盤の整備等）		

■ 障害者福祉

西暦	和暦	日本	国際社会	
1948	昭和23		国連	世界人権宣言
1949	24	身体障害者福祉法		
1950	25	精神衛生法（現：精神保健福祉法）		
1955	30		ILO	障害者のリハビリテーションに関する勧告
1959	34		デンマーク	1959年法
1960	35	精神薄弱者福祉法（現：知的障害者福祉法）		
		身体障害者雇用促進法（現：障害者雇用促進法）		
1964	39	重度精神薄弱児扶養手当法（現：特別障害児扶養手当法）		
1966	41	特別児童扶養手当法	国連	国際人権規約採択
1970	45	心身障害者対策基本法（現：障害者基本法）		
1971	46		国連	知的障害者の権利宣言

西暦	和暦	日本		国際社会	
1975	50		国連	障害者の権利宣言	
1979	54		国連	国際障害者年行動計画	
1980	55	国際障害者年日本推進協議会が発足	WHO	国際障害分類（ICIDH）	
1981	56		国連	国際障害者年	
1982	57	障害に関する用語の整理に関する法律	国連	障害者に関する世界行動計画	
1983	58		国連	国連・障害者の10年（～1992年）	
1987	62	障害者の雇用の促進等に関する法律（旧・身体障害者雇用促進法）			
		精神保健法（旧・精神衛生法）			
1990	平成2		米	障害をもつアメリカ人法（ADA）	
1993	5	障害者基本法（旧・心身障害者対策基本法）	スウェーデン	LSS（身体障害者に対する援助とサービス法）	
			国連	障害者の機会均等化に関する標準規則	
			国連	障害者対策に関する新長期計画	
			国連	アジア太平洋障害者の10年（～2002年）	
1995	7	障害者プラン～ノーマライゼーション7か年戦略～			
		精神保健及び精神障害者福祉に関する法律（旧・精神保健法）			
1998	10	精神薄弱の用語の整理のための関係法律の一部を改正する法律			
2001	13			国際生活機能分類（ICF）	
2002	14	身体障害者補助犬法			
		新障害者プラン（重点施策5か年計画）			
2003	15	支援費制度	国連	アジア太平洋障害者の10年（～2012年）	
		医療観察法（心神喪失等の状態で重大な他害行為を行った者の医療及び観察等に関する法律）			
2004	16	障害者基本法改正（差別禁止規定等）			
		発達障害者支援法			
2005	17	障害者自立支援法			
2006	18	バリアフリー法（高齢者、障害者等の移動等の円滑化の促進に関する法律）	国連	障害者権利条約採択	
2007	19	障害者の権利に関する条約への署名			
		新たな重点施策実施5か年計画			
2010	22	障害者自立支援法改正（応能負担等）	米	医療保険改革法	
2011	23	障害者虐待防止法（障害者虐待の防止、障害者の養護者に対する支援に関する法律）			
		障害者基本法改正（国民の責務規定等）			

西暦	和暦	日本		国際社会
2012	24	障害者総合支援法（障害者の日常生活及び社会生活を総合的に支援するための法律）		
		障害者優先調達推進法		
2013	25	障害者基本計画（第3次）	国連	アジア太平洋障害者の10年（～2022）
		障害者差別解消法（障害を理由とする差別の解消の推進に関する法律）		
		精神保健福祉法改正（保護者制度廃止等）		
		障害者雇用促進法改正（精神障害者算定基礎等）		
2014	26	障害者権利条約の批准		
		難病の患者に対する医療等に関する法律		
		障害者総合支援法改正（ケアホームがグループホームに一元化等）		
2016	28	発達障害者支援法改正（定義の改正等）		
2018	30	障害者総合支援法改正（自立生活援助の創設等）		
		障害者基本計画（第4次）		
2019	令和元	障害者雇用促進法改正（障害者の活躍の場の拡大に関する措置等）		
2020	2	障害者雇用促進法改正（事業主に対する給付制度の創設等）		
2021	3	障害者総合支援法改正（報酬改定）		

■ 児童福祉

西暦	和暦	日本		国際社会
1874	明治7	岩永マキが浦上養育園を創設		
1883	16	池上雪枝が池上感化院を創設		
1885	18	高瀬真卿が東京感化院を創設		
1887	20	石井十次が岡山孤児院を設立		
1890	23	小橋勝之助が博愛社を創設		
		赤沢鐘美が日本初の託児所である保育施設を創設		
1891	24	石井亮一が滝乃川学園を設立		
1897	30	原胤昭が免囚保護所を創設		
1899	32	留岡幸助が家庭学校を設立		
1900	33	野口幽香が二葉幼稚園を設立		
1909	42		米	第1回ホワイトハウス会議
1924	大正13		国連	児童の権利に関するジュネーブ宣言
1932	昭和7	高木憲次が光明学校を設立		
1933	8	児童虐待防止法、少年教護法		
1942	17	高木憲次が整肢療護園を設立		
1946	21	糸賀一雄が近江学園を設立		

西暦	和暦	日本	国際社会	
1947	22	教育基本法		
		児童福祉法		
1948	23	少年法		
1951	26	児童憲章		
1959	34		国連	児童権利宣言
1961	36	児童扶養手当法		
1963	38	糸賀一雄がびわこ学園を設立		
1964	39	母子福祉法		
1965	40	母子保健法		
1971	46	児童手当法		
1979	54		国連	国際児童年
1981	56	母子及び寡婦福祉法		
1989	平成元		国連	児童の権利に関する条約
1990	2		国連	子どものための世界サミット
1994	6	エンゼルプラン 児童の権利に関する条約を批准		
1997	9	児童福祉法改正		
1999	11	少子化対策推進基本方針（新エンゼルプラン）		
		児童買春・児童ポルノ禁止法		
2000	12	児童虐待の防止等に関する法律		
2002	14	少子化対策プラスワン		
2003	15	次世代育成支援対策推進法		
		出会い系サイト規制法		
		少子化社会対策基本法		
2004	16	少子化社会対策大綱 子ども・子育て応援プラン		
2006	18	認定こども園法		
2010	22	子ども・子育てビジョン		
		子ども手当（2012年に児童手当）		
2012	24	子ども・子育て関連三法		
2013	25	子どもの貧困対策法		
		いじめ防止対策推進法		
2014	26	児童福祉法改正		
		母子及び父子並びに寡婦福祉法		
2016	28	児童福祉法改正		
2017	29	子育て安心プラン		
2019	令和元	子どもの貧困対策法の一部改正		
		児童福祉法の一部改正		
2020	2	新子育て安心プラン		
2022	4	成人年齢を20歳から18歳に引き下げ		
		こども基本法（令和5年4月施行）		

西暦	和暦	日本		国際社会
2023	5	こども家庭庁発足		
		こども大綱		
		こども未来戦略		

■ 社会保障（年金・医療）

西暦	和暦	日本		国際社会
1883	明治16		独	疾病保険法
1911	44		英	国民保険法
1919	大正8		独	ワイマール憲法
1922	11	健康保険法		
1935	昭和10		米	社会保障法
1938	13	国民健康保険法（任意設立・任意加入）	ニュージーランド	社会保障法
1939	14	職員健康保険法（1942年に健康保険法と統合）		
		船員保険法		
1941	16	労働者年金保険法（現：厚生年金保険法）		
1942	17		英	ベヴァリッジ報告
			ILO	「社会保障への途」
1944	19	厚生年金保険法		
1945	20		仏	ラロック・プラン
1946	21	旧生活保護法		
1947	22	労働者災害補償保険法		
		失業保険法（現：雇用保険法）		
1948	23	医療法	国連	世界人権宣言
			英	NHS（国民保健サービス）実施
1949	24	社会保障制度審議会が設置される		
1950	25	生活保護法		
		社会保障制度に関する勧告（50年勧告）		
1952	27		ILO	社会保障の最低基準に関する条約
1958	33	新国民健康保険法（市町村国保は強制設立に）		
1959	34	国民年金法		
1961	36	国民皆年金・国民皆保険		
		児童扶養手当法		
1962	37	社会保障制度の総合調整に関する基本方策についての答申および社会保障制度の推進に関する勧告（62年勧告）	仏	ラロック報告
1965	40		米	メディケア、メディケイド
1971	46	児童手当法		
1973	48	福祉元年		
1974	49	雇用保険法		

西暦	和暦	日本	国際社会	
1982	57	老人保健法		
1985	60	年金制度改革（基礎年金の導入）		
1991	平成3	学生の国民年金強制加入		
1994	6		独	介護保険
1995	7	社会保障体制の再構築に関する勧告（95年勧告）		
1997	9	介護保険法		
1999	11		韓	国民皆年金
2001	13	確定拠出年金法		
		確定給付企業年金法		
2002	14	健康増進法		
2004	16	年金制度改革（マクロ経済スライドの導入）		
2006	18	医療制度改革（高齢者医療制度、協会けんぽの実施）		
2008	20	後期高齢者医療制度		
2010	22	子ども手当（2012年に児童手当）	米	医療保険改革法
2012	24	社会保障・税一体改革		
2013	25	社会保障制度改革国民会議報告書		
2015	27	被用者年金制度の一元化		
2018	30	医療制度改革（都道府県も国民健康保険の保険者に）		
2021	令和3	高齢者医療確保法改正（後期高齢者医療制度で、所得が一定以上ある人の自己負担割合を2割に引き上げ）		

■ 公的扶助

西暦	和暦	日本	国際社会	
1601	慶長6		英	エリザベス救貧法
1722	享保7		英	労役場（ワークハウス）テスト法
1782	天明2		英	ギルバート法
1795	寛政7		英	スピーナムランド制度
1834	天保5		英	新救貧法
1852	嘉永5		独	エルバーフェルト制度
1874	明治7	恤救規則		
1886	19		英	ロンドンの生活調査
1899	32	行旅病人及行旅死亡人取扱法	英	ヨーク市調査（1901年、ラウントリー『貧困一都市生活の研究』）
1908	41	中央慈善協会		
1909	42		英	救貧法及び失業救済に関する勅命委員会
1917	大正6	岡山県済世顧問制度		
1918	7	大阪府方面委員制度		

西暦	和暦	日本	国際社会	
1929	昭和4	救護法		
1936	11	方面委員令		
1938	13	社会事業法		
1942	17		英	ベヴァリッジ報告
1945	20	GHQ「救済ならびに福祉計画の件」に基づき「生活困窮者緊急生活援護要綱」		
1946	21	GHQ「社会救済に関する覚書」（福祉4原則）をもとに旧生活保護法		
1948	23		英	国民扶助法
1950	25	社会保障制度に関する勧告（50年勧告）		
		生活保護法		
1951	26	社会福祉事業法		
1962	37	社会保障制度の総合調整に関する基本方策についての答申および社会保障制度の推進に関する勧告（62年勧告）		
1996	平成8		米	個人責任・就労調停法
1998	10	「社会福祉基礎構造改革について」		
2000	12	社会福祉法		
		生活保護法改正		
2002	14	ホームレスの自立の支援等に関する特別措置法		
2004	16	生活保護制度の在り方に関する専門委員会報告書		
2005	17	自立支援プログラムの導入		
2013	25	生活保護法改正		
		生活困窮者自立支援法		

■ その他

西暦	和暦	日本	国際社会	
1819	文政2		英	隣友運動
1844	天保15／弘化元年		英	キリスト教青年会（YMCA）設立
1869	明治2		英	慈善組織協会（COS）設立
1872	5	東京府養育院を創設		
1878	11		英	救世軍設立
1884	17		英	バーネットがトインビーホール設立
1886	19		米	セツルメント運動
1888	21	金原明善が静岡県出獄人保護会社を設立（日本の更生保護施設の祖）		
1891	24	アダムス、A. P. 岡山博愛会を創設		
1894	27	矢嶋楫子が慈愛館を創設		
1895	28	山室軍平が日本救世軍を設立		
1897	30	片山潜がキングスレー館（隣保館）を創設		

西暦	和暦	日本		国際社会
1899	32	横山源之助『日本之下層社会』		
1905	38	執行猶予制度の導入		
1909	42	賀川豊彦がセツルメント運動を開始		
1912	45／大正元年	鈴木文治が友愛会を設立		
1917	6		米	リッチモンド『社会診断』
1918	7		米	コミュニティ・チェスト
1921	10	大阪市民館（日本最初の公設セツルメント）		
1922	11	起訴猶予制度の導入		
		旧少年法が成立		
1923	12	『社会事業綱要』発刊	米	ミルフォード会議
1947	昭和22	地方自治法	米	ニューステッター『インターグループワーク論』
		労働基準法		
1948	23	民生委員法		
1951	26	社会福祉事業法		
		中央社会福祉協議会の設立（全国社会福祉協議会）		
1952	27	日本赤十字社法		
1953	28	牧賢一『社会福祉協議会読本』		
1959	34	最低賃金法	英	ヤングハズバンド報告
		保健福祉地区組織育成中央協議会の設立		
1960	35		米	バイステック『ケースワークの原則』
1962	37	社会福祉協議会基本要項策定		
1965	40		国連	あらゆる形態の人種差別の撤廃に関する国際条約
1967	42	住民基本台帳法		
1968	43		英	シーボーム報告
1970	45		英	地方自治体社会サービス法
			米	バートレット『ソーシャルワーク実践の共通基盤』
1972	47	労働安全衛生法		
1975	50		国連	国際婦人年
1978	53		英	ウォルフェンデン報告
1979	54	全国社会福祉協議会『在宅福祉サービスの戦略』	国連	女子に対するあらゆる形態の差別の撤廃に関する条約
1982	57	全国社会福祉協議会『社協基盤強化の指針―解説・社協モデル』	英	バークレイ報告
1983	58	社会福祉事業法改正（市町村社会福祉協議会の法制化）		
1985	60	労働者派遣法		
1987	62	社会福祉士及び介護福祉士法		

西暦	和暦	日本		国際社会
1988	63	消費税法	米	勤労機会基礎技術訓練事業（JOBS）
1990	平成2	社会福祉関係八法改正		
1993	5	「ふれあいのまちづくり事業」開始		
		社会福祉事業に従事する者の確保を図るための措置に関する基本的な指針		
		短時間労働者の雇用管理の改善等に関する法律		
1997	9	精神保健福祉士法成立		
1998	10	特定非営利活動促進法		
1999	11	地方分権の推進を図るための関係法律の整備等に関する法律		
		民法改正（2000年、成年後見制度創設）		
		後見登記等に関する法律		
		任意後見契約に関する法律		
2000	12	消費者契約法		国際ソーシャルワーカー連盟（IFSW）のソーシャルワークの定義（カナダ・モントリオールの総会）
		社会福祉法成立		
2001	13	DV防止法		
2003	15	個人情報保護法		
2005	17	医療観察法（心神喪失等の状態で重大な他害行為を行った者の医療及び観察等に関する法律）		
2006	18	高齢者、障害者等の移動等の円滑化に関する法律（バリアフリー新法）		
2007	19	更生保護法		
		労働者派遣法改正		
		労働契約法		
		「これからの地域福祉のあり方に関する研究会」設置		
2012	24	最低賃金法改正		
		労働契約法改正		
		認定社会福祉士認証・認定機構が設立		
2014	26	短時間労働者の雇用管理の改善等に関する法律改正		国際ソーシャルワーカー連盟（IFSW）のソーシャルワークのグローバル定義（オーストラリア・メルホルンの総会）
2015	27	労働安全衛生法改正		
		労働基準法改正		
2016	28	社会福祉法改正（社会福祉法人改革）		
		成年後見制度の利用の促進に関する法律		
2017	29	社会福祉法改正（地域福祉計画の努力義務化）		
2018	30	働き方改革関連法		
2020	令和2	社会福祉法改正（重層的支援体制整備事業の創設）		

索 引

ひ

ふ

る

れ

ろ

わ

併せて使えば合格に近づく！
姉妹書の紹介

福祉教科書
社会福祉士・精神保健福祉士 完全合格テキスト 共通科目
【新出題基準対応版】

■A5判 ■2色刷 616ページ
■定価：3,520円（本体3,200円＋税10%）

社会福祉士試験・精神保健福祉士試験の
共通科目を収録！

スキマ時間の学習や、受験の総仕上げに役立つ参考書

● **福祉教科書 社会福祉士 出る！出る！要点ブック**
19科目の頻出事項をコンパクトな一冊にギュッと凝縮！

こんな人におすすめ
試験直前に重要項目を確認したい人／本格学習の前に試験傾向をつかみたい人

● **福祉教科書 社会福祉士 出る！出る！一問一答**
よく出る1500問を厳選。スキマ時間にサクサク解ける！

こんな人におすすめ
移動時間や仕事の合間などの時間も有効活用したい人／苦手科目を集中的に
学習したい人

福祉教科書
社会福祉士
完全合格問題集
2025年版

■B5判 ■2色刷 512ページ
■定価：3,850円（本体3,500円＋税10%）

最新第36回試験＋14年分
（第22～第35回試験）の
厳選約600問で一発合格へ！

① 勉強しやすい紙面構成

右ページ：問題、左ページ：解説で見やすく、
勉強しやすい！

② 簡潔でわかりやすい解説

受験対策の経験豊富な執筆陣が選択肢ごとに簡潔に解説

③ 充実の補足解説

問題と絡めて理解や暗記しておきたい事柄を
補足

④ 問題ごとにポイントを解説

問題ごとに暗記すべきポイントや解き方の
コツを紹介

執筆者紹介（科目順）【執筆科目名】

■馬場康徳（ばば・やすのり）
【第13章：高齢者福祉】

城西国際大学福祉総合学部専任助教、淑徳大学長谷川仏教文化研究所嘱託研究員、田園調布学園大学・聖学院大学兼任講師。立正大学大学院社会福祉学研究科修士課程・博士後期課程修了。博士（社会福祉学）。

■大門俊樹（だいもん・としき）
【第14章：児童・家庭福祉】

東京福祉大学社会福祉学部社会福祉学科准教授。早稲田大学社会科学部・第二文学部英文学専修卒業後、私立中学・高等学校教諭、東洋大学大学院社会学研究科福祉社会システム専攻修了、専門学校専任教員を経て現職。社会福祉士国家試験受験指導に携わる（児童・家庭福祉論、福祉科指導法、スクールソーシャルワーク演習等も担当）、日本学校ソーシャルワーク学会関東・甲信越ブロック運営委員も務める。社会福祉士、精神保健福祉士。
主な著書に『福祉社会を創る―社会人学生たちの挑戦―』（学文社、共著）、『スクールソーシャルワーカー養成テキスト』（中央法規出版、共著）、『学校福祉とは何か』（ミネルヴァ書房、共著）。

■高柳瑞穂（たかやなぎ・みずほ）
【第15章：貧困に対する支援】

愛知県立大学教育福祉学部講師。東京都立大学大学院修士課程・博士後期課程修了。埼玉・東京・神奈川などの4年制大学で非常勤講師、専任助手、専任講師、准教授として社会福祉士養成に従事したのち2023年4月より現職。主に知的障害児者やその家族の福祉の歴史、ドイツの福祉史について研究している。2018年、虐待や貧困、不登校等で苦しむ若者を支援する「一般社団法人学生福祉サポートセンター Marici」を設立し、2022年12月に女性やシングルマザーの法的支援部門を新設。同団体代表理事・相談員。博士（社会福祉学）、社会福祉士。

■馬場さやか（ばば・さやか）
【第16章：保健医療と福祉】

国際医療福祉大学東京事務所教務企画部主事。国際医療福祉大学医療福祉学部卒業後、病院に勤務し、職員教育担当主任や医療ソーシャルワーカーとして業務に従事後、大学での実習助手を経て現職。社会福祉士、精神保健福祉士、公認心理師。

■関 秀司（せき・しゅうじ）
【第17章：ソーシャルワークの基盤と専門職（専門）】

東洋大学大学院修士課程福祉社会システム専攻修了。知的障害者通所更生施設生活指導員、特別養護老人ホームケアワーカー、路上生活者自立支援センター生活相談員、早稲田速記医療福祉専門学校講師を経て、現在はフリーランスで福祉活動を行う。成年後見人活動等にも携わる。神奈川県にある介護保険事務所（株）青龍の特別顧問。障害者認定委員会委員。社会福祉士、介護福祉士、精神保健福祉士、介護支援専門員。

■水島正浩（みずしま・まさひろ）
【第18章：ソーシャルワークの理論と方法（専門）】
東京福祉大学社会福祉学部／社会福祉学・教育学研究科教授。日本社会事業大学社会福祉学部児童福祉学科卒業、東京福祉大学大学院社会福祉学研究科博士前期課程修了・同博士後期課程単位取得満期退学。博士（社会福祉学）。教育実践としては，専京福祉保育専門学校教務主任・専任教員、群馬大学非常勤講師、東京福祉大学通信教育課長・講師・国家試験対策室長・准教授等を経て、福祉実践としては、特別養護老人ホーム介護職、障害者住宅生活支援、神奈川県教育委員会スクールソーシャルワーカー等を経て現職。茶屋四郎次郎記念学術学会理事等も務める。社会福祉士、介護福祉士。
主な共著書に、『社会福祉概論』(勁草書房)、共編著書に『はじめてのソーシャルワーク演習』(ミネルヴァ書房) 等がある。

■山本恭久（やまもと・やすひさ）
【第19章：福祉サービスの組織と経営】
山本社会福祉士事務所所長。日本社会事業大学大学院福祉マネジメント研究科卒業。修士 (福祉マネジメント)。特別養護老人ホーム生活相談員を経て現職。公益社団法人日本社会福祉士会会員、公益社団法人東京社会福祉士会会員も兼ねる。社会福祉士国家試験対策講座講師、東京アカデミー関東ブロック講師、アルファ医療福祉専門学校講師、社会福祉法人千代田区社会福祉協議会講師、株式会社サンシャイン講師。社会福祉士。

■会員特典データのご案内
会員特典データは、以下のサイトからダウンロードして入手いただけます。
第33 ～ 35回社会福祉士国家試験の問題と解答・解説
(内容は『福祉教科書 社会福祉士完全合格問題集』2022 ～ 2024年版に掲載当時のもの)
https://www.shoeisha.co.jp/book/present/9784798185002
●注意
※本特典は、『福祉教科書 社会福祉士完全合格問題集2025年版』『福祉教科書 社会福祉士・精神保健福祉士完全合格テキスト【新出題基準対応版】』の会員特典と同じ内容です。
※会員特典データのダウンロードには、SHOEISHA iD（翔泳社が運営する無料の会員制度）への会員登録が必要です。詳しくは、Webサイトをご覧ください。
※会員特典データに関する権利は著者および株式会社翔泳社が所有しています。許可なく配布したり、Webサイトに転載することはできません。
※会員特典データの提供は予告なく終了することがあります。あらかじめご了承ください。

著者紹介

社会福祉士試験対策研究会

社会福祉士養成の履修科目・試験対策研修の講師や、実務経験が豊富な社会福祉士又は医療関係者の有志で構成される研究会。社会福祉に造詣が深く、質の高い保健医療福祉職の合格に向けて尽力している。
試験対策テキスト作成のコンセプトは、効率のよい勉強ができるテキストであり、合格してからも活用できるテキストの両立を目指すことである。

装丁デザイン	小口 翔平＋村上 佑佳（tobufune）
装丁イラスト	ハヤシ フミカ
本文イラスト	石山 綾子　フクモト ミホ
DTP	株式会社 トップスタジオ

福祉教科書
社会福祉士 完全合格テキスト 専門科目【新出題基準対応版】

2024年　5月20日　初版第1刷発行

著　　　者	社会福祉士試験対策研究会	
発 行 人	佐々木 幹夫	
発 行 所	株式会社 翔泳社（https://www.shoeisha.co.jp）	
印刷・製本	日経印刷 株式会社	

©2024 Yasunori Baba, Toshiki Daimon, Mizuho Takayanagi, Sayaka Baba, Shuji Seki, Masahiro Mizushima, Yasuhisa Yamamoto

本書は著作権法上の保護を受けています。本書の一部または全部について（ソフトウェアおよびプログラムを含む）、株式会社 翔泳社から文書による許諾を得ずに、いかなる方法においても無断で複写、複製することは禁じられています。

本書へのお問い合わせについては、2ページに記載の内容をお読みください。

造本には細心の注意を払っておりますが、万一、乱丁（ページの順序違い）や落丁（ページの抜け）がございましたら、お取り替えいたします。03-5362-3705までご連絡ください。

ISBN978-4-7981-8500-2　　　Printed in Japan